Alquimia y religión

Todos los derechos reservados.
Cualquier forma de reproducción, distribución, comunicación
pública o transformación de esta obra solo puede ser realizada
con la autorización de sus titulares, salvo excepción prevista por la ley.
Diríjase a CEDRO (Centro Español de Derechos Reprográficos,
www.cedro.org) si necesita fotocopiar o escanear algún fragmento
de esta obra.

En cubierta: miniatura «Cinis ph.» de © Album/The British Library
Colección dirigida por Victoria Cirlot
Diseño gráfico: Gloria Gauger
© Raimon Arola, 2021
© Ediciones Siruela, S. A., 2021
c/ Almagro 25, ppal. dcha.
28010 Madrid   Tel.: + 34 91 355 57 20
Fax: + 34 91 355 22 01
www.siruela.com
ISBN: 978-84-18708-57-2
Depósito legal: M-10.067-2021
Impreso en Anzos
Printed and made in Spain

Papel 100% procedente de bosques gestionados
de acuerdo con criterios de sostenibilidad

Raimon Arola

Alquimia y religión

Lo oculto en los siglos XVI y XVII

El Árbol del Paraíso

Índice

Presentación a la primera edición   9

Nota introductoria a la segunda edición   11

Alquimia y religión

Introducción   17
    Acerca de la alquimia   17
    El valor del símbolo   29
    Los tratados del siglo XVII   34

Álbum de imágenes   41

I Los símbolos herméticos   91
    1. Mercurio o el secreto de los filósofos   93
    2. El lugar del símbolo   106
    3. La unión de lo fijo y lo volátil   118
    4. La tierra es un ángel   130
    5. Símbolos cristianos   145
    6. Caracteres y figuras enigmáticos   160
    7. La experiencia de lo santo   177
    8. El espejo donde nacen los dioses   189
    9. El querer del cielo   205
    10. Reflexiones finales   217

II Lo oculto 229
   1. La filosofía oculta 231
   2. El mesianismo y la piedra filosofal 239
   3. Bajo la sombra de tus alas 249

Bibliografía 257

Presentación a la primera edición

Este ensayo se originó en torno a una serie de reflexiones sobre los símbolos alquímicos del siglo XVII. Más adelante y a partir del estudio de sus textos clásicos, nos dimos cuenta de que dichos símbolos se acercaban naturalmente a la religión, hasta comprobar que lo más propio para profundizar en el conocimiento de la alquimia era la dialéctica que se establecía con la religión. Con eso no queremos decir que por *alquimia* deba entenderse una parte de la historia de las religiones ni tampoco que esté subordinada a ellas. Así mismo, no tendría sentido afirmar que la religión se reduce a la realidad de la alquimia, como han pretendido ciertos círculos esotéricos. Hemos encontrado en la reciprocidad de ambas realidades un espacio poco estudiado, pero lleno de propuestas apasionantes y de enseñanzas que no atañen solamente a la historia de la alquimia, sino que se inmiscuyen en la herencia más íntima y profunda de la humanidad.

Se argumentará, con razón, que dichas conclusiones derivan de centrar este estudio en la alquimia tal como se conoció en la Europa moderna, principalmente en la primera mitad del siglo XVII, justo cuando la alquimia se identificó con ciertas reformas religiosas. Pero no es menos cierto que fueron precisamente los personajes que propusieron dichas reformas quienes nos legaron la mayor parte de los conocimientos que hoy en día se relacionan con la alquimia. Sin ellos, la indagación acerca de qué es la alquimia y de sus símbolos carecería de sentido, pues sería solo una parte de la historia de la ciencia, difícil de separar de su conjunto, y entonces, ¿qué sentido tendría estudiarla aisladamente?

Según se desprende de las explicaciones de los apologistas del siglo XVII, ya fueran paracelsianos, rosacruces o lulistas, los símbolos alquímicos y en especial las imágenes, que ellos entendían como jeroglíficos, se hicieron para salvaguardar un conocimiento que se sabía en vías de desaparición. Los sabios que los inspiraron y los artistas que los realizaron querían reformar la religión cristiana de su época a partir de lo que llamaron *prisca theologia* o *philosophia perennis*, una sabiduría que supuestamente hundía sus raíces en el origen de la humanidad o, cuando menos, en la doctrina revelada por el mítico Hermes Trimegisto, el sabio profeta egipcio. Creemos que profundizar en lo particular, es decir, en la alquimia tal como la concibieron los cristianos de principios del siglo XVII, procura de un modo más simple y evidente el conocimiento de su sentido universal, en el que la alquimia converge con la experiencia religiosa.

Hemos denominado *herméticos* a los símbolos representados en los tratados alquímicos para indicar dos cuestiones. En primer lugar, para respetar la pretensión legendaria de haber sido creados por Hermes Trimegisto. En segundo lugar, y según la acepción más literal de la palabra, porque son símbolos cerrados, como unas semillas a la espera de germinar en el momento adecuado.

Al terminar este estudio nos acordamos de Charles d'Hòoghvorst, quien nos animó a comenzarlo. Nuestro agradecimiento va dirigido a Hans van Kasteel (Schola Nova, Bruselas), que ha tenido la gentileza de revisar el original en varias ocasiones. A Victoria Cirlot y Amador Vega (Bibliotheca Mystica et Philosophica Alois M. Haas, Barcelona), por sus comentarios y su confianza. También por su ayuda a Rodrigo de la Torre, Eduard Berga, Ana Santos (Biblioteca Marqués de Valdecillas, Madrid) y Esther Ritman (Bibliotheca Philosophica Hermetica, Amsterdam). Y en especial a Lluïsa Vert, pues, en cierto modo, este trabajo es también suyo.

Nota introductoria a la segunda edición

En esta edición se aportan dos novedades, la primera es la revisión del texto original, añadiendo ciertos matices que ayudan a su comprensión, pero sin introducir cambios sustanciales al texto. La segunda tiene que ver con distintas investigaciones llevadas a cabo después de la publicación de la primera edición de este libro y que se ha compilado en un nuevo apartado titulado «Lo oculto».

Dicho apartado se ha dividido en tres partes en las que se trata el porqué de la filosofía oculta, el sentido del mesianismo y, por último, la relación de la cita bíblica «Bajo la sombra de tus alas, oh Jehová» con la frase que figura al final de *Fama fraternitatis* (1614), el primer manifiesto rosacruz, y que sitúa lo oculto como aquello que está detrás de un velo, y no del ocultismo, el movimiento del siglo XIX, que, en general, fue una degeneración de las ciencias tradicionales. Insistir en esta diferencia parece fundamental y es lo que ha provocado la incorporación de este apartado.

Alquimia y religión

Para Lluïsa

Introducción

Acerca de la alquimia

En uno de sus trabajos sobre el arte de la alquimia, Emmanuel d'Hooghvorst escribió lo siguiente: «Antaño era una locura para la mayoría de los hombres; en nuestros días es un absurdo. Esta ciencia ha caído en un descrédito tal, que casi todos ignoramos tanto su finalidad como sus medios»[1]. Es cierto que, en la actualidad y en casi todos los campos del saber, la absurdidad de la alquimia es incuestionable. Tanto que este nombre se utiliza comúnmente para designar unos aspectos derivados de su propio sentido original, como si se estuviera hablando de una magia, de una manera de denominar ciertos cambios o transformaciones que acontecen en el mundo o en la mente humana, pero que, sin embargo, poco tienen que ver con la alquimia tradicional. El sustantivo *alquimia* ha dejado paso al adjetivo *alquímicamente*, utilizado como sinónimo de una relación, un cambio o un proceso que se produce sin explicaciones aparentes. Mientras que el sustantivo *alquimia* se identifica generalmente con la labor de unos ignorantes o de unos locos que buscaban la transmutación de los metales, es decir la conversión de los metales viles en metales nobles, oro y plata.

Así pues, desde este incuestionable absurdo, ¿qué sentido tiene preguntarse cuáles son los símbolos que muestran qué es la alquimia? Estamos convencidos de que la locura de los antiguos alquimistas escondía una enseñanza que, a principios del siglo XXI, merece ser estudiada cuidadosamente por los filósofos y los historiadores de las religiones, de las artes y de las ciencias actuales. Sus postulados pue-

---

[1] E. d'Hooghvorst, *Le Fil de Pénélope. Anthologie alchymique*, La Table d'Émeraude, París 1998, vol. II, pág. 280.

den ayudar a esclarecer registros y modos del espíritu humano que en la actualidad permanecen olvidados o enmarcados en campos disciplinares ajenos a la vida del espíritu. Tal fue la original propuesta del barón D'Hooghvorst, que utilizaremos como punto de partida de nuestras reflexiones[2].

Desde el Romanticismo se ha venido repitiendo con frecuencia y con cierta razón que «Los locos de hoy dan forma a la visión de los hombres de mañana»; así pues, cabría preguntarnos: ¿Cuál fue la locura de los alquimistas? ¿Eran tan ignorantes como para pretender fabricar oro, o sería tal aspiración el símbolo de otro proceso? ¿Podemos, los hombres del siglo XXI, entender y recuperar algo que nos concierna de la locura o del sueño de los antiguos?

Es inútil buscar una respuesta única, puesto que tampoco existe una alquimia única en la historia. Los estudios recientes sobre la tradición alquímica advierten de una distinción obligada, en la que queremos incidir particularmente: la diferencia entre lo que se denominaba alquimia antes del siglo XV y lo que se la consideró después. Si nos ceñimos a la cultura occidental, la alquimia antigua, islámica o medieval, estaba básicamente unida al devenir de las ciencias, mientras que, desde el Renacimiento, y en especial a partir de las enseñanzas de Teofrasto Paracelso, la alquimia también se implicó en otros niveles de la realidad del pensamiento y del espíritu de los hombres

---

[2] Emmanuel van der Linden d'Hooghvorst (1914-1999) dedicó varios de sus ensayos a reflexionar sobre el arte de la alquimia; señalamos algunos de los principales: *Essai sur l'Art d'Alchymie* (1951), *Refais la boue et cuis-la* (1978), *Réflexions sur l'or des alchymistes* (1979). También seleccionó y tradujo del latín al francés muchos textos clásicos de la literatura alquímica. Así mismo, escribió sobre la cábala, el tarot, la mitología clásica, los cuentos populares, etc., siempre desde un punto de vista hermético. A partir de 1996, todos sus artículos han aparecido publicados en dos tomos bajo el título genérico de *Le Fil de Pénélope*, el segundo volumen con el subtítulo *Anthologie alchymique* (La Table d'Émeraude, 1996 y 1998). En su juventud, D'Hooghvorst mantuvo una estrecha relación con Louis Cattiaux, hecho que influyó profundamente en su obra: cf. R. Arola (ed.), *Croire l'incroyable ou l'ancien et le nouveau dans l'histoire des religions*, Beya, Grez-Doiceau 2006. Todos estos títulos han sido traducidos al castellano y publicados entre 1998 y 2006 por Arola Editors, Tarragona: estas serán las ediciones que citaremos a partir de aquí.

de manera muy explícita y directa. Bruce T. Moran escribió lo siguiente sobre el paracelsismo, en la época que nos ocupa:

> Dependiendo del punto de vista intelectual original, el paracelsismo podía significar una filosofía química o incluso una práctica de una medicina química. Sin embargo, otra lectura de Paracelso especialmente basada en sus escritos teológicos inspiró una definición mucho más mística. Esta interpretación fue muy conveniente para religiosos radicales como Valentin Weigel (1533-1588) y para sus seguidores, así como para el primer entusiasta rosacruz: Adam Halsmayr. Para Halsmayr, Rosenkreutz y Paracelso prometieron la libertad evangélica para el mundo futuro, y él, de acuerdo con esta idea, instituyó una nueva religión, la *theophrastia sancta*, concebida como una especie de religión perenne practicada en círculos ocultos hasta que Paracelso proclamó públicamente su significado[3].

Con el inicio de la Europa moderna y con el paracelsismo se reveló el sentido interior de la alquimia y su relación con la religión, o, más concretamente, con cierta voluntad reformadora de la religión cristiana. Johann Valentin Andreae, a quien se otorga la paternidad del texto fundacional de los rosacruces, la *Fama fraternitatis*, lo recuerda en el párrafo siguiente:

> Así, testimoniamos abiertamente que esto es falso en lo que respecta a los filósofos verdaderos; para ellos, la fabricación de oro es una cosa de poca importancia y únicamente un trabajo secundario. Poseen mil o más pruebas de este género, ¡incluso mejores! Decimos, con nuestro bienamado padre C. R. C. [Christian Rosenkreutz]: ¡Bah! ¡El oro solo es oro! Pues aquel ante quien toda la naturaleza aparece al descubierto no se alegra tanto por poder fabricar oro, o como dijo

---

[3] B. T. Moran, «Paracelsianism», en: W. J. Hanegraaff, *Dictionary of Gnosis and Western Esotericism*, Brill, Leiden 2005, tomo II, pág. 920. Respecto a la *theophrastia sancta*, cf. C. Gilly, «*Theophrastia Sancta. Der Paracelsismus als Religion im Streit mit den offiziellen Kirchen*», en: J. Telle (ed.), *Analecta Paracelsica. Studien zum Nachleben Theophrast von Hohenheims im deutschen Kulturgebiet der frühen Neuzeit*, Franz Steiner, Stuttgart 1994.

Cristo, por hacerse obedecer de los diablos, como por ver el cielo al descubierto, cómo suben y bajan los ángeles de Dios, y por ver su nombre inscrito en el libro de la vida[4].

La alquimia, tal y como se conformó a partir del Renacimiento, fue el lugar donde algunos sabios concentraron un tesoro de conocimiento y desarrollo espiritual que debía llegar a convertirse en el núcleo interior y secreto de la tradición cristiana, con independencia de las intensas disputas entre católicos y protestantes. En este sentido debe recordarse que Paracelso consideraba a unos y a otros como un «pésimo rebaño de sectarios»[5].

Sin embargo, a causa de diversas y desgraciadas circunstancias, la alquimia acabó convirtiéndose en algo separado y contrapuesto a la religión exotérica, como si lo interior y lo exterior trataran de realidades espirituales distintas. La alquimia se relacionó con la magia, la cábala, la mitología, la astrología, el tarot, el simbolismo, las correspondencias ocultas o signaturas, la numerología, las mancias (quiromancia, cartomancia, geomancia...), las videncias, la medicina, la crisopeya, la espagiria, los sortilegios y todo tipo de encantamientos. Se la incluyó, en definitiva, en el cajón de sastre que hoy en día se conoce como esoterismo[6].

---

[4] *Fama Fraternitatis — das Urmanifest der Rosenkreuzer Bruderschaft zum ersten Mal nach den zeitgenössischen Manuskripten*, Rozekruis Pers, Haarlem 1998, págs. 98 y ss. Sobre el origen y la tradición de los manifiestos rosacruces, cf. el estudio introductorio de C. Gilly a la obra citada.

[5] Hemos tratado el tema en: R. Arola, *La cábala y la alquimia en la tradición espiritual de Occidente. Ss. XV-XVII*, Olañeta, Palma de Mallorca 2002, págs. 204 y 205.

[6] Para situar el conjunto de tendencias que actualmente se engloban bajo el nombre de esoterismo, cf. la introducción de A. Faivre, en: A. Faivre y J. Needleman (eds.), *Espiritualidad de los movimientos esotéricos modernos*, Paidós, Barcelona 2000, págs. 9-22, y, en especial, la bibliografía citada en el *Addendum*, págs. 23-26. En relación al concepto «esoterismo» quisiéramos recordar unas palabras de H. Corbin al respecto: «Los términos *esoterismo*, *iniciación*, no suponen ningún monopolio de un magisterio que haya impuesto con autoridad su propio privilegio. Se refieren respectivamente a las cosas ocultas, suprasensibles, a la discreción que ellas mismas sugieren respecto a quienes, al no comprenderlas, las desprecian, y al nacimiento espiritual que, por el contrario, da luz a la percepción. Tal vez se ha abusado de estos

Y lo que es peor, se la consideró como algo completamente diferente de la religión[7].

Actualmente, la *Fama fraternitatis* y los textos alquímicos del siglo XVII aparecen como tratados próximos a las ciencias ocultas, pero ya en su época, cuando el devenir de los descubrimientos científicos tomó un impulso imparable, las enseñanzas de la alquimia se desvirtuaron y cayeron rápidamente en manos de charlatanes falsamente iluminados. Tanto fue así que el propio Johann Valentin Andreae se desdijo de lo que había escrito.

Con los manifiestos rosacruces y la edición de muchos de los textos de los grandes adeptos en el arte de la alquimia, se hizo público *algo* que propiamente debía ser secreto o que, al menos, lo había sido hasta entonces[8]. La alquimia, tal como la concibió Paracelso, asumió y ordenó un conjunto de conocimientos que *per se* eran ocultos. Los actores de este episodio histórico se dieron cuenta de que era urgente recopilar las ciencias que apuntaban a aquel *algo* y transmitirlas a la posteridad antes de que desaparecieran completamente bajo el empuje del conocimiento racional o se destruyeran, separándose entre sí y desvinculándose de la intención primera. Y de este modo se vivió una situación muy especial, pues, junto a las propuestas sinceras de una reforma espiritual que buscaba la recuperación de la pureza original de la religión, aparecieron también un sinfín de personajes y

---

términos; los contextos en los que se encuentren aquí recordarán su verdadero uso» (*Cuerpo espiritual y Tierra celeste*, Siruela, Madrid 1996, pág. 14).

[7] Sobre el papel de la alquimia en la época, J. M. Mandosio explica lo siguiente: «En 1630 aparece una obra inmensa de J. H. Alsted titulada *Encyclopaedia* en la que califica a la alquimia como una disciplina compuesta y un compendio de disciplinas y [...] dice que "la alquimia sagrada es el arte de separar lo puro de lo impuro, extraído de las Sagradas Escrituras"»; «L'alchimie dans les classifications des sciences et des arts», en: F. Greiner (ed.), *Aspects de la tradition alchimique au XVIIe siècle*, SÉHA-Archè, París-Milán 1998, pág. 22.

[8] R. Halleux llama «apologistas» a los integrantes de esta tendencia y los sitúa entre R. Duval (o R. de Valle), que en 1561 publicó *De la vérité et de l'ancienneté de l'art chimique*, y O. Borrichius, que en 1668 publicó *De ortu et progressu Chemiae*, defendiendo a la alquimia de los ataques que recibía, en especial de H. Conring y de A. Kircher (cf. R. Halleux, *Les textes alchimiques*, Brepols, Turnhout 1979, págs. 50-52).

circunstancias que poco o nada tenían que ver con la reforma de la Iglesia, sino más bien con lo contrario, dándose entonces una acumulación desordenada de intenciones, más cercana a un sincretismo global que a una pureza original. D'Hooghvorst escribió lo siguiente respecto a este sinsentido:

> Muchos buscadores, ávidos de esoterismo, clasifican la alquimia, o arte de las transmutaciones, entre las ciencias ocultas, al mismo nivel que la astrología, la magia, la medicina, las artes adivinatorias, etc. En realidad la alquimia no es una de las ramas del esoterismo, sino su llave o piedra angular[9].

El arte de la alquimia se situó en el centro de la polémica implícita entre las diversas visiones de la espiritualidad. Teofrasto Paracelso y sus seguidores rosacruces emprendieron una reforma de la religión, utilizando la alquimia como referente principal. Pero, paradójicamente, no siempre se produjo el efecto deseado y en muchos casos la filosofía alquímica solo sirvió para crear más confusión en el espíritu de los hombres, pues muchos tomaron al pie de la letra y de modo exterior lo que debía ser interior y secreto. He aquí, esbozadas, las razones de que la alquimia se considerase una locura y de su sinsentido actual.

A principios del siglo XVII, la alquimia se proclamó universal: «nuestra filosofía», se explica en la *Fama fraternitatis*, «no es nueva, coincide con la que heredó Adán después de la caída y que practicaron Moisés y Salomón»[10]. Esta universalidad no debería justificarse por las posibles coincidencias sincréticas de distintas formas culturales, en primer lugar y sobre todo porque los que participaban de ella eran estrictamente cristianos, sino por el conocimiento de algo que la alquimia custodiaba y que era considerado como una sustancia universal. El traductor al inglés de la *Fama fraternitatis*, Thomas Vaughan alias Eugenius Philalethes, escribió mucho acerca de este algo que daría sentido a la alquimia y lo definió como sigue: «En tér-

---

[9] E. d'Hooghvorst, *El hilo de Penélope*, Arola, Tarragona 2000, tomo II, pág. 265.

[10] *Fama Fraternitatis — das Urmanifest der Rosenkreuzer Bruderschaft zum ersten Mal nach den zeitgenössischen Manuskripten*, cit., pág. 98.

minos claros, es esa sustancia que llamamos comúnmente la Primera Materia»[11].

La importancia que adquirió la alquimia en ciertos círculos intelectuales y espirituales de la época residía en la conciencia inequívoca de que el misterio de Dios, del hombre y la creación, no podía separarse del misterio de la Primera Materia o, mejor dicho, del lugar misterioso, interior y puro, destinado a acoger este *algo* que la alquimia preconizaba y que constituía su núcleo secreto. Como otros muchos alquimistas, Philalethes también lo avala:

«No obstante, esta naturaleza cambiante de la que se habla, es la primera sustancia visible tangible que Dios ha hecho»[12].

«En verdad es algo como la plata viva vulgar, aunque de un brillo trascendente celeste que no tiene parecido con nada en la Tierra»[13].

«Esta sustancia excelente, es la hija de los elementos y es la virgen más dulce y pura, pues nada se ha generado de ella todavía»[14].

Las citas podrían extenderse infinitamente, pero no variaría la idea básica. Los alquimistas, que recogieron el saber transmitido a lo largo de la historia, buscaban preservar este *algo* que no puede ser exterior ni público. Conocer y, aún más, poseer la Primera Materia significaba experimentar lo santo y, por consiguiente, reformar la

---

[11] T. Vaughan, «*Coelum Terrae* or the Magician's Heavenly Chaos», en: A. E. Waite (ed.), *The Works of Thomas Vaughan (Eugenius Philalethes)*, Kessinger, Montana 1968, pág. 193. Son destacables la presentación y las notas de E. d'Hooghvorst a la edición francesa de C. Rosereau, en: Thomas Vaughan dit Eugène Philalèthe, *Œuvres complètes*, La Table d'Émeraude, París, págs. 219-223 y 267-279. Nos hemos referido a la obra de Philalethes (1622-1666) en R. Arola, *La cábala y la alquimia...*, *cit.*, págs. 413-427. En 1650, Vaughan publicó los siguientes tratados: *Anthroposophia theomagica*, *Anima magica abscondita*, *Magia adamica* y *Coelum terrae*. En los años siguientes presentó el misterio alquímico centrándolo en el conocimiento de cierta luz, para ello escribió en 1651 el famoso libro *Lumen de Lumine or A New Magical Light* y al año siguiente, *Aula Lucis or The House of Light*.

[12] T. Vaughan, *Coelum terrae*, *cit.*, pág. 194.

[13] Ibídem, págs. 194 y 195.

[14] Ibídem, pág. 195.

religión anquilosada en las formas externas. Podría decirse que para los seguidores de Paracelso la experiencia de lo santo se basaba en el conocimiento experimental del lugar interior y secreto donde se manifestaba ese *algo* o Primera Materia.

El famoso oro resultante de la operación alquímica no era un oro vulgar sino santo, nacido en el lugar puro y oculto, tal como profetizó Isaías: «El mismo Señor os dará la señal: He aquí que la virgen concebirá y dará a luz un hijo, y llamará su nombre Emmanuel» (7, 14). La palabra hebrea que se traduce por virgen, *almah*, proviene de una raíz verbal que significa «estar oculto», «estar velado». El mismo san Jerónimo lo confirma: «La palabra hebrea *almah* es ambigua: en efecto, significa "adolescente", pero también "oculta", es decir, "secreta"»[15].

En su interioridad virginal, ese *algo* también es una *nada*. Los alquimistas denominaron *nada* a su Primera Materia, pues en ella todavía «nada ha nacido», aunque sea el origen de todos los nacimientos. Philalethes escribió:

> Creo en Ramon Llull y, en la medida de mi fe, me preocupo por mi salvación. No quiero desvelar nada para que no pueda ser condenado. Pero si esto no te satisface, tú, quienquiera que seas, permíteme que te murmure unas palabras al oído, luego, lo pregonarás a bombo y platillo. ¿Sabes de quién y cómo procede este esperma o esta simiente que los hombres, a falta de otro nombre más adecuado, llaman Primera Materia? Un iluminado, que fue en su tiempo un miembro de esta Sociedad de quien se burlaron los necios, escribió lo siguiente: «Dios incomparablemente bueno y grande creó algo de la nada *[of nothing created something]*, pero de este algo *[something]* fue hecha una cosa *[one thing]* en la que todas las demás fueron contenidas, tanto las criaturas celestes como las terrestres». Este primer «algo» fue una clase especial de nube u oscuridad condensada en agua, y esta agua es esa «cosa» única en la que todas las cosas están contenidas.
>
> Pero mi pregunta es la siguiente: ¿Qué era esa «nada» de la que el primer caos nubloso o primer algo fue creado? ¿Puedes decírmelo?

---

[15] San Jerónimo, *Commentariorum in Esaiam Libri I-XI*, Brepols, Turnhout 1963, pág. 103.

Quizá te imagines que se trata de una sencilla nada. En efecto, no es nada que conozcamos perfectamente *(nihil quo ad nos)*. No es nada, en el sentido que emplea Dionisio: «No se trata de algo que fuera creado o de estas cosas que existen, ni de nada de lo que tú llamas nada, es decir de aquellas cosas que no son, en tu sentido destructivo y vacío».

Pero a pesar de todo se trata de la verdadera cosa de la que no podemos afirmar nada. Es esa esencia trascendente cuya teología es negativa aunque fue conocida por la Iglesia primitiva, pero que ya ha sido olvidada hoy. Es aquella nada de Cornelio Agrippa, y cuando se encontraba cansado de las cosas humanas, quiero decir de las ciencias humanas, en esa nada tomaba finalmente reposo. Decía: «Conocer nada *[nihil scire]* es la vida más feliz». Verdad evidente, pues conocer esa nada constituye la vida eterna. Aprende pues a comprender este axioma mágico: «Lo visible fue hecho de lo invisible» *(ex invisibili factum est visibile)*[16].

Tal como hemos apuntado antes, a partir de los textos alquímicos clásicos podría deducirse que existen dos lecturas del oro: la de los alquimistas y la vulgar. La primera sería el producto de un conocimiento original mientras que la segunda, lo sería del engaño y de las habladurías.

El ejemplo utilizado tradicionalmente para explicar la naturaleza del oro vulgar se basa en la leyenda del Rey Midas. Este personaje quería que todo cuanto tocara se convirtiera en oro y, gracias a que acogió al viejo Sileno, el preceptor de Dionisio, le fue concedido su deseo. Así, todo lo que tocaba, incluso la comida o la bebida, se convertía en oro, y este fue precisamente el castigo a su codicia.

El oro de los avaros sería un oro muerto, reseco y exterior, mientras que el de los alquimistas sería un oro vivo, como la savia que fluye en el interior de los árboles. Pero ese oro que fluye no puede mantenerse en vida y a la vez mostrarse al exterior. Su vitalidad es su interioridad o su santidad. Basilio Valentin, que según Philalethes fue el más excelente de los rosacruces[17] y quien más penetró en los secre-

---

[16] T. Vaughan, *Coelum terrae, cit.*, págs. 213 y 214.

[17] Cf. C. del Tilo (seudónimo de Charles d'Hooghvorst), «L'eau de vie que ne

tos de la naturaleza, tituló una de sus obras con el nombre de *Azot, o el medio para hacer el oro oculto de los filósofos*[18]. La palabra *azot* designa el *algo* de la alquimia, que también es su nada.

Los alquimistas modernos encontraron en una famosa frase de Jesús a Marta un comentario perfecto respecto a la existencia de este *algo* sobre lo que debía fundamentarse la renovada espiritualidad. Se trata del pasaje en el que Marta se queja porque María está siempre a los pies del maestro, entonces este le dice: «Marta, Marta, te afanas y te preocupas por muchas cosas. Pero una sola cosa es necesaria» (Lc 10, 42)[19]. La tradición alquímica se apropió naturalmente del misterio

mouille pas les mains. L'azoth des philosophes de Basile Valentin», en: R. Arola (ed.), *Images Cabalistiques et Alchimiques*, Beya, Grez-Doiceau 2003, pág. 114.

[18] Esta obra de B. Valentin y sus imágenes (v. figura 32) estarán presentes a lo largo de nuestro ensayo. Hemos utilizado la edición parisina: *L'Azoth, ou le moyen de faire l'or caché des philosophes*, realizada «en la casa de Pierre Moët, librero jurado, cercana al puente de S. Michel, de la imagen de S. Alexis, 1659» (Archè, Milán 1994). Dicha edición, si bien no es la primera, posee el valor de haber sido «revisada, corregida y aumentada por el Sr. L'Agneau, médico»; este personaje fue un importante recopilador de la tradición alquímica (cf. D. L'Agneau, *Harmonie mystique ou Accord des Philosophes*, Mondiere, París 1636). Sobre la palabra *Azoth* o *Azot*, P. J. Fabre escribió en 1636: «*Azot* es una palabra misteriosa, mientras que en castellano [dice el original francés] significa mercurio; incluye cuatro letras que representan y son el comienzo verdadero y el fin de todos los alfabetos y lenguas del mundo. Pues todos los alfabetos comienzan por la *a* y los latinos terminan por la *zeta*, los griegos por la *omega* y los hebreos por la *tav*, y todas las demás lenguas provienen de alguna de estas, de tal modo que en esta palabra *azot*, que significa mercurio, está comprendido todo lo que de los latinos, de los griegos, y de los hebreos, y de lo que de ellos depende, pudiera ser enseñado, y el comienzo y el fin de las cosas naturales están contenidos e incluidos» (*L'abrege des secretes chymiques*, Pierre Billaine, París 1636, pág. 176).

[19] Cf. al respecto J. A. Komensky, conocido como Comenius, quien redactó una obra cuyo título es precisamente *Lo Único Necesario*, Fundación Rosacruz, Valencia 2006, y, en especial, el prefacio de C. Gilly, «*Via Lucis*, bajo el signo de la Rosacruz», págs. 45-70, donde explica la relación de Comenius con la reforma de los rosacruces y el paracelsismo. Cf. así mismo R. Vanloo, *L'Utopie Rose-Croix du XVIIe siècle à nos jours*, Dervy, París 2001, págs. 102-204.

mariano, pues por él se aludía al lugar misterioso y secreto que acoge aquello que es *algo*, «la única cosa necesaria».

Sin embargo, después del frenesí rosacruz, como lo denominó la profesora Yates[20], originado a raíz de la publicación de sus manifiestos, las propuestas de los seguidores de Paracelso se vieron prontamente desplazadas por las de las ciencias experimentales que, sin embargo, trabajaban con materias muertas y siguiendo solo el dictado de la razón. Al mismo tiempo, la mayoría de quienes se consideraban continuadores de las enseñanzas originales de los rosacruces se perdieron en los dédalos de los esoterismos extravagantes que poco tenían que ver con la única cosa necesaria.

El auge de la filosofía rosacruz y alquímica de principios del siglo XVII fue un canto del cisne. Nació con el gran Renacimiento del siglo XV, pero se agotó pronto, cuando Europa apostó por otras vías. Pero, justamente con la conciencia de su desaparición, se generó un inmenso tesoro, un testimonio que debía ser transmitido a las nuevas generaciones en el momento en el que la cadena iniciática estaba a punto de romperse definitivamente. Las sociedades secretas, cuyo fin era la transmisión de algo de maestro a discípulo, se vieron convertidas en sociedades ritualistas, sin nada real para transmitir, con lo que el conocimiento de la Primera Materia quedó reducido a la repetición de unas imágenes simbólicas, sin ningún valor efectivo[21].

Las relevantes aportaciones de C. G. Jung procuraron encontrar un fundamento científico al conocimiento del espíritu, al margen del desorden y de las fantasías del esoterismo ocultista del siglo XIX. En su búsqueda, Jung utilizó la alquimia, puesto que, según él, era la ciencia que unía sus descubrimientos psicológicos con la Antigüedad, pudiendo prescindir así del esoterismo decimonónico. Al comentar el vínculo entre su psicología de las profundidades y los primeros textos alquímicos, escribió lo siguiente:

Mi encuentro con la alquimia fue decisivo para mí, porque me proporcionó la base histórica de la que había carecido hasta enton-

---

[20] Cf. F. Yates, *El iluminismo rosacruz*, F. C. E., México 1981.

[21] Tema desarrollado en R. Arola, *La cábala y la alquimia...*, *cit.*, en especial en el último apartado, titulado «El legado».

ces... por lo que pude ver, la tradición que podría haber conectado la gnosis con el presente parecía haberse cortado, y durante mucho tiempo resultaba imposible encontrar algún puente que condujera desde el gnosticismo —o el neoplatonismo— al mundo contemporáneo. Pero cuando comencé a comprender la alquimia, me di cuenta de que representaba el vínculo histórico con el gnosticismo y de que, por consiguiente, existía una continuidad entre pasado y presente[22].

Cuando Jung constató que existían relaciones persistentes entre las metamorfosis descritas en los libros de alquimia y los sueños de sus pacientes, dedujo que los símbolos de la Gran Obra eran una proyección sobre la materia de los arquetipos y de los procesos del inconsciente colectivo. Este descubrimiento confirmó su psicología de las profundidades, pero también sirvió para explicar ciertos fenómenos espirituales y, en definitiva, fue el inicio de un método de estudio de la relación entre alquimia y religión. Mircea Eliade, quien utilizó las conclusiones de Jung para explicar el sentido del fenómeno religioso universal, en este sentido escribió lo siguiente:

> C. G. Jung ha demostrado que el simbolismo de los procesos alquímicos se reactualiza en ciertos sueños y fabulaciones de sujetos que lo ignoran todo sobre la alquimia; sus observaciones no interesan únicamente a la psicología de las profundidades, sino que confirman indirectamente la función soteriológica que parece constitutiva de la alquimia[23].

El conjunto de aportaciones de Jung y del Círculo de Eranos estará presente a lo largo de nuestro ensayo, no solamente a partir de

---

[22] Citado por G. Wehr, «C. G. Jung en el contexto del esoterismo cristiano y la historia de la cultura», en: A. Faivre y J. Needleman (eds.), *Espiritualidad de los movimientos esotéricos modernos*, cit., pág. 510.

[23] M. Eliade, *Herreros y alquimistas*, Alianza, Madrid 1974, pág. 13. Para un replanteamiento crítico de la relación establecida por Jung entre alquimia y religión, cf. J. Rodríguez Guerrero, «Examen de una amalgama problemática: Psicología Analítica y Alquimia», en: *Azogue*, n.º 4 (*http://www.revistaazogue.com*).

la obra de Eliade, sino también y de forma más explícita con la obra de Henry Corbin[24].

El valor del símbolo

En la reflexión precedente hemos utilizado la expresión *algo* por varias razones. La vaguedad del término, al revés de otras posibilidades más implicadas en la tradición alquímica, como Primera Materia, Mercurio, Azot, etc., permite y abre la reflexión acerca de cómo nombrarlo. La lengua castellana reserva el término *algo* para aquello que está detrás de cierto límite, pues es indeterminado pero existente. Los símbolos tradicionales atraviesan dicho límite; por eso la alquimia, que opera con *algo*, se explica simbólicamente, yendo más allá del propio lenguaje.

Como se verá más adelante[25], los símbolos tradicionales se sitúan en el lugar que está detrás de las significaciones, por lo que se apartan de los lenguajes racionales. Por su idiosincrasia, los símbolos poseen un significado universal y auténtico, pues su función es la de revelar el objeto último de la verdad, *algo* que está al margen de los significados temporales. Por eso, los símbolos conducen al lenguaje al límite de su función, puesto que le obligan a ser lo único que no puede ser: universal y estrictamente veraz.

Desde el siglo XIX, distintas disciplinas han constatado la voluntad universalista implícita en el símbolo; no obstante, su universalidad y autenticidad no es explicable con el lenguaje temporal y lógico. Los símbolos no son ilógicos, pero el motivo de su existencia poco tiene que ver con la lógica y la razón con la que se configura el lenguaje contingente. Como hemos dicho, los símbolos deben ser universales y auténticos, pues, teóricamente, son destellos de la verdad de algo. No anuncian contenido alguno, sino que forman parte del contenido de la verdad en su mismidad. Si un símbolo se pronuncia a sí mismo

---

[24] Cf. Grégoire Lacaze, «La rencontre de Corbin et de Jung»; en: *Documents de travail du département de philosophie de l'université de Poitiers*, 2002 (*http://www.sha.univ-poitiers.fr/philosophie*).

[25] Cf. *infra*, cap. 2: «El lugar del símbolo».

como lenguaje de cierta verdad, deja de ser simbólico, es decir, deja de formar parte del contenido que es.

En este sentido los símbolos alquímicos propios del siglo XVII no pueden separarse de la religión, pues esta era el lugar de la verdad espiritual. Una verdad que jamás podía proponerse como posibilidad, sino que, por el hecho de expresar el fenómeno religioso, debía asumirse que era verdad universal.

Nos referimos, claro está, al fenómeno religioso tal como se entendía en aquella época, que no consideraba al cristianismo como una religión, sino como *la* religión, pues el propio planteamiento de la existencia de distintas religiones se apartaba del fenómeno religioso. Dicho de otro modo, si se planteara a un rosacruz del siglo XVII la búsqueda de una religiosidad que acogiera todas las religiones particulares, solo podría llegar a la conclusión de que se estaría hablando de una religión sin verdad y, en consecuencia, sin fundamento religioso.

Deberíamos convenir con el citado personaje que una religiosidad sin un fundamento religioso, o un simbolismo sin el contenido del símbolo, conlleva un sinsentido tan extremo que desdibuja la verdad inherente a cualquier fenomenología espiritual. Por paradójico que pueda parecer, la religiosidad universal es estrictamente particular. Desde el seno de lo particular, en tanto que este particular es auténtico y verdadero, es desde donde puede comprenderse la unidad de las religiones. Según el planteamiento de la alquimia, el fundamento de la religión sería ese *algo*, al que antes nos hemos referido, en su universalidad.

Componer un ensayo sobre los símbolos alquímicos utilizando la verdad implícita y necesaria del fenómeno religioso tal como la entendían los reformadores del cristianismo del siglo XVII puede parecer, como mínimo, extraño. No obstante nos parece justificado, pues, por medio de los símbolos alquímicos, pretendemos conjugar los confusos universos herméticos o esotéricos que se amparaban bajo la denominación de *alquimia* con el fenómeno religioso, que, para aquellos hombres, era el lugar de la verdad y de la vida del espíritu. Al fin y al cabo, la alquimia del siglo XVII estaba inevitablemente unida a la búsqueda de la verdad de la religión y cualquier otra interpretación sería, cuanto menos, parcial.

La alquimia cristiana a partir del Renacimiento utilizó un simbolismo operativo cercano a la metalurgia y a la medicina para demostrar aquella verdad que los lenguajes convencionales no alcanzaban a expresar, ya que solamente era cognoscible desde la fe y desde los símbolos que formaban parte del contenido de dicha verdad. Dichos símbolos se apartaban de las contradicciones inherentes al lenguaje, pues se situaban fuera de él, pero, entonces, ¿cómo explicar, sin lenguaje o como mucho en el límite del propio lenguaje, los símbolos alquímicos que participaban de la verdad de la alquimia?

La pregunta inicial, inevitable al tratar el tema de la alquimia, es si su oro puede ser otra cosa que un símbolo de algo que no sea un símbolo. Como si el símbolo, en el sentido hasta aquí apuntado, pudiera existir de manera independiente de la realidad simbolizada y adquirir verdad en el propio juego de simbolizar. Si así fuera, cualquier aproximación a los símbolos alquímicos sería poco más que un dédalo sin salida, donde nada se podría justificar.

El único camino posible en el estudio de los símbolos alquímicos demanda la ausencia de prejuicios para poder comprobar si, dichos símbolos, formaban parte del contenido que simbolizaban y que, a su vez, no era ajeno al contenido de la religión en la que creían los que los utilizaban.

A finales del siglo XIII el célebre beato Ramon Llull concibió su Arte, el *ars Raymundi*, para «la obtención de una teoría o un criterio de verdad en las religiones», tal y como explica el profesor Amador Vega[26]. A partir de dicho Arte, los gentiles y los infieles podrían conocer naturalmente la fe en la verdad de la religión cristiana. El diálogo que Llull establece con las otras religiones en ningún caso es integrador, sino que es estrictamente revelador. Llull solo demuestra el contenido del símbolo cristiano, pues es la verdad. Las otras religiones del Libro, el judaísmo y el Islam, preparan la verdad cristiana o mesiánica, pero no pueden sustituirla, como tampoco la de los gentiles, que representa la religión natural. Vega lo percibe claramente cuando, al comentar el contenido del *Llibre del gentil i dels tres savis* de Llull, escribe: «Lo verdaderamente sorprendente, en el marco de la literatura apologética de la época, es que en ningún momento la

---

[26] A. Vega, *Ramon Llull y el secreto de la vida*, Siruela, Madrid 2002, pág. 105.

forma del relato parece estar dirigida a la predicación, por la fuerza del dogma de la verdad cristiana»[27], sino que su discurso se centraba en el desarrollo natural de su lógica combinatoria o *ars Raymundi*. Llull creía que su Arte era estrictamente universal y auténtico, por lo cual, simplemente al aplicarlo, se alcanzaba la verdad de toda religión, que era la verdad mesiánica o cristiana. El Arte de Llull no justifica la verdad de Cristo, sencillamente la muestra, es obvio, puesto que forma parte de ella. En otra de sus obras, el profesor Vega lo explica del modo siguiente:

> En cierto modo Cristo es raíz y fruto a un mismo tiempo. En él confluyen los tiempos; de él parten nuevos comienzos. Él es nacimiento y no quien o lo que nace. Es el nacer que, constantemente, recorre de la raíz al fruto[28].

Pocos años después de la muerte del beato, el 16 de marzo de 1316, su nombre apareció vinculado a un corpus de textos alquímicos, obviamente apócrifos, que no cesó de incrementarse hasta bien entrado el siglo XVIII[29]. De tal modo, que dicho corpus llegó a convertirse en el núcleo central de la alquimia occidental, pues gracias a él se consolidó y se independizó del legado clásico e islámico[30].

---

[27] Ibídem, pág. 104.

[28] A. Vega, *El bambú y el olivo*, Herder, Barcelona 2003, pág. 116.

[29] Para las obras alquímicas atribuidas a Ramon Llull, cf. M. Pereira, *The Alchemical Corpus Attributed to Raymond Lull*, Warburg Institute, Londres 1989. Para la relación entre el arte del beato y la alquimia en general, cf. las consideraciones y el aparato crítico de M. López Pérez, «Algunos rasgos sobre la relación entre el lulismo y el pseudolulismo en la Edad Moderna», *Dynamis*, n.º 22 (2002), págs. 327-357. También el prefacio de D. Kahn a la reciente traducción francesa del *Testamentum* (Pseudo-Raymond Lulle, *Le Testament*, Beya, Grez-Doiceau 2006).

[30] S. Batfroi comenta que: «El testimonio más antiguo del paralelismo Cristo-Piedra filosofal parece que procede del *Codicilio*, atribuido a Ramon Llull. He aquí lo que puede leerse en él: "Y, al igual que Jesucristo, de la casa de David, ha tomado la naturaleza humana para la liberación y la redención del género humano, prisionero del pecado a consecuencia de la desobediencia de Adán, igualmente, en nuestro arte, lo que está mancillado por una cosa es también levantado, lavado y

La alquimia luliana seguía el sistema ideado por el beato mallorquín, el *ars Raymundi*, delimitando por medio de un alfabeto las partes que concursaban en la realidad y combinándolas después para mostrar el *natural* desarrollo de la verdad cristiana que era la Piedra filosofal **(figuras 1-3)**. En muchos casos, se mantuvieron las mismas letras que conformaban el Arte de Llull, pero en otros se sustituyeron por otras figuraciones simbólicas, principalmente en los libros de emblemas.

El libro más notable y también el más citado de todo el corpus alquímico luliano es el *Testamentum*, que se compone de tres partes distintas: en primer lugar la teoría, después la práctica y finalmente el libro de los mercurios. Al principio de la segunda parte el autor explica lo que es la alquimia:

> La alquimia es una parte oculta de la filosofía natural, y es la más necesaria. Es un arte que no es manifiesto a todos, que enseña a cambiar todas las piedras preciosas devolviéndoles su verdadero temperamento, a proporcionar al cuerpo humano una salud nobilísima, a transmutar todos los cuerpos metálicos en sol y luna verdaderos, por medio de un cuerpo medicinal universal en el que todas las medicinas particulares se reducen. [...] He aquí, hijo, la ciencia que se denomina flor real. Rectifica el intelecto humano a fuerza de experiencias visibles a simple vista, y corrige el conocimiento rústico. Sus experiencias van más allá de cualquier prueba sofística o imaginaria. Permite penetrar eficazmente en cualquier ciencia, mostrando al intelecto cómo comprender las virtudes divinas muy ocultas[31].

---

librado de esta mancha, y por la cosa opuesta"». *La Voie de l'Alchimie chrétienne*, Le Mercure Dauphinois, Grenoble 2005, pág. 41. Cf. R. Halleux, *Les textes alchimiques*, *cit.*, págs. 141-144.

[31] M. Pereira y Barbara Spaggiari, *Il Testamentum alchemico attribuito a Raimondo Lullo (Edizione del testo latino e catalano dal manoscritto Oxford, Corpus Christi College, 244)*, Sismel-Galluzzo, Florencia 1999, pág. 307. Nuestra traducción se basa en la realizada por Hans van Kasteel (Pseudo-Raymond Lulle, *Le Testament*, *cit.*, págs. 163-164).

Trasladado a la alquimia, el *ars Raymundi* reconstruía simbólicamente el universo de la creación divina separada del mundo exterior, es decir: «mostraba al intelecto cómo comprender» la obra de Dios, o sea la ciencia divina.

Los tratados del siglo XVII

Un último apunte para enmarcar la presente reflexión introductoria. La alquimia, tal como se manifestó a principios del siglo XVII, poseía unas características propias y en algunas de ellas quisiéramos incidir particularmente. En primer lugar es destacable la calidad de los autores que escribieron obras alquímicas siguiendo la estela de Llull y de Paracelso: Michael Maier, Johann Daniel Mylius, Oswald Croll, Johann Pharamund Rhumelius, Steffan Michelspacher, etc., y de otros personajes legendarios o semilegendarios, como Basilio Valentin, Michael Sendivogius, Nicolas Flamel, Eirenaeus Philalethes, etc. Junto a las obras de estas grandes personalidades aparecieron, también en esta época, las colecciones de textos alquímicos clásicos y los primeros diccionarios[32].

Un segundo aspecto de la alquimia del siglo XVII, que nos concierne directamente, es el uso continuado de imágenes para apoyar los escritos, llegando incluso a tomar preeminencia sobre los textos. Como veremos, el lenguaje alquímico se volverá notablemente visual y especialmente simbólico. El sustrato luliano del arte combinatorio se conjugó con el auge de la emblemática, y con el de la ilustración en general, para crear un jardín de símbolos alquímicos, según lo definió Daniel Stolcius, uno de los autores de esta época.

La inclusión de las imágenes simbólicas en los textos de autores legendarios, así como en los grandes compendios alquímicos, fue el colofón a la relación que había comenzado en el Renacimiento entre la tradición científica alquímica que llegó a Europa procedente del

---

[32] Esperamos el trabajo de J. Rodríguez Guerrero, «Historia de las *Collectaneas alquímicas* a través de los ejemplares conservados en bibliotecas madrileñas», en: J. Rodríguez (ed.), *Alquimia, Hermetismo, Paracelsismo y Ciencia en España (siglos XVI-XVIII)*, de próxima aparición.

mundo antiguo, o musulmán, y el apogeo de la literatura gnóstica de Hermes Trimegisto, a quien se creía contemporáneo de Abraham, o cuando menos de Moisés.

El vínculo que se estableció, a mediados del siglo XV, entre los textos del *Corpus hermético* y los de la tradición alquímica, y que los llevó a converger en una única aunque errónea realidad, es fundamental para comprender cómo y por qué la alquimia se convirtió en el soporte principal de un reformismo cristiano, vinculado a lo que hoy conocemos como esoterismo, pero que quizá hubiera debido denominarse «filosofía oculta» según la definición del famoso Heinrich Cornelius Agrippa[33]. La influencia de los escritos de Hermes en los ambientes filosóficos de las ciudades-estado del norte de Italia, a finales del siglo XV, fue el punto de partida del pensamiento hermético renacentista y evidentemente también del paracelsismo. Carlos Gilly lo resume del modo siguiente:

> El impacto que tuvieron los escritos herméticos en la cultura occidental puede ser catalogado de histórico. De repente, la cristiandad europea se vio confrontada con una segunda revelación divina, aparentemente tan antigua como la Biblia; y redactada además en términos más claros. Para muchos esto solo sirvió como confirmación de la verdad revelada en la Biblia[34].

La filosofía hermética conoció un florecimiento extraordinario a raíz de la caída de Constantinopla en 1453. Dos manuscritos griegos del *Corpus hermeticum* llegaron a Florencia, uno de ellos fue adquirido por el cardenal Besarión, mientras Cosme de Médicis se quedaba con el otro. El de Cosme fue traducido por Marsilio Ficino, quien

---

[33] *De oculta philosophia* es el título de la obra más importante de Agrippa, cuya edición definitiva data de 1533 (*La filosofía oculta*, Kier, Buenos Aires 1982). En un principio, Agrippa quiso llamarla *De magia*, por lo que ambos nombres se convirtieron en sinónimos. En 1613 apareció la primera edición del libro de Basilio Valentin *Azot, o el medio para hacer el oro oculto de los filósofos* con el nombre de *Occulta philosophia* (cf. J. Ferguson, *Bibliotheca Chemica*, Derek, Londres, tomo I, págs. 57 y 79).

[34] En: *Ways of Hermes*, Bibliotheca Philosophica Hermetica, Ámsterdam 2002, pág. 8.

finalizó dicha traducción en 1463. La primera edición del *Poimandrés*, el libro primero del *Corpus hermeticum* y quizá el más importante, se imprimió en Treviso en 1471[35].

En 1613, ciento cincuenta años después de la primera traducción del *Poimandrés*, Basilio Valentin, o quien se ocultara bajo este nombre, hizo pública una de las obras más relevantes de la historia de la alquimia moderna, *L'Azoth, ou le moyen de faire l'or caché des philosophes*, y en ella se engarzan las palabras del *Poimandrés* con las de la Tabla de Esmeralda. Al protagonista se le aparece quien dice llamarse «Poimandrés, el Pensamiento del poder supremo»; este personaje le propone enseñarle los misterios de Dios: «Retén en tu mente cuanto desees saber y yo te instruiré», y después, «todo le fue revelado en un momento»[36]. Lo que Basilio Valentin describe como «todo» es el texto de la Tabla de Esmeralda[37], un escrito propiamente alquímico y que, en principio, nada tenía que ver con el *Corpus hermeticum*. La primera frase de la Tabla de Esmeralda, recordémoslo, es el símbolo máximo de la unión alquímica: «Lo que está abajo es como lo que está arriba y lo que está arriba es como lo que está abajo, para hacer los milagros de una sola cosa». El hermetismo alquímico-filosófico de principios del siglo XVII asumió, casi como una religión, la unión entre el conocimiento de la luz de la inspiración, propuesto por el *Corpus hermeticum*, y el conocimiento de la luz de la naturaleza, enseñado por la tradición alquímica. Según Gilly[38], las bases del movimiento reformador de Teofrasto Paracelso se compendian en el frontispicio

---

[35] Cf. S. Gentile y C. Gilly (eds.), *Marsilio Ficino e il ritorno di Ermete Trismegisto / Marsilio Ficino and the return of Hermes Trismegistus*, Centro Di, Florencia 1999.

[36] *Textos Herméticos*, Gredos, Madrid 1999, págs. 72 y 73; en esta edición, el traductor, X. Renau, propone que en castellano se escriba Hermes Trimegisto (pág. 10, nota 16); hemos seguido su opinión. También hemos utilizado la edición bilingüe: *Obras completas de Hermes Trismegisto*, Muñoz Moya y Montraveta, Barcelona 1987.

[37] Cf. *L'Azoth, ou le moyen de faire l'or caché des philosophes*, cit., págs. 143-149. En la pág. 146, Valentin reproduce el texto de la Tabla de Esmeralda junto al emblema de V.I.T.R.I.O.L. (véase figura 32a).

[38] Cf. C. Gilly y C. van Heertum (eds.), *Magia, alchimia, scienza dal '400 al '700: l'influsso di Ermete Trismegisto / Magic, Alchemy and Science 15th-18th Centuries: the Influence of Hermes Trismegistus*, Centro Di, Florencia 2002, tomo II, pág. 156.

de la *Basilica chymica* de Oswald Croll, «el documento más importante e influyente de la historia del paracelsismo». El cuerpo central del grabado **(figura 8)**, realizado por Aegidius Sadeler, lo ocupa el siguiente título: *Basílica química, conteniendo una descripción filosófica confirmada por la experiencia de sus propios trabajos y la aplicación de selectísimos remedios extraídos de la luz de la gracia y la naturaleza...*; en la parte superior está representada «la luz de la gracia» y en la parte inferior «la luz de la naturaleza». La primera es infinita y un triángulo con el vértice hacia arriba ordena sus componentes teologales, la segunda es finita y un triángulo con el vértice invertido ordena los elementos naturales. Las dos realidades, la de la gracia y la de la naturaleza, no son contrapuestas, sino complementarias, forman la culminación unitiva de lo superior con lo inferior, unión que a Croll le es «confirmada por la experiencia de sus propios trabajos». D'Hooghvorst utilizó los términos *cábala* y *química* para designar las dos luces de la religión paracelsiana.

Cuando la historiadora Frances Yates estudió el contexto del movimiento rosacruz de principios del siglo XVII, pudo darse cuenta de que no se trataba de un fenómeno aislado y marginal en la historia, sino que abarcaba campos tan diversos como las mismas imprentas, y por eso escribió: «En aquellos tiempos, no era raro que las empresas impresoras y editoras fueran centros de oscuros movimientos religiosos»[39]. Ejemplos indiscutibles fueron las imprentas de Johann Theodor de Bry y de Lucas Jennis, donde se publicaron las obras de Michael Maier y Robert Fludd entre otras y que marcaron el momento culminante del apogeo rosacruz[40].

Estos conocidos impresores canalizaron la difusión de las enseñanzas reformadoras de los rosacruces seguidores de Paracelso, a las que Yates califica de «oscuros movimientos religiosos». En estos ambientes se copiaron y se reinterpretaron los símbolos figurativos una y otra vez, incluso las mismas matrices de los grabados se utilizaron

---

[39] Una de ellas, creada por el príncipe Augusto de Anhalt, fue esencial en la difusión de las ideas rosacruces; cf. C. Gilly, «Adam Haslmayr: Der erste Verkünder der Manifeste de Rosenkreuzer»; en: *Texts and Studies Published by the Bibliotheca Philosophica Hermetica*, n.º 5, 1994.

[40] F. Yates, *El iluminismo rosacruz*, cit., pág. 97.

en distintas ediciones de otros tantos autores, con lo que se crearon auténticos laberintos para los historiadores.

Un personaje representativo de esta época fue Daniel Stolcius von Stolzenberg, que firmó dos obras, el *Viridarium chymicum*[41] y el *Hortulus hermeticus*[42]. Stolcius no fue un autor de la misma importancia que los citados anteriormente, puesto que sus dos obras conocidas son copias glosadas de otras obras de Maier y de Mylius, pero lo que nos interesa de él es que publicó ordenadamente las imágenes de los autores anteriores.

En el *Viridarium chymicum*, Stolcius incluyó pequeños poemas, escritos por él, para acompañar los grabados al aguafuerte de otro libro, la *Philosophia reformata*[43] de Johann Daniel Mylius **(figuras 9)**. Estos grabados, obra de Baltzer Schwan, son compilaciones de la imaginería alquímica anterior, principalmente de los temas del *Rosarium philosophorum* **(figura 9c)**, del *Azoth*, de Basilio Valentin **(figuras 32)**, del *Splendor solis*, de Salomon Trismosin **(figura 20)**, del anónimo *Buch der heiligen Dreifältigkeit* **(figura 23)**, y, sobre todo, recreaciones de los distintos emblemas de Maier: de la *Atalanta fugiens* **(figuras 10)**, de los que aparecen en los *Symbola aureae mensae* **(figura 12)** y en el *Tripus aureus* **(figura 17a)**, obra compuesta por tres tratados químicos: el *Liber duodecim Clavium* de Basilio Valentin **(figura 17b)**, un texto de Thomas Norton y otro atribuido a Cremer, abad de Westminster. Todos estos grabados constituirán el núcleo de nuestro estudio[44].

En el *Viridarium chymicum* **(figura 7)**, publicado en Frankfurt en 1624, Stolcius explica que las imágenes han de ser capaces de «recrear la vista por su factura artística y alegrar el alma por su simbolismo

---

[41] D. Stolcius, *Viridarium chymicum*, Lucas Jennis, Fráncfort 1624. Hemos utilizado la edición castellana: *Viridarium chymicum*, Muñoz Moya y Montraveta, Barcelona 1986.

[42] D. Stolcius, *Hortulus hermeticus flosculis philosophorum cupro incisis*, Lucas Jennis, Frankfurt 1627.

[43] J. D. Mylius, *Philosophia reformata*, Lucas Jennis, Fráncfort 1622.

[44] Para las referencias de estas obras, además del clásico: J. Ferguson, *Bibliotheca chemica, cit.*, cf. la reciente revisión: V. Fritz Brüning, *Bibliographie der alchemistischen Literatur*, K. Saur, Múnich 2004, tomo I.

oculto»[45]. Propone al lector un viaje por lo que él denomina «el jardín alquímico», donde las flores son los grabados que representan los distintos nombres de la Materia y las fases de la Obra. En el prólogo, anuncia que los grabados son prestados, mientras que los poemas están escritos por él. El motivo de utilizar imágenes del fondo de la imprenta de Lucas Jennis fue, según sus propias palabras, que apreciaba mucho «los grabados monocromos y particularmente los aguafuertes, y ello no sin razón: pienso, en efecto, que hay más arte en representar un tema restituyendo el parecido por la utilización de una sola tinta, que en cargarlo de colores variados». Daniel Stolcius sabía perfectamente cuál era el objetivo de su labor:

> Lo he hecho [...], querido lector, para distraerte de tus trabajos, a fin de que no tengas que esforzarte en penetrar enormes infolios con gran pérdida de tiempo, y te encuentres en disposición de seguir fielmente las huellas de la Naturaleza. ¿Quieres que te lo confíe todo limpiamente? No me preocupo aquí sino de una sola cosa, que es iniciarte al amor de Vulcano, es decir, del fuego filosófico[46].

Los poemas, unidos a los grabados, debían servir para desvelar el contenido sustancial de la realidad, al revés de lo que le sucedió a Ixión, quien, según continúa explicando Stolcius, encantado por Zeus, abrazó la imagen de Juno creyendo que era la diosa en persona, o a los zorros de Esopo, «brincando alrededor del pequeño vaso de cristal que contenía el guisado».

Siempre según Stolcius, solo el amor del fuego filosófico permite proceder a un examen profundo de la Naturaleza. Sin él no se conoce nada que sea verdadero, «sino solamente las vanas sombras de las cosas, en lugar de las cosas por sí mismas»; en cambio, el hombre agradecido al Creador, si conoce este fuego, podrá penetrar en «los abismos inagotables de la Naturaleza y las maravillas inmensas que contiene este teatro del Universo entero» pues «caminando a la luz de esta antorcha, no nos extraviaremos en las tinieblas»[47]. Para alcanzar la

---

[45] *Viridarium chymicum, cit.*, pág. 29.
[46] Ibídem, pág. 31.
[47] Ibídem.

sabiduría de la luz, las representaciones visuales fueron un excelente vehículo.

En un lado del frontispicio del *Viridarium chymicum* aparece la figura de Hermes Trimegisto y en el otro, la de Teofrasto Paracelso, ambas sobre un pedestal. El primero sostiene una esfera armilar y le acompaña una palmera, el segundo se apoya en su famosa espada y junto a él se ve una parra. El misterio de la alquimia rosacruz comenzó con Hermes y culminó con Paracelso; el estudio de este camino es imprescindible para comprender el tema de nuestro ensayo.

Álbum de imágenes

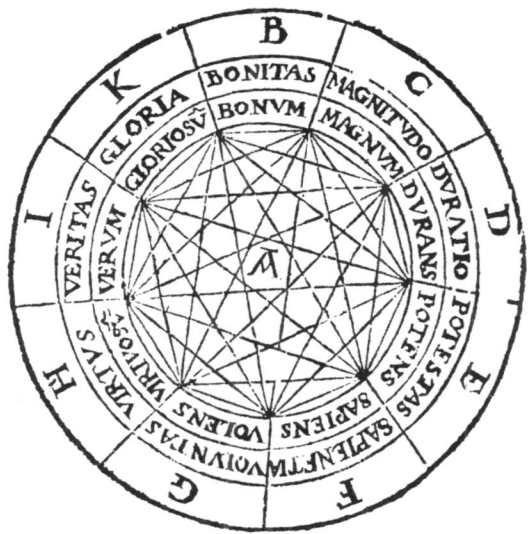

1. Primera figura del *Ars brevis* de Ramon Llull. El beato escribió: «En este *Arte* ponemos un alfabeto para que con él puedan hacerse figuras y conocer y mezclar *principios* y *reglas* en la búsqueda de la verdad» (Ramon Llull, *Opera*, Estrasburgo 1617).

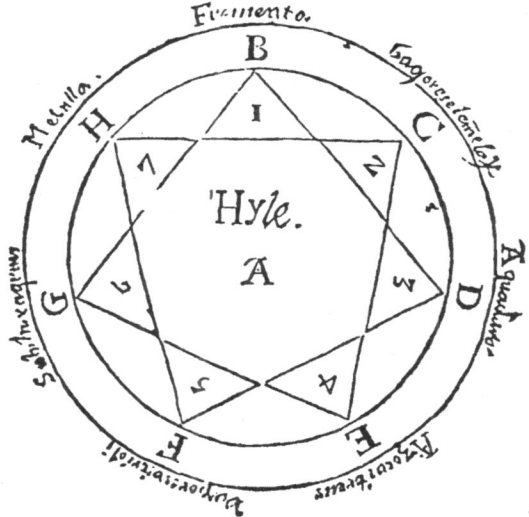

2. Figura pseudoluliana del *Testamentum*, en cuyo centro se encuentra la palabra griega *Hyle*, que, según el autor, es el nombre de la materia a partir de la cual se engendran los elementos y principios de la naturaleza (Pseudo Llull, en *Theatrum chemicum*, Estrasburgo 1659).

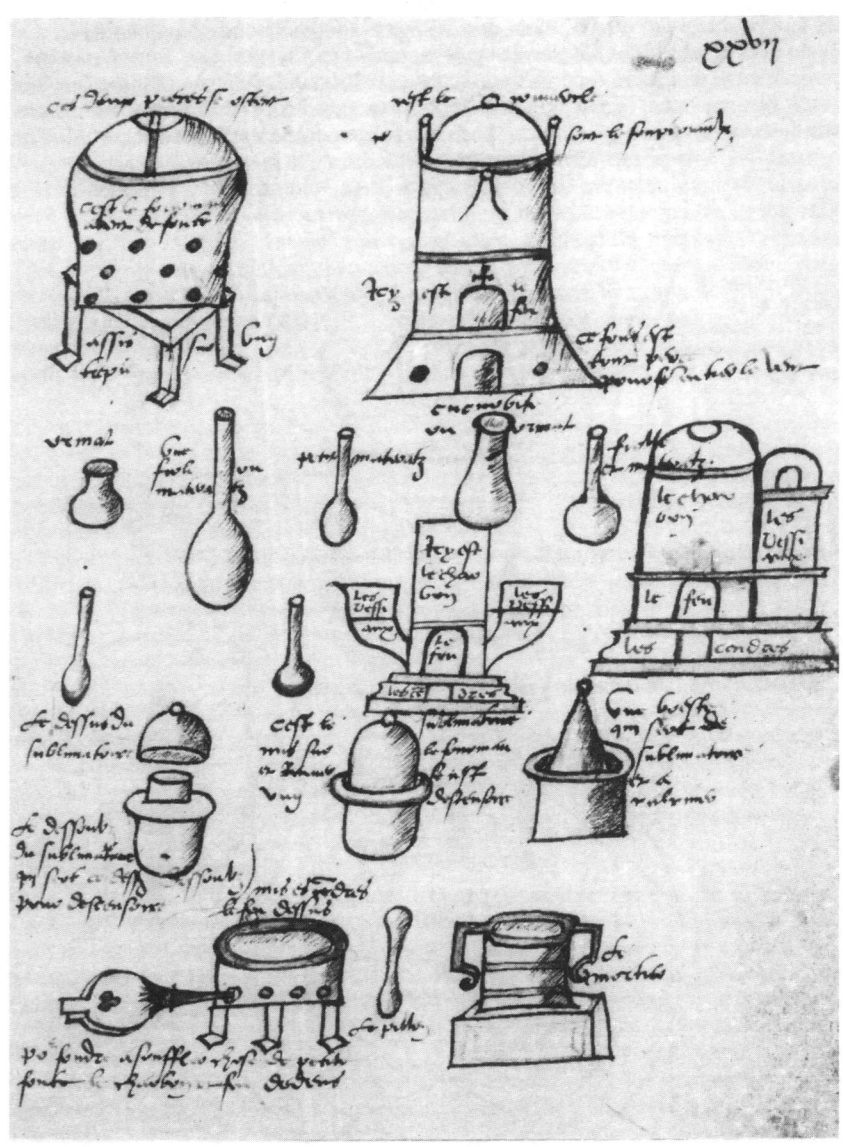

3. Representaciones de instrumentos usados en el laboratorio alquímico: hornos, braseros, morteros, vasos, matraces, alambiques, etc., de un texto anónimo pseudoluliano (*Investigatio secreti occulti*, siglo XVI).

4. Representación del Uroboros, la mítica serpiente que se muerde la cola. Una figura propia de la alquimia griega de los primeros siglos y que resume el axioma: «Todo es Uno» (Copia de Theodore Pelecanos de un manuscrito de Sinesius, 1478).

5. Ilustración de un manuscrito sin título. En la parte superior de la imagen, el rostro de la luna rodeado de distintos tipos de vasos alquímicos; en la inferior, el rostro de Cristo rodeado de vasos similares (Gratheus, *Sin título*, finales del siglo XIV).

6. Figuraciones simbólicas de los planetas-metales que intervienen en la Gran Obra, situados entre la mano creadora, arriba a la izquierda, y el fondo del mar, abajo a la derecha (Constantinus, *Bouc der heimelicheden van mire vrouwen alkemen*, finales del siglo XIV).

7. Imágenes de Hermes Trimegisto y de Paracelso, el primer y el último eslabón de la cadena de maestros de la alquimia, flanquean la entrada del jardín de los emblemas herméticos (portada de la versión alemana del *Viridarium chymicum* de Daniel Stolcius, Lucas Jennis, Fráncfort 1624).

8. Retratos de adeptos famosos: Hermes, Geber, Morienus, Bacon, Llull y Paracelso. En el círculo situado sobre el título de la obra aparece representada la luz de la gracia y en el de debajo, la de la naturaleza (Oswald Croll, *Basilica chymica*, Gottfried Tampach, Fráncfort 1620).

9a. Portada de la *Philosophia reformata*. En ella, un discurso simbólico, construido con algunos de los emblemas de Maier, explica las distintas relaciones entre el principio femenino y el masculino y su reunión final en el centro (Johann Daniel Mylius, *Philosophia reformata*, Lucas Jennis, Fráncfort 1622).

9b. Emblemas de la *Philosophia reformata*; los cuatro primeros recrean otros tantos de Maier, mientras que los dos últimos dan paso al *Liber duodecim Clavium* de Basilio Valentin, donde se describen las operaciones de la Gran Obra (Johann Daniel Mylius, *Philosophia reformata*, Lucas Jennis, Fráncfort 1622).

9c. Serie intermedia de la *Philosophia reformata*, en la que se representan los últimos emblemas del *Rosarium philosophorum*: el nacimiento del árbol solar, el león verde, la coronación de la Virgen y la resurrección de Jesucristo (Johann Daniel Mylius, *Philosophia reformata*, Lucas Jennis, Fráncfort 1622).

10a. El Mercurio celeste se encuentra con el Mercurio terrestre y Vulcano, el fuego celeste, con el fuego del hogar, para realizar juntos la Gran Obra (Michael Maier, *Atalanta fugiens*, emblema X, Johann Theodor de Bry, Oppenheim 1618).

10b. La Tierra es la nodriza de la Piedra filosofal, como Rómulo fue amamantado por una loba y Júpiter por una cabra (Michael Maier, *Atalanta fugiens*, emblema II, Johann Theodor de Bry, Oppenheim 1618).

10c. Saturno vomitando la piedra que tragó en lugar de su hijo Júpiter, sobre la cima del monte sagrado de la poesía (Michael Maier, *Atalanta fugiens*, emblema XII, Johann Theodor de Bry, Oppenheim 1618).

10d. «Haz con el macho y la hembra un círculo, de ahí un cuadrado, de él un triángulo; haz luego un círculo y tendrás la Piedra de los filósofos» (Michael Maier, *Atalanta fugiens*, emblema XXI, Johann Theodor de Bry, Oppenheim 1618).

10e. El león verde o el bronce de Hermes, junto al humo blanco y el agua fétida (Michael Maier, *Atalanta fugiens*, emblema XXXVII, Johann Theodor de Bry, Oppenheim 1618).

10f. El alquimista sigue los pasos de la santa naturaleza con el cayado de la razón, las lentes de la experiencia y a la luz de sus lecturas (Michael Maier, *Atalanta fugiens*, emblema XLII, Johann Theodor de Bry, Oppenheim 1618).

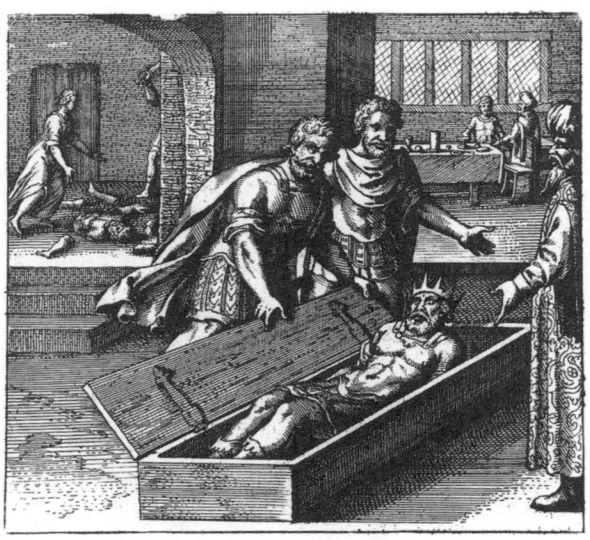

10g. Osiris, o el sol de la sabiduría, es asesinado por su hermano Tifón. Al fondo de la imagen, Isis reúne sus miembros para resucitarlo (Michael Maier, *Atalanta fugiens*, emblema XLIV, Johann Theodor de Bry, Oppenheim 1618).

11. El hombre y los representantes de los distintos reinos de la creación declaran a Mercurio rey de cuantas cosas existen inferiores al hombre (Michael Maier, *Lusus serius*, Lucas Jennis, Oppenheim 1616).

12. Al último de los participantes en el ágape que reúne a los alquimistas de todas las épocas y naciones Maier lo denomina el Anónimo Sármata. A la izquierda Saturno riega el árbol solar (Michael Maier, *Symbola aureae mensae duodecim nationum*, Lucas Jennis, Fráncfort 1617).

13a. Portada de un compendio de tratados alquímicos, «por cuya meditación puede hallarse y poseerse la verdadera Medicina», que aquí se relaciona con Apolo, representado en el medallón superior (*Musaeum hermeticum*, Lucas Jennis, Fráncfort 1625).

13b. Grabado sin título ni comentario alguno que complementa los motivos iconográficos de la portada del *Musaeum hermeticum* (*Musaeum hermeticum*, Lucas Jennis, Fráncfort 1625).

14. Emblema de la Escuela Mágica a la que debe acudir el alquimista para conocer la materia de su Gran Obra (Thomas Vaughan alias Eugenius Philalethes, *Lumen de lumine or A new magical light*, Londres 1651).

15. Octava lámina del *Mutus liber*, donde se representa la correspondencia entre el macrocosmos, figurado en la parte superior, y el microcosmos, situado dentro de un atanor custodiado por el matrimonio alquímico (*Mutus liber*, La Rochelle 1677).

16. Dos pequeños ángeles, o amorcillos, sostienen el mundo utópico (Carta de *I Tarrocchi dei Visconti*, mediados del siglo XV, Milán).

17a. El monje Basilio Valentin, el filósofo Thomas Norton y Cremer, abad de Westminster, contemplan el atanor alquímico o fragua de Vulcano. Grabado de la portada de una obra de Maier en la que reunió textos de estos tres autores legendarios (Michael Maier, *Tripus aureus*, Lucas Jennis, Fráncfort 1618).

17b. El vaso alquímico sellado herméticamente, tal como lo describe Basilio Valentin en la séptima de sus *Llaves* (Michael Maier, *Tripus aureus*, Lucas Jennis, Fráncfort 1617).

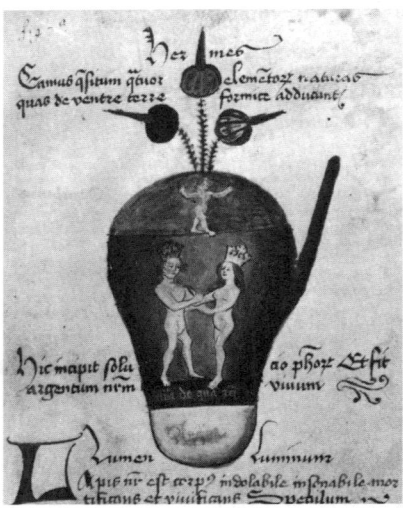

18a–d. Selección de miniaturas que describen el nacimiento del hijo filosófico después de las distintas operaciones que acontecen en el vaso alquímico (Anónimo, *Donum Dei*, finales del siglo XV).

19a. Según está escrito en la Tabla de Esmeralda, el sol es el padre de la Piedra filosofal y la luna es su madre (Johann Daniel Mylius, *Anatomia auri*, Lucas Jennis, Fráncfort 1628).

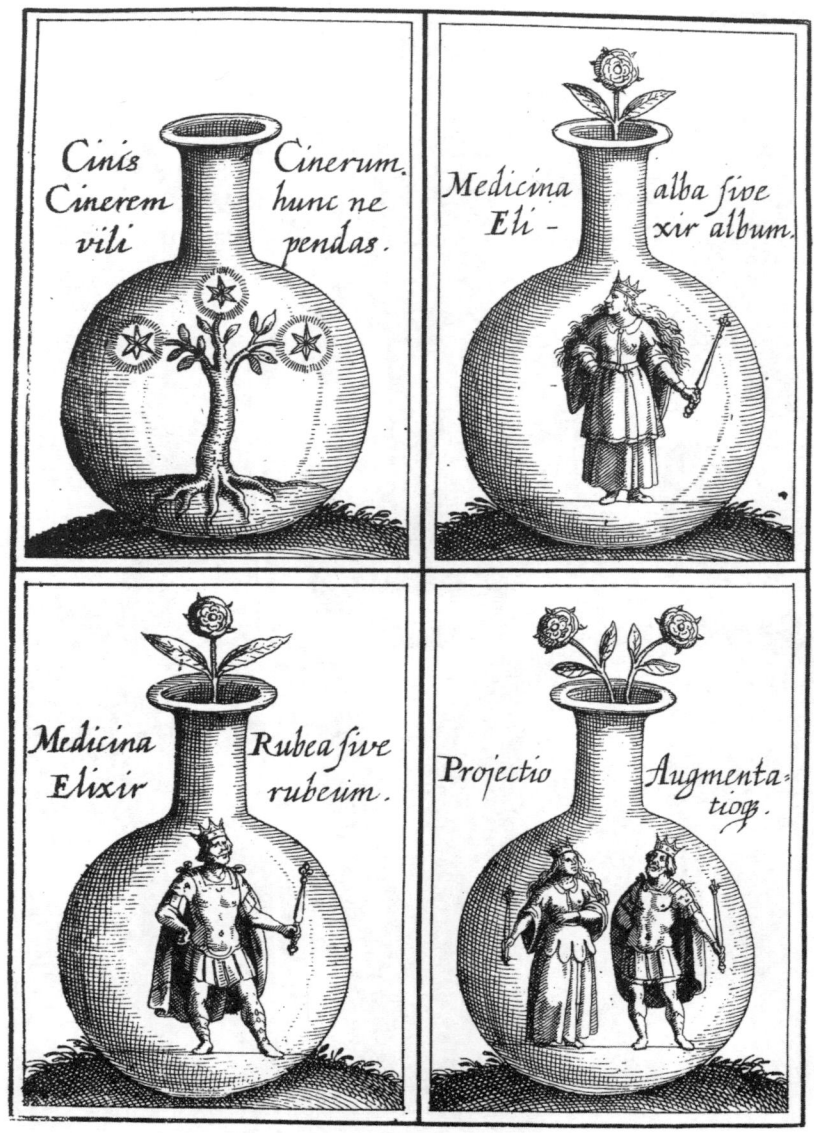

19b. Representación de los distintos pasos para llegar a la conjunción del principio masculino y el femenino, o de lo volátil y lo fijo, que se produce en el interior del matraz (Johann Daniel Mylius, *Anatomia auri*, Lucas Jennis, Fráncfort 1628).

20. La influencia de la luna, representada en la parte superior de la miniatura, ordena los comportamientos de los hombres que se observan en la parte inferior. En el centro de la imagen se representa el último grado de la Gran Obra: la Piedra cuando llega al color rojo (Salomon Trismosin, *Splendor solis*, Londres 1582).

21a. Representación del descubrimiento en el interior de un templo de la estatua de Hermes Trimegisto sosteniendo la Tabla de Esmeralda (Anónimo, *Aurora consurgens*, Múnich, principios del siglo XV).

21b-d. Tres escenas de la *Aurora consurgens*: la primera representa a la Sabiduría alimentando con su leche a los adeptos alquimistas. La segunda, la purificación de la materia. La tercera, el fuego alquímico (Anónimo, *Aurora consurgens*, Múnich, principios del siglo XV).

22. El pasaje bíblico del soldado que abre con su lanza el costado de Jesucristo en la cruz se relaciona con el nacimiento de Eva del costado de Adán y con Moisés haciendo brotar agua de la roca de Meribá (*Biblia pauperum*, Ámsterdam, c. 1460-1470).

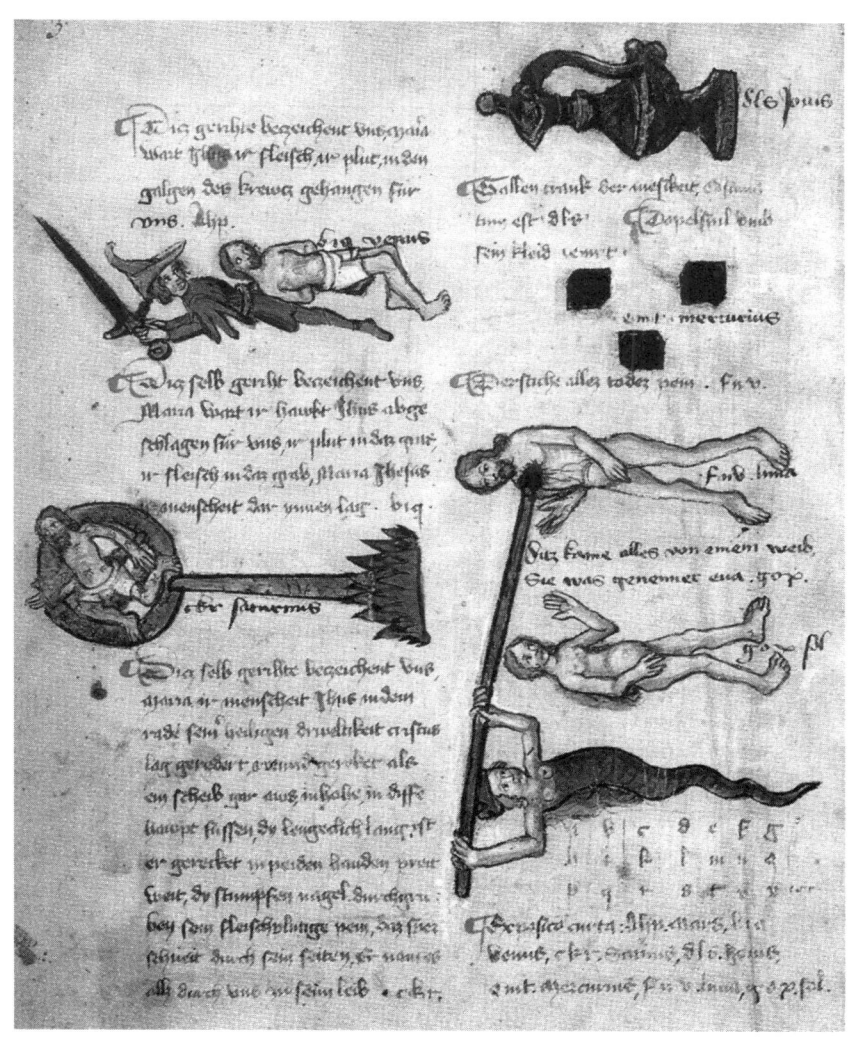

23. Representaciones antropomórficas de la pasión de los metales, pues estos deben morir para renacer en la pureza (*Buch der heiligen Dreifältigkeit*, Núremberg, principios del siglo XV).

24. Distintas alegorías de la inviolable virginidad de María; **a.** Unicornio; **b.** Tulia transportando agua en un cedazo; **c.** Pastor llevado por el viento; **d.** Diomedes transformado en pájaro; **e.** Fénix; **f.** Una leona que llama a sus cachorros; **g.** Pájaros nacidos de un árbol; **h.** Dánae y la lluvia de oro (Franz von Retz, *Defensorium inviolatae virginitatis beatae Mariae*, Basilea 1490).

25. La misma selección de escenas de la obra de Franz von Retz, incorporada a un tratado alquímico (Anónimo, *De alchimia*, Leiden c. 1526).

26a. Primera de las diez páginas que recogen la cadena áurea de los alquimistas que comenzó con Hermes Trimegisto. Su emblema se halla en la parte superior izquierda (Johann Daniel Mylius, *Opus medico-chymicum*, Lucas Jennis, Fráncfort 1618).

26b. Última de las páginas en las que se representa la filiación hermética que termina con un emblema dedicado al propio autor de la obra (Johann Daniel Mylius, *Opus medico-chymicum*, Lucas Jennis, Fráncfort 1618).

27. La figura de Cristo resucitado aparece en el centro del grabado que reproduce el relieve que, supuestamente, Nicolas Flamel hizo colocar en la entrada de un cementerio de París (Pierre Arnauld, *Trois traictez de la philosophie*, París 1612).

28. Representación del fin de la Gran Obra, también llamado Multiplicación (Stephan Michelspacher, *Cabala, Spiegel der Kunst und Natur, in Alchymia*, Augsburgo 1615).

29a. «El Arte laborioso convirtiendo la humedad ígnea de los metales en Mercurio» (Barent Coenders van Helpen, *Escalier des Sages*, Groninga 1687).

29b. «Calor, humedad, frío, sequedad oculta» (Barent Coenders van Helpen, *Escalier des Sages*, Groninga 1687).

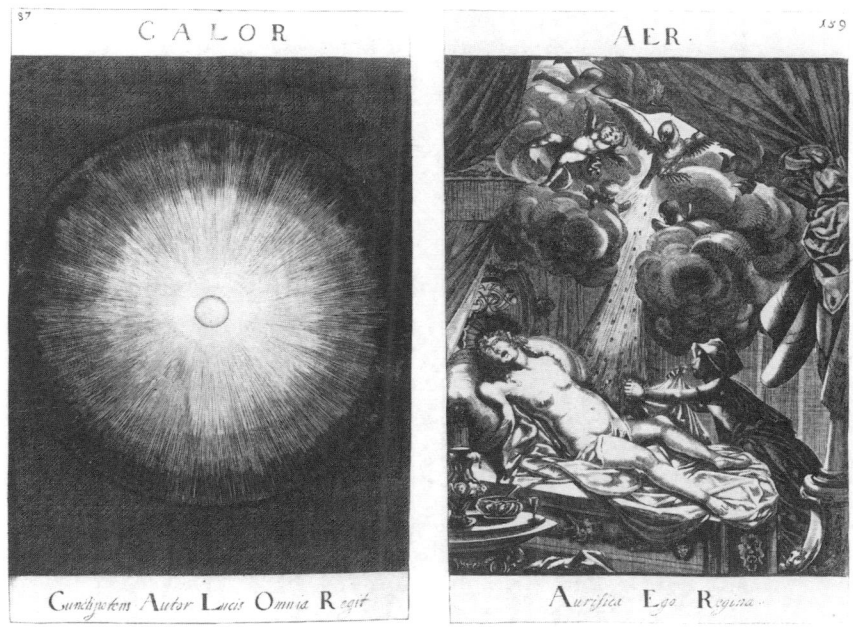

29c. «El omnipotente autor de la luz todo lo rige» (Barent Coenders van Helpen, *Escalier des Sages*, Groninga 1687).

29d. «Yo, la Reina hacedora de Oro» (Barent Coenders van Helpen, *Escalier des Sages*, Groninga 1687).

30. Hermes Trimegisto sosteniendo la Tabla de Esmeralda tal como fue descrito por Senior Zadith (*Theatrum chemicum*, Estrasburgo 1661).

31. Imagen en la que se conjugan los símbolos de la luz de la gracia, en la parte superior, con los símbolos de la luz de la naturaleza, en la parte inferior. En el *Musaeum hermeticum* apareció llevando como pie el texto de la Tabla de Esmeralda (Johann Daniel Mylius, *Opus medico-chymicum*, Lucas Jennis, Fráncfort 1618).

32a. Emblema que acompañaba el texto de la Tabla de Esmeralda. En la cenefa está escrito: «Visita los interiores de la tierra, rectificando encontrarás la piedra oculta», cuyo acróstico es: VITRIOL (Basilio Valentin, *L'Azoth, ou le moyen de faire l'or caché des philosophes*, París 1624).

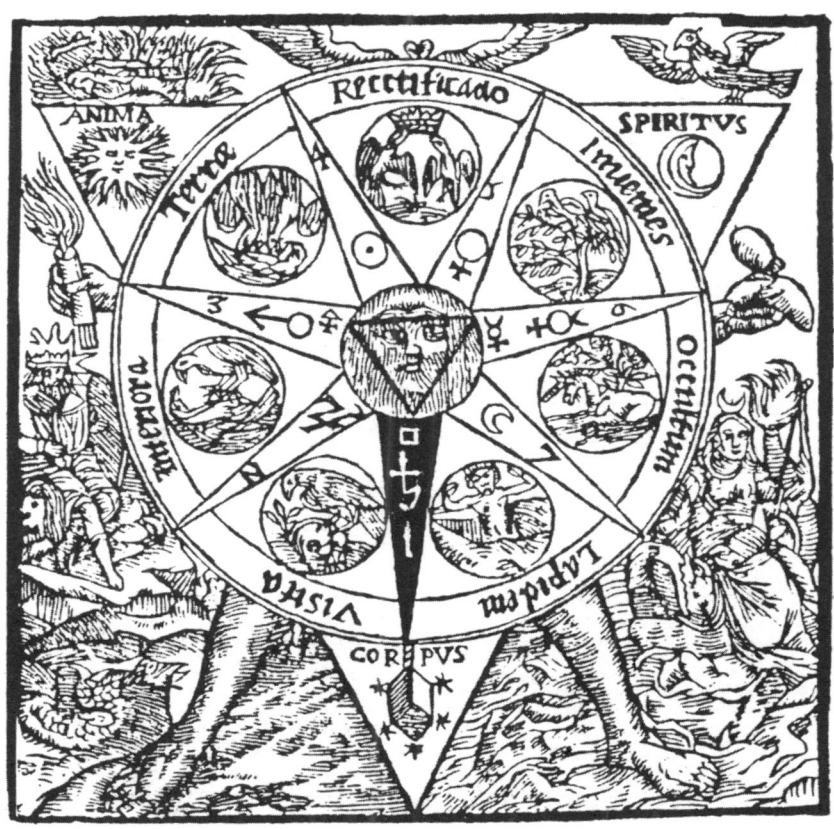

32b. Representación del Anciano primordial con la misma inscripción que la anterior (Basilio Valentin, *L'Azoth, ou le moyen de faire l'or caché des philosophes*, París 1624).

33a-d. Serie completa de las imágenes del *Rosarium philosophorum* (Fráncfort 1550).

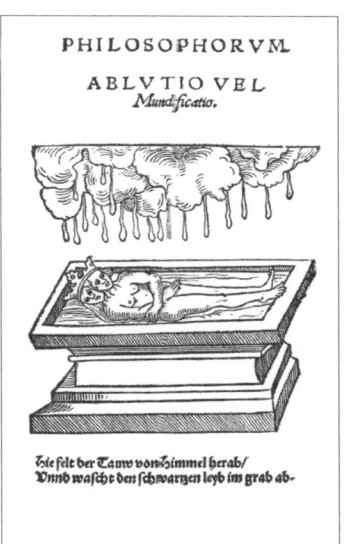

33e-h. Serie completa de las imágenes del *Rosarium philosophorum* (Fráncfort 1550).

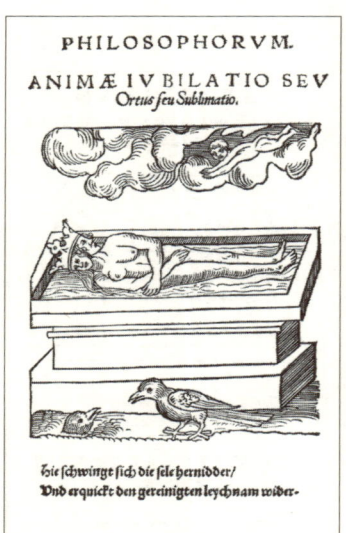

33i–l. Serie completa de las imágenes del *Rosarium philosophorum* (Fráncfort 1550).

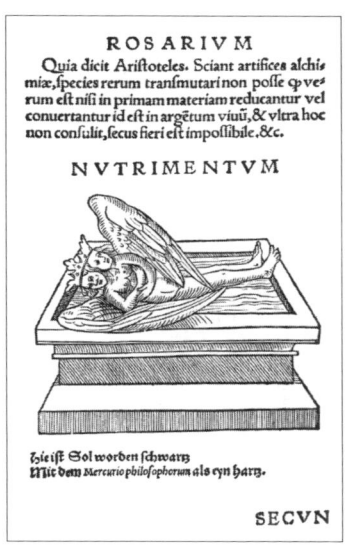
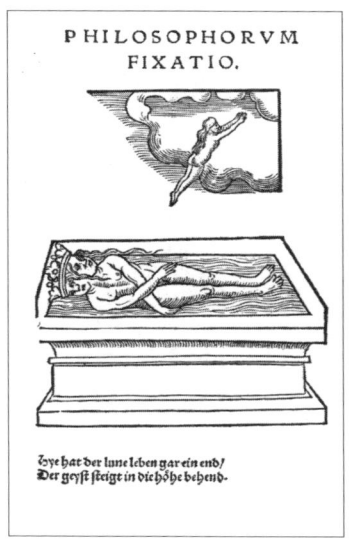
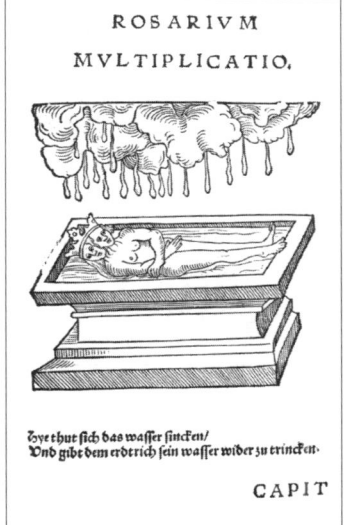
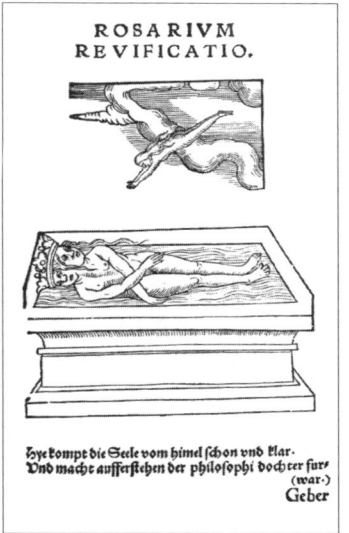

33m-o. Serie completa de las imágenes del *Rosarium philosophorum* (Fráncfort 1550).

33p–s. Serie completa de las imágenes del *Rosarium philosophorum* (Fráncfort 1550).

34. Representación de Jesucristo según los postulados de la cábala cristiana (Heinrich Khunrath, *Amphitheatrum sapientiae aeternae*, Hamburgo 1595).

I

Los símbolos herméticos

1. Mercurio o el secreto de los filósofos

En 1618 se publicó en Oppenheim la obra más famosa de la emblemática alquímica[1], cuyo extenso subtítulo es todo un programa de las enseñanzas basadas en las figuras simbólicas que explican los misterios de la creación; su traducción reza así: *Atalanta en fuga*[2]*, es decir, nuevos emblemas químicos de los secretos de la Naturaleza, acomodados en parte a los ojos y al intelecto, con figuras grabadas en cobre y sentencias, epigramas y notas adicionales, y en parte a los oídos y al recreo del ánimo, con unas cincuenta fugas musicales a tres voces, de las que dos corresponden a una melodía sencilla apta para cantar dísticos; todo ello destinado a ser visto, leído, meditado, comprendido, juzgado, cantado y oído con extraordinario placer.*

El libro es de Michael Maier[3] y los grabados sobre cobre pare-

---

[1] M. Maier, *Atalanta fugiens, hoc est, emblemata nova de secretis naturae chymica*, edición realizada por H. Galle para J. T. de Bry, Oppenheim 1618.

[2] La bella y veloz Atalanta no quería unirse a ningún pretendiente que no fuera capaz de ganarla en una carrera. Muchos murieron en el intento, hasta que Hipómenes logró vencerla con la ayuda de las manzanas áureas del jardín de las Hespérides. Atalanta, según Maier, representa el volátil mercurial e Hipómenes la virtud del azufre; su unión se realiza en el templo de Cibeles, cf. Ovidio, *Metamorfosis* X, 560-680.

[3] Sobre la vida y la obra de M. Maier (1568-1622), así como sobre su relación con los rosacruces, cf. J. B. Craven, *Count Michael Maier-Doctor of Philosophy and of Medicine, Alchemist, Rosicrucian, Mystic: Life and Writings*, Dawson, Londres 1968. Para una revisión de algunos aspectos, cf. K. Figala y U. Neumann, «A propos de Michael Maier: quelques découvertes bio-bibliographiques», en: D. Kahn y S. Matton (eds.), *Alchimie. Art, histoire et mythes*, SÉHA-Archè, París-Milán 1995, págs. 651-664, y J. Godwin, «The Deepest of the Rosicrucians: Michael Maier», en: R. White (ed.), *The Rosicrucian Enlightenment Revisited*, Lindisfarne, Hudson

cen ser obra de Matthäus Merian o Merian el Viejo, siendo Johann Theodor de Bry el impresor y editor. Maier fue uno de los representantes más destacados del auge rosacruz que se dio a principios del siglo XVII. Su saber y su erudición se aunaron para divulgar las enseñanzas de la alquimia por medio de distintos discursos. Entre ellos destaca el emblemático utilizado en la *Atalanta fugiens*, cuyos emblemas, siguiendo la tradición renacentista, pretendían ser símbolos de lo sagrado y recrear así la escritura jeroglífica del origen.

En aquel momento, las ideas de Maier y del círculo de intelectuales próximos a los rosacruces que se movían en torno a la corte de Rodolfo II, y que provenían del impulso espiritual del primer Renacimiento, vivían un momento de esplendor especialmente crítico. La orientación del conocimiento de la naturaleza y de Dios estaba cambiando en el pensamiento occidental y la pretensión de aunar todos los niveles del saber en las imágenes simbólicas que mostraran los «secretos de la Naturaleza» estaba a punto de sucumbir ante el avance teórico y práctico de quienes seguían exclusivamente las reglas de la razón como sistema de conocimiento.

Los emblemas de Maier, como ejemplo cumbre de la divulgación del simbolismo alquímico, no son ajenos a dicha coyuntura, antes al contrario. Demuestran un esfuerzo extraordinario para compendiar los símbolos de la filosofía hermética y darles la relevancia que merecían frente a los furiosos ataques que empezaba a recibir la alquimia. El genio literario de Maier y el buen oficio de Merian y de De Bry consiguieron una de las obras de referencia más importantes de la imaginería alquímica.

La primera cuestión que debe abordarse al contemplar este libro es tan obvia como difícil de contestar: ¿a qué disciplina del saber

---

1999. Sobre la *Atalanta en fuga*, cf. la edición francesa de E. Perrot: *Atalante fugitive*, Dervy, París 1997; la castellana *La fuga de Atalanta*, Atalanta, Vilahür 2016 y la de S. Sebastián: *Alquimia y emblemática. La fuga de Atalanta de Michael Maier*, Tuero, Madrid 1989. Para el estudio de las fuentes que inspiraron los emblemas de Maier, cf. H. M. E. de Jong, *Michael Maier's Atalanta Fugiens. Sources of an alchemical book of emblems*, Brill, Leiden 1969, y A. McLean, «Michael Maier's Atalanta Fugiens: Links with the Archetypal Symbolism of de Vault», en: McLean (ed.), *A compendium on the Rosicrucian Vault, Hermetic Research*, Edimburgo 1985.

pertenecen sus emblemas? Los cincuenta grabados que configuran la *Atalanta fugiens* de Michael Maier son difíciles de ubicar. Deberían formar parte de la historia de la ciencia, en tanto que la alquimia es considerada precursora de la química moderna. El propio autor afirma que sus emblemas explican «los secretos de la Naturaleza»[4]. Pero también podrían formar parte de la historia del arte[5], tanto por la perfección de sus grabados, como por la poética de los textos, la inclusión de partituras musicales y el recurso continuado de aludir a la mitología grecorromana. Sin embargo, ni la ciencia contemporánea ha considerado la obra de Maier como parte de su historia, ni la historia del arte la ha incluido en sus repertorios más representativos. A pesar de sus excelencias, la *Atalanta fugiens* solo ha sido apreciada por círculos muy marginales. Jacques van Lennep escribió al respecto: «Este repertorio, que, hasta ahora, no ha interesado más que a las almas ávidas de esoterismo, debe entrar triunfante en los terrenos de la historia del arte»[6]. En la actualidad, eso todavía no se ha producido.

A todo ello quisiéramos añadir que, así mismo, esta obra debería considerarse significativa para la historia de las religiones y de la filosofía pues, como procuraremos demostrar, los símbolos que encierra pretendían ser esenciales en el conocimiento de la identidad y el devenir de las manifestaciones espirituales más profundas del hombre en su unión con Dios. Pero contados filósofos o teólogos le han dedicado algo de su tiempo.

---

[4] Sobre dos puntos de vista complementarios sobre el tema, cf. en relación con la historia de la ciencia: W. Eamon, *Science and the secrets of nature: books of secrets in medieval and early modern culture*, Princeton University Press, Princeton 1994, y, en relación con la historia de la filosofía, P. Hadot, *Le voile d'Isis. Essai sur l'histoire de l'idée de nature*, Gallimard, París 2004.

[5] A pesar de las controversias que generó, creemos que los estudios de J. van Lennep sobre la historia del arte y la alquimia son un punto de partida imprescindible; cf. J. van Lennep, *Arte y alquimia. Estudio de la iconografía hermética y de sus influencias*, Editora Nacional, Madrid 1978, y J. van Lennep, *Contribution à l'histoire de l'art alchimique*, Dervy, París 1993. También, cf. B. Obrist, *Les débuts de l'imagerie alchimique*, *cit.*, y M. Gabriele, *Alchimia e Iconologia*, Forum, Udine 1997.

[6] J. van Lennep, *Arte y alquimia*, *cit.*, pág. 16.

Quizá una explicación del olvido al que está sometido este tipo de obras debería buscarse en la propia dificultad que conlleva su interpretación. Los emblemas de Maier no pueden incluirse con facilidad en ninguna de las disciplinas mencionadas puesto que son representaciones inusuales, llenas de alegorías extrañas, mitos reconstruidos y desordenados, aderezado todo ello con un uso continuado de terminología metalúrgica o química, que crea un sistema de referencias muy particular y cerrado. Seguramente por eso, después de analizar los emblemas, Joscelyn Godwind concluyó que eran «indescifrables para los no iniciados y comprensibles para los iniciados»[7]. En su sentido más profundo se trataría aquí de iniciados en los secretos de la gracia y de la naturaleza, pero, a otro nivel, podría hablarse simplemente de iniciados en la lectura de los textos clásicos de alquimia. Los cincuenta emblemas que constituyen la *Atalanta fugiens* son representaciones de sentencias clásicas de la alquimia, como demostró Helen M. E. de Jong en su tesis, de lectura obligada para los interesados en el tema, al rastrear el origen textual de las imágenes, epigramas y comentarios de Maier[8].

La gran aportación de Maier fue concebir una representación figurativa que explicara el texto seleccionado. Sin embargo, al hacerlo, generó una combinación muy peculiar, casi extravagante, de temas y situaciones, que quizá haya impedido valorar estos emblemas.

Creemos, además, que existe otro factor determinante y es la falta de presupuestos teóricos que, al margen de los temas particulares, permitan acercarse a la intención profunda y primera de sus autores. Es evidente que, si no se intenta penetrar en la necesidad espiritual que impulsó su creación, los emblemas de la *Atalanta fugiens*, así como los de toda la simbología alquímica, podrían situarse dentro de los estrechos márgenes de los esoterismos desusados.

¿Cuáles y de qué identidad eran los secretos que Maier pretendía desvelar? ¿Cómo y por qué se habían unido el lenguaje metalúrgico de la química y el lenguaje místico de la religión? En cierto modo, Claude d'Ygé contestó a estas preguntas por una vía negativa:

---

[7] J. Godwind, en: Michael Maier, *Atalanta fugiens*, cit., pág. 12.

[8] H. M. E. de Jong, *Michael Maier's Atalanta Fugiens. Sources of an alchemical book of emblems*, cit.

Aquellos que piensen que la alquimia es estrictamente de naturaleza terrestre, mineral y metálica, que se abstengan. Aquellos que piensen que la alquimia es únicamente espiritual, que se abstengan. Aquellos que piensen que la alquimia es solo un simbolismo utilizado para desvelar analógicamente el proceso de la «realización espiritual», en una palabra, que el hombre es la materia y el atanor de la obra, que abandonen[9].

Pero entonces cabría preguntarse ¿por qué se ubica a la alquimia bajo los imprecisos nombres de esoterismo, ocultismo o hermetismo, cerrando la posibilidad de cualquier análisis metódico y profundo? Y también, ¿el contexto de los símbolos alquímicos es solo este?, ¿no tendríamos la obligación de replantearnos el lugar de la alquimia, comenzando quizá por los libros de emblemática?

Creemos que la respuesta solo puede hallarse a través de un cuidadoso análisis de los mismos símbolos, y ese es nuestro próximo objetivo. En el décimo emblema de la *Atalanta fugiens* **(figura 10a)**[10], en la parte izquierda, puede contemplarse a los dioses Vulcano y Mercurio recién llegados del cielo. Representan los dos principios generadores de la Obra alquímica: Vulcano, el fuego agente que anima la Gran Obra, y Mercurio, la materia con la que se construirá la Piedra filosofal. En la imagen se ve cómo ambos dioses celestes se reúnen con sus equivalentes terrestres, representados uno por el fuego del hogar y el otro por el Mercurio sedente, situados en la parte derecha de la imagen. El Vulcano celeste y el fuego terrestre representan al agente activo de la Gran Obra alquímica. Los dos Mercurios significan la misteriosa sustancia a la que antes hemos denominado *algo*.

El grabado sorprende por las dos figuras de Mercurio, dos seres idénticos, como hermanos gemelos, en una situación digna de una pintura de Magritte. Los dos Mercurios se observan frontalmente, con cierto asombro, pues reconocen su propia identidad en el otro, y se olvidan de Vulcano, quien, a su vez, contempla al Mercurio volátil. El intercambio de miradas entre los dos Mercurios genera la

---

[9] C. d'Ygé, *Nouvelle Assemblée des Philosophes Chymiques*, Dervy, París 1954, pág. 39.

[10] M. Maier, *Atalanta fugiens*, cit., págs. 48-51.

línea básica de la composición del grabado, como sucede en las pinturas barrocas propias de la época. Un Mercurio llegado de las calles exteriores se encuentra consigo mismo en el interior de la casa, como si se tratara de un espejo. El mismo rostro, el mismo casco alado, las mismas sandalias, el mismo caduceo, solamente los diferencia la capa. El Mercurio que viene del cielo lleva una capa corta, mientras que el que está en la tierra se cubre con una capa larga, posiblemente porque es de naturaleza más interior y oculta. El lema del emblema es: «Da fuego al fuego, Mercurio a Mercurio: esto te bastará» y el epigrama reza:

> La máquina del mundo pende de esta cadena que la conecta entera, porque «todo igual se alegra con su igual». Así, se une Mercurio con Mercurio y el fuego con el fuego; sea esta la meta dada a tu arte. Hermes es impulsado por Vulcano, mas el alado Hermes, Cintia, te libera, como a ti, Apolo, tu hermana[11].

«Todo igual se alegra con su igual» está escrito intensivamente en el original. El discurso explicativo de Maier, así como otras fuentes textuales de la literatura alquímica, resaltan que Mercurio representa el agua y Vulcano el fuego y que la conjunción de ambos permite la Gran Obra de los filósofos. Pero la imagen del grabado proporciona una información añadida en lo que se refiere al encuentro de los dos Mercurios, información que nos conduce a las famosas frases que Demócrito contempló en el interior de una columna de un misterioso templo: «Naturaleza se alegra en Naturaleza, Naturaleza vence Naturaleza, y Naturaleza domina [o contiene] Naturaleza» y que después se han repetido en múltiples ocasiones[12]. Los dos Mercurios

---

[11] Ibídem, pág. 49. Cintia es un sobrenombre de Diana, quien apenas nacida ayudó a su madre a dar a luz (liberar) a su hermano Apolo.

[12] Demócrito, en el tratado *Physika kai mística*, explica que su maestro, el mago Ostanes, había muerto sin transmitirle el secreto de la alquimia; entonces convocó a Ostanes por medio de ciertas prácticas nigrománticas. Ostanes se presentó y le dirigió las siguientes palabras: «¡He aquí la recompensa de todo lo que he hecho por ti!». Demócrito se apresuró a plantearle diversas preguntas, y entre ellas una respecto a cómo debían disponerse y *armonizarse las naturalezas*. Por toda respuesta el maestro

se complementan con Vulcano y con el fuego del hogar; es decir, el agua se complementa con el fuego.

Como hemos visto, en la Tabla de Esmeralda está escrito: «Lo que está abajo es como lo que está arriba y lo que está arriba es como lo que está abajo, para hacer los milagros de una sola cosa». Los comentarios a esta sentencia se han acumulado a lo largo de la historia, puesto que resume lo más íntimo de la filosofía hermética. En relación con el grabado de Maier que nos ocupa, es evidente que «lo que está arriba» y «lo que está abajo» son los dos Mercurios, que se alegran al encontrarse, tal y como expuso Demócrito: «Todo igual se alegra con su igual», pues en este encuentro se reúne algo único que había sido separado. Según las palabras de Maier, dicha unión construye y anima «la máquina del mundo», es decir, la creación.

De entre las diversas etimologías que se han dado a la palabra alquimia, resaltamos aquí su posible procedencia de la palabra griega *xumos*, «jugo», «lo que procede de una fundición», porque «su principal ocupación es extraer los jugos, la quintaesencia de todos los cuerpos»[13]. Para precisar el sentido de esta etimología, se ha buscado su origen en la raíz *xeo*, «verter», «derramarse», «fluir»[14].

---

le replicó: «Los libros están en el templo». Todos los esfuerzos de Demócrito para encontrar estos libros fueron inútiles. Algún tiempo después, el filósofo llegó al templo para asistir a una gran fiesta. Mientras estaba sentado con los miembros de la asamblea, vio que una de las columnas del templo se abría; se inclinó para mirar en la abertura de la columna y entonces percibió los libros indicados por su maestro. Sin embargo, solo pudo leer estas tres frases: «Naturaleza se alegra en Naturaleza, Naturaleza vence Naturaleza, y Naturaleza domina [o contiene] Naturaleza». Citado por F. Hoeffer, *Histoire de la chimie depuis les temps les plus reculés jusqu'à notre époque*, Alençon, París 1980, tomo I, págs. 277 y 278. Cf. R. Arola, *La cábala y la alquimia...*, cit., págs. 143-154.

[13] J. M. Mandosio, «L'alchimie dans les classifications des sciences et des arts», en: F. Greiner (ed.), *Aspects de la tradition alchimique au XVIIe siècle*, cit., pág. 33.

[14] D. Selat escribe: «El étimo *xemeia* parece haber servido en un principio para designar operaciones con metales en estado fundido, pues es un término derivado del verbo *xeo* (fundir). La misma voz está relacionada con otras palabras habituales en metalurgia tales como *xuma* (lingote), *xumos* (metal fundido), *xeuma* (rebaba de fundición), *xusis* (metal en fusión), *xoanos* (crisol, molde de fusión). Los análisis de los an-

Debemos considerar ahora la identidad de las partes, pues el significado de la fusión de «lo más alto» y «lo más bajo», o del Mercurio volátil y el Mercurio fijo, no puede desarrollarse sin determinar qué es Mercurio, o, para ser más precisos, a qué se refieren los alquimistas con esta palabra. En este nombre se esconde «la quintaesencia de todos los cuerpos».

Maier identificaba ese *algo* superior e inferior con las figuras de Mercurio. Los autores clásicos de la alquimia señalan que si se conoce el secreto de *Mercurio*, la realización de la Piedra filosofal es inminente, pues se posee la sustancia de la Gran Obra que permite las operaciones del fuego o Vulcano.

La palabra *Mercurio* posee varias acepciones, cuya consideración abre las puertas que dan acceso al misterio de la alquimia[15]. En primer

---

tiguos textos alquímicos griegos y bizantinos ponen de manifiesto el papel preferente del trabajo con metales, su manipulación, beneficio y aprovechamiento, y la existencia de una abundante teorización sobre la naturaleza de sus transformaciones», *Azogue*, n.º 2 (*http://www.revistaazogue.com/faq.htm*).

[15] Es un tema recurrente en los textos sobre la alquimia. Por ejemplo, en 1785 Fabre du Bosquet escribió lo siguiente: «Hortulano y muchos otros filósofos lo han explicado, pero de un modo tan misterioso que es menos difícil entender el texto que los comentarios. El Mercurio de la Mitología y la Tabla de Esmeralda de Hermes son las bases sagradas de la ciencia de la naturaleza. Desde este punto partieron los sacerdotes egipcios, los profetas, los druidas, Moisés, David, Salomón, el Rey Calid y todos los filósofos que han existido; estos dos temas tienen una unión tan íntima y una relación tan inmediata que he creído que debía hacerlos ir juntos; con ese modo de tratarlos, aunque sea nuevo, se tendrá una aclaración que será difícil encontrar en otra parte» (*Concordance Mytho-Physico-Cabalo-Hermétique*, Le Mercure Dauphinois, Grenoble 2002, pág. 50). Para una visión actual del tema, cf. A. Faivre, «D'Hermès-Mercure à Hermès Trismégiste: au confluent du mythe et du mythique», en: *Présence d'Hermès Trismégiste* (Cahiers de l'Hermétisme), Albin Michel, París 1988, págs. 24-48. También, M. Sladek, *L'étoile d'Hermès. Fragments de philosophie hermétique*, Dervy, París 1993. Y el clásico, A.-J. Festugiere, *La Révélation d'Hermès Trismégiste*, Les Belles Lettres, París 1950-1954. Sobre el Hermes alquímico, cf. D. Kahn, «Table d'Émeraude et les textes alchimiques attribués à Hermès Trismégiste», en: Hermès Trismégiste, *La Table d'Émeraude et sa tradition alchimique*, Les Belles Lettres, París 1994.

lugar, *Mercurio* es el nombre latino de uno de los dioses más ilustres de su panteón. También, en la misma lengua, es el nombre de un planeta del sistema solar. En tercer lugar, es el metal fluido conocido también como azogue o plata viva. Quizá a causa de esta última acepción, los alquimistas se refieren a la materia secreta de su arte con el nombre de *Mercurio*, que primero es común y después filosófico. Finalmente, *Mercurio* es el nombre de un personaje legendario que vivió en Egipto, considerado como el padre de la alquimia.

Michael Maier dedicó uno de sus tratados a este tema: *Lusus serius*… o *El juego serio, en el que, tras un largo debate del Consejo de los Ocho, siendo juez el hombre racional, se estableció a Hermes o Mercurio como rey de cuantas cosas mundanas existen inferiores al hombre*[16]. **(Figura 11)**.

Antes de adentrarnos en consideraciones etimológicas, parece oportuno contemplar los vínculos del vocablo *Mercurio* con otras lenguas, básicamente con el griego y, en menor grado, con el egipcio y el árabe. Como todos los dioses latinos, Mercurio se apropia de la mitología del dios griego que le corresponde, en este caso, Hermes. Por eso, no es extraño que, en la actualidad, se utilice comúnmente el nombre griego para explicar las leyendas del hijo de Zeus y Maya. Con eso no se evita cierta confusión al respecto, pues, desde el siglo XV hasta principios del siglo XIX, se traducían los nombres griegos al latín, incluso en las traducciones de la misma Odisea o la Ilíada, en las que las hazañas eran protagonizadas por Júpiter, Mercurio o Minerva y no por Zeus, Hermes o Atenea.

Durante estos siglos se optó tácitamente por denominar Mercurio al dios olímpico, mientras que se reservó el nombre de Hermes para designar al legendario inventor de la alquimia, que en la Europa moderna se conoció gracias a la tradición islámica. Hermes también es el nombre del autor del *Corpus hermeticum*, un personaje que durante el Renacimiento se identificó con un antiguo profeta egipcio, supuestamente contemporáneo de Abraham o Moisés y que se incorporó al pensamiento occidental a partir de Bizancio. Hermes sería pues un alquimista y un profeta, que acabaron identificándose en un único ser de modo implícito. A ambos se les añadió, prácticamente como un nombre propio, el epíteto griego de Trimegisto, «el tres veces

---

[16] *Lusus serius*, Lucas Jennis, Fráncfort 1616.

grande»[17]. No debemos olvidar que, hasta el siglo XIX, algunos autores se refirieron a este personaje con el nombre traducido al latín, es decir, como Mercurio Trimegisto. En el epigrama de la imagen que estamos considerando, Maier primero escribe Mercurio y después se refiere al mismo personaje como Hermes.

Una última consideración acerca de las múltiples acepciones del nombre Mercurio, y es que los alquimistas se han referido a la materia de su arte denominándola Mercurio o Mercurio Trimegisto. A principios del siglo XVI, Nicolas Valois escribió lo siguiente: «el agua que permanece encerrada en este cuerpo es de la misma naturaleza que aquella que le damos de beber y que se denomina *Mercurio Trimegisto*»[18].

En el décimo emblema de *Atalanta fugiens*, la iconografía del dios Mercurio sirve para ilustrar la imagen de la materia del arte, aquel *algo* primigenio, origen de toda creación, que se relaciona con cierta agua fundamental. En la explicación discursiva del emblema, Maier pone en evidencia dicha relación: «Mercurio proporciona la materia» y también: «El agua [o Mercurio] fue la materia del cielo y de todos los seres corpóreos»[19].

La imagen del emblema de Maier que representa el encuentro de los dos Mercurios alude a la correspondencia entre las realidades del cielo, los dioses o planetas, y las realidades de la tierra, los metales. Dichas correspondencias deberían leerse como un fluido, una quintaesencia. Propuesta que se confirma por la etimología: en latín, *mercari* significa propiamente «comprar», «mercadear», «comerciar», pues el dios Mercurio continuamente realiza intercambios. Un *mercator* es un «comerciante» o intercambiador, lo que requiere numerosos viajes

---

[17] Cf. M. Sladek, «Mercurios triples, Mercurios termaximus et les "trois Hermès"», en: *Présence d'Hermès Trismégiste, cit.*, págs. 90 y ss.

[18] N. Valois, *Los cinco libros de Nicolas Valois*, DIALTT, Barcelona 1996, pág. 25; hemos utilizado esta versión porque el texto fue establecido por L. Cattiaux y presentado por E. d'Hooghvorst; ambos consideraban a Valois como uno de los autores básicos de la literatura alquímica. Para el estudio del personaje, cf. D. Kahn, «Les manuscrits originaux des alchimistes de Flers», en: D. Kahn y S. Matton (eds.), *Alchimie. Art, histoire et mythes, cit.*, págs. 347-428.

[19] M. Maier, *Atalante fugitive, cit.*, pág. 51.

de ida y vuelta. Mercurio realiza sus viajes entre lo que está *arriba* y lo que está *abajo*. En este sentido debe recordarse la etimología que planteó san Agustín: «Se le llama *Mercurius*, es decir, *medius currens* ("que corre en medio"), porque, se dice, la palabra corre en medio de los hombres como intermediaria»[20], como si corriera sin tregua entre el cielo y los infiernos.

Michael Maier dedicó un libro, titulado *Arcana arcanissima*[21], al estudio de la mitología antigua, a la que consideraba depositaria del «secreto de los jeroglíficos egipcios y griegos». En el apartado dedicado a Mercurio alude a sus etimologías y a sus variantes y después escribe con relación a la triplicidad del epíteto «trimegisto»:

> Los mandatos de los dioses, Mercurio los ejecutaba en el mar, en el cielo y en la tierra. Por eso se le llama *marino*, *celeste* y *terrestre* según el caso. Eso es lo que piensan algunos, pero nosotros, por el contrario, sabemos que es porque en él se encuentran lo superior y lo inferior, el cielo y la tierra de los filósofos, y que la tierra participa del agua. Por eso se dice que tiene tres naturalezas, es decir, que consiste en agua y tierra en cuanto elementos propiamente visibles, y además, en quintaesencia, es decir, en una virtud celeste oculta[22].

En el apartado siguiente volveremos sobre esta cuestión, pero antes quisiéramos referirnos a la premisa que nos ha conducido hasta aquí. En ciertos círculos espirituales de Europa central se erigió la figura de Mercurio (o de Hermes) como la más representativa de su pensamiento. Su filosofía era *hermética*, pues provenía de este Mercurio que en sí mismo encerraba tantos matices, correspondencias y encuentros. Maier escribió en los *Arcana arcanissima*:

> Existe al menos un Mercurio, un jeroglífico que no es ni dios ni hombre, si bien no puedo negar que en Egipto hayan existido ciertos

---

[20] San Agustín, «La ciudad de Dios», en: *Obras de san Agustín*, XVI, BAC, Madrid 1964, pág. 372.

[21] Cf. la traducción de S. Feye: M. Maier, *Les arcanes très secrets*, Beya, Grez-Doiceau 2005.

[22] M. Maier, *Les arcanes très secrets*, cit., pág. 202.

hombres de elevada sabiduría llamados Mercurio, es decir Hermes, pero a los que no puedo atribuir nada de lo que se ha dicho.

Así por ejemplo el mismo Hermes Trimegisto, reputado Mercurio entre los más sabios, no entendido así en sí mismo, sino como Mercurio jeroglífico. Este es el que se cuenta entre los dioses egipcios y eleusinos, e igualmente entre los de Samotracia, que comparten con los primeros las mismas ceremonias de idéntica intención. Estas como aquellas eran secretísimas. Mercurio tenía que encontrarse en unas como en otras.

Los sacerdotes y los iniciados llevaban bajo la lengua una llave de oro. Unos y otros hacían sacrificios a la diosa del silencio, Angérona, o al dios Harpócrates. Esta es la razón por la que era nefasto el nombrar a los dioses en los que se creía, pues se quería evitar que fuesen conocidos los secretos que se ocultaban bajo los nombres de estos dioses y estos misterios[23].

Michael Maier fue la figura pública del movimiento rosacruz más conocida de la época, pero otros filósofos herméticos de igual valía le acompañaron en el último intento de dar a conocer los secretos más ocultos del universo. Otro alquimista, contemporáneo de Maier, llamado Nicolaus Niger Hapelius, escribió respecto a Mercurio:

La naturaleza del Mercurio... es cierto *espíritu tanto del grande como del pequeño mundo*. Y de este Mercurio procede y depende el movimiento y flujo de la naturaleza humana según el alma razonable[24].

El ambiente intelectual y espiritual de principios del siglo XVII, al que pertenecían los grandes creadores de las imágenes simbólicas de la alquimia, era el de las sociedades secretas. Podría decirse que una de las razones de que se llamaran «secretas» era que conocían el «secreto», es decir, conocían aquello que antes hemos denominado *algo*, origen de la creación. Con toda seguridad Maier, Mylius, Stol-

---

[23] Ibídem, pág. 200.

[24] «Aforismos basilienses o cánones herméticos del espíritu y del alma como también del cuerpo medianero del gran y pequeño mundo de Nicolaus Niger Hapelius», en: E. d'Hooghvorst, *El hilo de Penélope, cit.*, tomo II, pág. 139.

cius pertenecieron a alguna de ellas. Maier, por ejemplo, escribió *Silentium post clamores*, donde alababa el movimiento rosacruz[25]. Se sabe poco de estas sociedades, pero parece probable que estuvieran estrechamente vinculadas al movimiento rosacruz, como lo expuso la profesora Yates. Lo que aquí quisiéramos aportar es que el secreto que estas sociedades guardaban residía precisamente en el conocimiento de *algo* o, dicho de otro modo, del Mercurio.

Aunque nos hemos limitado a unas coordenadas históricas muy concretas para desarrollar este estudio del simbolismo alquímico, no podemos dejar de citar uno de los escritos más antiguos y famosos que se conocen sobre la alquimia, para comprobar las coincidencias del texto con el emblema de Maier. El fragmento es de Zósimo de Panópolis y se titula «Sobre el agua divina»:

> Este es el gran misterio divino, objeto de la búsqueda, pues es universal *[esti to pan]*. Dos naturalezas, una sustancia; pues una atrae a la otra y una domina a la otra. Esto es el agua plateada, el hermafrodita, lo que huye sin cesar, lo que se apresura hacia sus propias realidades, el agua divina, que todos han ignorado y cuya naturaleza es difícil de concebir. En efecto, no es ni un metal, ni un agua siempre en movimiento, ni un cuerpo, ni se la puede coger. Es universal en todas las cosas *[esti to pan en pasi]*, pues es a la vez vida y neuma, y tiene un poder destructor. El que la conoce posee el oro y la plata. Su virtud es oculta, está dedicada a Erotilo[26].

Quisiéramos terminar este apartado comentando la asociación simbólica entre Mercurio y Jesucristo, pues ambos son dioses de la palabra, del *logos*. Esta relación la desarrollaremos ampliamente más adelante, pues es complementaria y continuadora del símbolo de Mercurio como la materia que reúne lo superior y lo inferior.

---

[25] Cf. C. McIntosh, *The Rosicrucians, the History and Mythology of an Occult Order*, Crucible, Wellingborough 1987.

[26] Zósimo de Panópolis, «Mémoires authentiques», en: *Les alchimistes grecs* (tomo IV), edición de M. Mertens, Les Belles Lettres, París 1995, pág. 21.

2. El lugar del símbolo

En los sistemas de pensamiento próximos a la alquimia de principios del siglo XVII, los símbolos poseían interés por cuanto permitían acercar el espíritu humano a los secretos de la creación, pues, gracias a ellos, los hombres creían que podían reunirse con el Creador. Tal parece ser el sentido de la ciencia divina. Simbolizar la luz de la naturaleza marcaba el camino ascendente para conocer a Dios[27]. Así, los símbolos eran imágenes o palabras necesariamente oscuras puesto que desvelaban el enigma divino inscrito en cada elemento o parte de su creación. En 1611, Sebastián de Covarrubias publicó su famoso *Tesoro de la lengua española o castellana*, en el que escribió: «*Locutiones symbolicas* se dizen aquellas que tienen en sí obscuridad, hablando por semejanzas y metáforas, como las sentencias de Pithágoras, que comúnmente llaman symbolos»[28].

[27] P. Deghaye escribió lo siguiente glosando a Paracelso: «La luz de la naturaleza, en Paracelso, no es solo una revelación que se ofrece al hombre para el estudio del cielo y de la tierra. En primer lugar, la luz de la naturaleza es un principio de conocimiento. Es un sol cuyos rayos penetran todas las cosas, el fuego, el agua, las piedras, los metales. Gracias a este sol, todos los cuerpos adquieren la transparencia del cristal. Sus rayos alcanzan lo más profundo de la tierra y atraviesan los espacios siderales. Este sol también es un ojo gracias al cual la naturaleza escruta sus propias profundidades». «La lumière de la nature chez Paracelse», en: *Paracelse* (Cahiers de l'Hermétisme), Albin Michel, París 1980, pág. 55; cf. la selección de textos de E. Auswahl en: Paracelsus, *Vom Licht der Natur und des Geistes*, Reclam, Stuttgart 1984.

[28] S. de Covarrubias, *Tesoro de la lengua castellana o española*, Alta Fulla, Barcelona 1987, voz «Símbolo», pág. 939. Debemos señalar que, en numerosas ocasiones, Covarrubias explica un étimo mediante una imagen de Cesare Ripa (cf. *Iconología*, Akal, Madrid 1987), dando así un valor teórico a las imágenes.

La oscuridad inherente a los símbolos, que Covarrubias relaciona con la tradición pitagórica, se volvió más densa, si cabe, en los tratados alquímicos, puesto que en dicha disciplina se acentuaban las correspondencias entre el gran mundo y el microcosmos, entendido como la realidad de la Piedra filosofal. En última instancia, las correspondencias entre microcosmos y macrocosmos propuestas por los pitagóricos se podrían resumir con el emblema de los dos Mercurios de Michael Maier que hemos visto en el capítulo anterior.

Los símbolos estaban directamente relacionados con el pensamiento transmitido por los neoplatónicos de los primeros siglos de la era cristiana. Con lo que se entendía como la armonía pitagórica entre las distintas partes del universo. En la trama de los mundos, los símbolos podían desvelar las relaciones secretas que tejían la creación. Jámblico escribió:

> El modo de enseñanza por medio de símbolos era en su escuela especialmente importante. Esta forma era cultivada por casi todos los griegos con carácter ancestral, pero era especialmente venerada entre los egipcios en sus más variadas formas. Igualmente Pitágoras también le concedía una gran importancia. Si se exponen con claridad los significados y pensamientos de los símbolos pitagóricos, cuánta exactitud y verdad contienen, si se los desprende de sus envolturas, se los libera de la forma enigmática y se los adapta, mediante tradición simple y sin adornos, a la naturaleza noble de estos filósofos, cuya divinidad excede el pensamiento humano[29].

El macrocosmos y el microcosmos no eran considerados como dos realidades distintas, sino como dos estados de la misma realidad simbólica. Este extremo lo definió ampliamente Robert Fludd en su *Utriusque cosmi maioris scilicet et minoris, metaphysica, physica, atque*

---

[29] Jámblico, *Vida pitagórica*, Etnos, Madrid 1991, pág. 75. Quisiéramos señalar aquí su relación temporal con el alquimista Zósimo de Panópolis, citado en el capítulo anterior, tal como escribió M. Mertens: «[Zósimo] sería en todo caso un contemporáneo estricto del filósofo neoplatónico Jámblico y habría vivido en una época en la cual el hermetismo era todavía muy floreciente y en la que el gnosticismo atestiguaba su pleno desarrollo», en *Les alchimistes grecs, cit.*, tomo IV, pág. XVII.

technica Historia, publicada en 1617 y que fue motivo de grandes controversias, centradas principalmente en el papel que jugaba el Alma del Mundo en las relaciones entre lo infinitamente grande y lo infinitamente pequeño[30]. Según dicho autor podía afirmarse que, en la medida en que la creación poseyera un «alma», esta era igualmente capaz de manifestarse en las partes, generándose entonces la armonía en las interrelaciones, armonía que el símbolo recogía. El simbolismo alquímico no fue ajeno al pensamiento neoplatónico, siempre que pueda relacionarse el Alma del Mundo con el Mercurio o Primera Materia.

Los símbolos debían conducir al pensamiento y al espíritu del hombre desde las formas de lo creado hasta su origen, por eso se los consideraba una ciencia. De hecho, no eran muy distintos de los jeroglíficos que los renacentistas inventaron, emulando la antigua escritura egipcia y, en última instancia, el poder divino de la palabra como *logos* creador. Señalemos algunas obras importantes a este respecto: en 1556, Piero Valeriano publicó en Florencia un compendio de nuevos jeroglíficos, que tituló *Hieroglyphica, sive de sacris aegyptiorum aliarumque gentium literis commentarii*, basado en el texto helenístico de Horapolo, *Hieroglyphica*, que se creía precristiano, prácticamente contemporáneo del *Poimandrés*[31]. Un año antes, Achille Bocchi, un amigo de Valeriano, había publicado en Bolonia un espléndido libro de emblemas, con grabados de Giulio Bonasone, cuyo título, *Symbolicarum quaestionum, de universo genere, quas serio ludebat, libri quinque*, incidía en el sentido que los símbolos poseían en la tradición de la emblemática renacentista iniciada con el *Emblematum liber* de Andrea Alciato, publicado en 1531[32], sentido que la tradición alquímica de

---

[30] R. Fludd coincidió de diversos modos con Maier; cf. R. Arola, *La cábala y la alquimia…, cit.*, págs. 365 y ss. El macrocosmos y el microcosmos se relacionan con los dos sentidos de la divinidad, como escribió S. Hutin: «El dios de Fludd [que es aquel de los alquimistas rosacruces] es un Dios inmanente que se explica por lo finito y lo creado […], pero también es un Dios trascendente, escondido en una lejanía inaccesible», en *Robert Fludd (1574-1637). Alchimiste et philosophe rosicrucien*, Omnium Littéraire, París 1971, pág. 78.

[31] Cf. F. Secret, «Piero Valeriano et l'alchimie», en: D. Kahn y S. Matton (eds.), *Alchimie. Art, histoire et mythes, cit.*, págs. 428-441.

[32] Cuando, en 1531, Andrea Alciato publicó sus *Emblemas*, no solo recogió las

principios del siglo XVII amplió notablemente en busca del secreto más íntimo de las manifestaciones divinas.

Pero la extensa literatura existente sobre la emblemática renacentista no debe hacernos olvidar que, en definitiva, la oscuridad de los símbolos no es ajena al misterio del propio hombre, como lo demuestra el enigma que la esfinge le propuso a Edipo, el referente obligado de la época que explicaba por qué era necesario el ingenio en las creaciones artísticas. En el Renacimiento se consideraba al hombre como el vínculo entre el Creador y la creación, y en dicha relación se manifestaba tanto el vasto universo de lo creado, con sus formas y sus leyes, como el último y más profundo contenido trascendente. Entendiendo, eso sí, que al referirse a este vínculo o mediador aludían al hombre interior, hecho a imagen y semejanza de Dios. Los símbolos de la alquimia tienen este mismo objeto de conocimiento, por lo que se apartan de cualquier otra interpretación, incluso si se consideran como símbolos específicos de la ciencia. Este es el particular que procuraremos demostrar.

Los símbolos alquímicos pretenden mostrar *algo* que es divino en la creación; en ellos al igual que en la naturaleza la vida fluye sin que pueda razonarse su contenido enigmático. Así pues, para profundizar en el sentido del simbolismo alquímico parece oportuno abrir una reflexión acerca de lo que es el símbolo en sí mismo. Para ello partiremos de un artículo introductorio al estudio de los símbolos escrito

---

preocupaciones de los eruditos que concibieron y desarrollaron el Renacimiento del siglo XV, sino que también solventó uno de sus problemas más urgentes: dar valor a las representaciones visuales para superar el papel de estas como meras ilustraciones de los textos, tal como explicó E. Panofsky (cf. *El significado de las artes visuales*, Infinito, Buenos Aires 1970, págs. 15-37). Para dar valor al contenido de las imágenes, Alciato las «incrustó» en el texto, a partir de lo cual empezó a considerarse la emblemática como un género literario. Los libros en los que las imágenes aparecían unidas a los textos de modo igualitario y complementario consiguieron un gran éxito y situaron a las imágenes donde los humanistas que las concibieron deseaban, es decir, como portadoras de sabiduría: bellas imágenes de conocimiento. Se emulaba así el concepto de símbolos trascendentes que se creía intrínseco a los jeroglíficos egipcios y que se conocía principalmente por las reflexiones de Jámblico.

por Carlos del Tilo (Charles d'Hooghvorst)[33]. Del Tilo empieza su trabajo citando un fragmento de un artículo de René Guénon, que fue recogido en su obra *Les Symboles fondamentaux de la Science Sacrée*. Escribió Guénon:

> ¿Por qué se encuentra tanta hostilidad, más o menos confesada, con respecto al simbolismo? Ciertamente porque es un modo de expresión que se ha convertido en algo completamente ajeno a la mentalidad moderna, y porque el hombre está naturalmente inclinado a desconfiar de aquello que no entiende, [...] el simbolismo es todo lo contrario de lo que le conviene al racionalismo y todos sus adversarios se comportan, algunos sin saberlo, como verdaderos racionalistas[34].

Los símbolos tradicionales turban a los hombres que pretenden forzar su contenido pues, al atravesar los prejuicios de la razón, se introducen en los lugares secretos del espíritu, allí donde se teje la creación. Escribió Juan Eduardo Cirlot en el prólogo de la primera edición del *Diccionario de símbolos*:

> Nosotros hemos obedecido la orden de la quimera, si ella es la hablante; y lo hemos hecho no solo por un deseo abstracto de conocimiento, como se sobrentiende. Indiferentes a la erudición por ella misma, sentimos con Goethe animadversión hacia todo aquello que solo proporciona un saber, sin influir inmediatamente en la vida. Esa influencia se traduce en modificación y rememoración de lo trascendente[35].

Al hablar del simbolismo de la alquimia nos estamos refiriendo a los símbolos tradicionales, pues, entre las distintas maneras de acercarse a este universo, pensamos, como Guénon, que «el simbolismo es el medio mejor adaptado a la enseñanza de las verdades de orden

---

[33] C. del Tilo, *El Libro de Adán. Textos y comentarios sobre las tradiciones hebrea, cristiana e islámica*, Arola, Tarragona 2002, págs. 25-29.

[34] R. Guénon, *Les Symboles fondamentaux de la Science Sacrée*, Gallimard, París 1962, pág. 31.

[35] J. E. Cirlot, *Diccionario de símbolos*, Siruela, Madrid 1997, pág. 14.

superior, religiosas y metafísicas»[36]. Cualquier interpretación simbólica respetuosa con el pensamiento de Guénon se sitúa en una tesitura intelectual muy particular —por su confrontación con la modernidad—, pero la consideramos del todo necesaria para iniciar el viaje sin prejuicios hacia el simbolismo alquímico. Jean-Pierre Laurant, reconstruyendo la confusa historia del «esoterismo» del siglo XIX y su relación con los movimientos ocultistas, masónicos o rosacruces, que utilizaban los símbolos alquímicos como propios, acaba su reflexión del modo siguiente:

> La historia del movimiento termina con René Guénon (1886-1951), que, en los años anteriores a la guerra, llevó a cabo una comparación de la mayoría de las iniciaciones ocultistas, para denunciar el carácter artificial y el «materialismo disfrazado» que subyacía en tales teorías. Frente a ellas planteó una «tradición metafísica» en oposición radical al «mundo moderno». Los últimos supervivientes del romanticismo desaparecieron con la violenta embestida de la guerra mundial[37].

En su obra, Guénon denunció el desconocimiento casi generalizado del marco espiritual que inspira y dinamiza a los símbolos; los alquímicos son un claro ejemplo de ello, pues muy a menudo se consideran aisladamente, como si por sí mismos tuvieran sentido en forma de realidades particulares, exclusivamente psicológicas o científicas, alejadas de su contexto tradicional[38].

---

[36] R. Guénon, *Les Symboles fondamentaux de la Science Sacrée*, cit., pág. 7.

[37] J.-P. Laurant, «Características generales del esoterismo del siglo XIX», en: A. Faivre y J. Needleman (eds.), *Espiritualidad de los movimientos esotéricos modernos*, cit., pág. 381.

[38] Podría decirse que la búsqueda del vínculo entre los símbolos universales y los específicos de la alquimia ha sido emprendida en dos direcciones: la seguida por los historiadores de las religiones, en especial M. Eliade (cf. M. Eliade, *Herreros y alquimistas*, cit.), que se fundamenta en el pensamiento de C. G. Jung (cf. *Psicología y alquimia*, cit.), y la de la escuela tradicionalista, seguidora de Guénon, especialmente Titus Burckhardt (cf. T. Burckhardt, *Alquimia, significado e imagen del mundo*, Paidós, Barcelona 1994) y Julius Evola (cf. J. Evola, *La tradición hermética*, Martínez Roca, Barcelona 1975).

La historia y la filosofía de las religiones podrían, en parte, corregir la deslocalización de los símbolos. En ambas disciplinas, los símbolos se aproximan al entorno que les es propio, aunque sea de manera exterior. Pero la historia y la filosofía dudan en franquear el umbral de la razón[39], y puesto que todo símbolo tradicional se origina en el contacto directo con la inefabilidad propia de lo santo, si su interpretación se aleja de este misterio, se desvanece su contenido primero y último. Sin cierta implicación mística, el estudio de los símbolos tradicionales en general, y muy especialmente el de los alquímicos, carece de sentido.

Según se repite en los textos clásicos de la alquimia, los símbolos velan los secretos de las transmutaciones metálicas; por sí mismos no son importantes, su valor radica en que conducen a los que buscan hacia la realidad viva de la creación: el oro filosófico. Sin embargo, sería un error confundirlos con signos convencionales, meros indicativos de ciertas operaciones químicas, exteriores al espíritu del hombre. Por eso querríamos recordar con Del Tilo algunas advertencias en relación con el estudio de los símbolos.

La palabra *símbolo* es una voz de origen griego que significa «señal de reconocimiento o de reunión»; este es el sentido primero de la palabra *symbolon*, del verbo *symballo*, «juntar», «reunir». El término se refería primitivamente a un objeto partido, por ejemplo un hueso, del que dos personas conservaban cada una una parte, que podían transmitir a quien quisieran. Estas dos mitades, reunidas, servían para que quienes las poseían se reconocieran, demostrando las relaciones de hospitalidad que habrían existido anteriormente.

Así, el sentido original del símbolo se expresa en tres movimientos:

1. La realidad primera, única y completa.
2. La ruptura de la unidad en dos o varias partes.
3. La reunión de las partes y el retorno a la unidad.

---

[39] Cf. F. Bonardel, *Philosophie de l'Alchimie. Grand Oeuvre et modernité*, Presses Universitaires, París 1993, sobre todo, cuando al estudiar el pensamiento de M. Merleau-Ponty (que buscaba una «articulation non conceptuelle») se encuentra con las proposiciones de Hermes Trimegisto (págs. 600 y ss.).

Estos tres pasos corresponden metafísicamente a tres estados de la creación y también del hombre, puesto que se refieren a la unidad primordial entre el Creador y la criatura, a su separación, origen del mundo exterior que percibimos, y finalmente a una posible reintegración. Pero cada fragmento solo puede ser juntado con la parte de la que ha sido separado. Sobre este particular el maestro Eckhart construyó uno de sus más bellos sermones: «Del ser separado». En él afirma que alaba «al ser separado por encima del amor», pues si el amor «me obliga a amar a Dios», el ser separado «obliga a Dios a amarme»[40], con lo cual resalta la unión completa de lo separado.

Carlos del Tilo continúa su reflexión comparando el símbolo con la creación del hombre:

> Existe un símbolo esencial al que se refieren todos los demás de la ciencia sagrada, y este símbolo por excelencia es el hombre[41], creado «a imagen» [en hebreo, *bi-demut*] de Dios [cf. Gn 5, 1]. Comparemos este versículo, que se refiere al hombre después de la caída, con otro versículo que habla de la creación del hombre primitivo, es decir, antes de la caída: «Haremos al hombre a nuestra semejanza como a nuestra imagen [en hebreo, *be-tzalmenu ki-demutenu*]» [Gn 1, 26]. En el principio, Dios creó al hombre uniendo su «semejanza» con su «imagen» [en hebreo, *tzelem* y *demut*].
>
> Como consecuencia del pecado original, el hombre perdió la semejanza divina, a la que se refiere el primer término [en hebreo, *tzelem*], y se quedó solo con la imagen divina [en hebreo, *demut*], que es lo que representa precisamente el símbolo incompleto del hombre primitivo. De ahí el epígrafe de nuestro estudio: «Cuando el símbolo es una realidad, es imposible descubrirlo sin la ayuda de Dios»[42]. Esta realidad no puede ser reconocida si no es mediante la reunión con su

---

[40] Cf. la edición de A. Vega, *El fruto de la nada*, Siruela, Madrid 1999, págs. 125 y ss., y, especialmente, pág. 211.

[41] C. del Tilo en nota cita a R. Guénon: «Si se considera más particularmente al hombre, ¿no sería legítimo afirmar que él también es un símbolo, por el hecho mismo de haber sido creado por Dios?» (*Les Symboles fondamentaux de la Science Sacrée, cit.*, pág. 37).

[42] C. del Tilo cita a L. Cattiaux, *El Mensaje Reencontrado* (2, 44), *cit.*, pág. 34.

otra mitad sustancial, representada por la «ayuda de Dios» [cf. Gn 2, 18]. Este es el secreto del hombre esencial, símbolo o parte de la divinidad sepultada en las tinieblas del exilio de este mundo[43].

El autor fundamenta su explicación en distintos fragmentos del *Sefer ha-Zohar*[44], el libro más importante de la literatura cabalística judía, del mismo modo que antes lo hicieron los cabalistas cristianos del Renacimiento. Así, por ejemplo, Giulio Camillo, al desarrollar la idea de su Teatro de la Memoria, escribió:

> Accedemos al cuarto grado, que corresponde al hombre interior, que fue la última y la más noble criatura hecha por Dios a su imagen y semejanza. Aquí cabe señalar que, en el texto hebreo, lo que se difunde por medio de imágenes es denominado *zélem*, y la llamada semejanza se designa con el nombre de *demut*. Estas palabras, en el Zohar... son interpretadas en el sentido de que el *zélem* simboliza, por así decir, la impronta o la forma angélica, y el *demut* constituye el grado divino, porque asegura que Dios no solo empujó nuestra alma hasta la excelencia de los ángeles, sino que también le añadió el grado divino[45].

Al referirnos a los símbolos de la alquimia, las consideraciones de Camillo, como las de Del Tilo, pueden parecer algo alejadas del tema pues, a menudo, se considera a la alquimia como algo independiente de las tradiciones que enseñan la renovación espiritual y la regeneración física del hombre y la creación. No obstante, si continuamos por este camino, aparentemente desvinculado de la alquimia, veremos cómo al final se produce un encuentro inesperado y hacia él nos dirigimos.

No es un propósito sencillo, pues existe una ambivalencia evidente en las enseñanzas de los alquimistas y una voluntad de ocultar su secreto. Ya en los primeros manuscritos catalogados como alquímicos se hallan constantes referencias al carácter intrínsecamente secreto

---

[43] C. del Tilo, *El libro de Adán*, cit., pág. 26.
[44] En especial: *Sefer ha-Zohar* I-55b y III-207c.
[45] G. Camillo, *La idea del teatro*, Siruela, Madrid 2006, pág. 137.

de este arte, pues está obligado a operar con *algo*, que es el secreto del universo. Así, por ejemplo, Olimpiodoro, discípulo de Zósimo, escribió en uno de los fragmentos alquímicos más antiguos que se conocen: «Los antiguos tenían la costumbre de ocultar la verdad, de velar y de oscurecer con alegorías aquello que es claro y evidente»[46]. La misma idea se reproduce sin cesar a lo largo de la historia de la alquimia: la realidad visible está enraizada en algo oculto. Algunos siglos antes, la cultura helénica ya había propuesto la misma idea al explicar la obra de la creación. Hay una frase enigmática de Heráclito en el origen de esta concepción: «A la naturaleza le gusta esconderse», recordando la imagen velada de la naturaleza representada como Isis o Artemis. Solamente el alquimista puede levantar el velo de Isis y contemplar directamente lo oculto de la naturaleza que, en su secreto, es divino. Nicolas Valois, el célebre alquimista normando, fiel seguidor de Llull, escribió lo siguiente sobre el arte alquímico: «Es un secreto que Dios reserva para sus elegidos»[47]. El alquimista auténtico es el único que puede resolver el enigma del símbolo, pues contempla la luz de la naturaleza interior.

Creemos que para encontrar el vínculo de unión entre el simbolismo alquímico y las enseñanzas de las tradiciones espirituales debería respetarse la idea de la existencia de un secreto de Dios, incluso a partir de su desconocimiento. Dicho de otro modo, el conocimiento de que existe un secreto de Dios no debería ser la conclusión de los estudios sobre la alquimia, sino el punto de partida.

La portada del *Musaeum hermeticum*, en las ediciones de 1625 y 1677, es un bello ejemplo del sentido simbólico de los grabados herméticos **(figura 13a)**. Este trabajo, muy cercano a la estética y la filosofía de Maier, es obra de Matthäus Merian. En el medallón central de la parte inferior se reproduce un emblema de Maier, el número cuarenta y dos de la *Atalanta fugiens* **(figura 10f)**. En él se representa al alquimista que sigue el rastro de la dama-Naturaleza, Isis o Artemis, armado con un bastón, un pequeño farol y unas gruesas lentes. Representa el hombre caído, la semejanza *(demut)*, que solamen-

---

[46] Citado por Berthelot en *Los orígenes de la alquimia*, MRA, Barcelona 2001, pág. 143.

[47] N. Valois, *Los cinco libros*, *cit.*, pág. 13.

te puede ser guiada hacia su reunificación por la dama-Naturaleza, quien, a su vez, representa la imagen *(tzelem)* que ha permanecido en el cielo.

Entre el medallón inferior y el superior, limitando la zona donde se halla el título, aparecen cuatro medallones más pequeños que representan, de forma antropomórfica, los cuatro elementos. En la parte inferior el sol y la luna sostienen todo el edificio de las armonías simbólicas.

En el centro de la parte superior del frontispicio se halla representado el hombre completo, aquel que ha unido la semejanza con la imagen *(tzelem* y *demut)* de Dios, que en este caso aparece personificado por Apolo en el Parnaso, rodeado por las nueve musas. Apolo simboliza lo fijo de la creación y las musas su complemento, es decir, la parte volátil que es atraída por lo fijo como por un imán. El dios, que toca la lira, está nimbado, al igual que el hombre de luz que armoniza los dos mundos. Sin explicitarlo, el grabador relaciona a Apolo con el hombre regenerado, o con el auténtico cristiano, pues el medallón aparece flanqueado por un fénix y un pelícano, símbolos crísticos por excelencia: Jesucristo, como el pelícano que alimenta a las crías con su propia sangre, salvó a la humanidad gracias a su sacrificio en la cruz, y, como el ave Fénix, resucitó después de su muerte.

En el folio verso del título se encuentra otro famoso grabado sin ningún tipo de referencia **(figura 13b)**, y que podría considerarse como la continuación de la portada. Apolo con su lira no se halla en la cima del monte, sino en su interior. Esta vez, acompañado por seis musas nimbadas como él. Representa al sol interior, oculto en la creación, es decir al oro filosófico, mientras que las seis musas personifican a los otros metales. El resto del grabado es una reflexión perfecta sobre las armonías pitagóricas. Los cuatro elementos, representados en los cuatro ángulos, dibujan una forma circular en cuyos límites se observan, en la parte superior, el macrocosmos con los planetas sobre fondo blanco, y en la inferior, el microcosmos con los siete metales sobre fondo oscuro. Los planetas del arquetipo diurno corresponden a los metales que aparecen en el nocturno.

Adoptando una imagen típica de la cultura semítica, un pozo enlaza lo interior de la creación con la parte manifestada, que aparece sobre la montaña. Las tres musas que faltan en el interior del monte se encuentran fuera, cada una de ellas bajo un árbol. La primera sostiene un triángulo con el vértice apuntando al cielo, que representa lo masculino, otra sostiene un triángulo apuntando al sentido opuesto, que representa lo femenino. Finalmente, en el centro y justo por encima de Apolo, otra musa sostiene la reunión de los dos principios que acabamos de describir. Dicha musa ocupa el centro de la imagen y es el símbolo propio del grabado, al igual que el símbolo de la alquimia, es decir: la conjunción de *tzelem* y *demut* de Dios. Es la figura de la Piedra filosofal o del oro vivo manifestado en la creación santa.

3. La unión de lo fijo y lo volátil

Para tratar de establecer la relación entre el sentido de los símbolos espirituales universales y el de los símbolos aparentemente particulares de la alquimia, debemos recordar una vez más la máxima que fundamenta la tradición alquímica. Como hemos visto, la Tabla de Esmeralda de Hermes Trimegisto comienza con las siguientes palabras: «Lo que está abajo es como lo que está arriba y lo que está arriba es como lo que está abajo, para hacer los milagros de una sola cosa». Hortulano explicó estas palabras en un conocido comentario:

> Ciertamente, esta división es necesaria. «Para hacer los milagros de una sola cosa», es decir, de la Piedra, pues la parte inferior es la tierra, que es la nodriza y el fermento, y la parte superior es el alma, que vivifica toda la Piedra y la resucita. Por eso, una vez realizadas la separación y la conjunción, aparecen numerosos milagros en la obra secreta de la naturaleza[48].

Al contrastar este comentario con lo dicho respecto al sentido etimológico de la palabra «símbolo», parece evidente que se trata de una misma enseñanza, relacionada con las tres fases de la creación: unidad, separación y reunión. Así pues, podríamos afirmar que la alquimia no opera de otra manera que simbólicamente, puesto que separa y reúne *(solve et coagula)*.

Cuando se analizan las imágenes alquímicas, el gran reto consiste en el intento de la recomposición del símbolo, algo que, como expli-

---

[48] «La Table d'Émeraude d'Hèrmes, avec le Commentaire de l'Hortulain», en: J. M. de Richebourg, *Bibliothèque des philosophes chimiques*, Beya, Grez-Doiceau 2003, tomo I, pág. 88.

ca Hortulano, permitirá que aparezcan «los milagros de una sola cosa». Un estudio acerca del simbolismo alquímico quizá debería plantearse como la búsqueda de los símbolos del símbolo de la alquimia.

Los términos herméticos que designan los flujos ascendentes y descendentes de la creación son la fijación de lo volátil y la volatilización de lo fijo. En este caso, las dos partes separadas son lo fijo y lo volátil, que corresponden a la tierra, o lo corporal, y al cielo, o lo espiritual. En el texto anónimo conocido como *Instructio patris ad filium de Arbore Solari* podemos leer lo siguiente:

> ¡Oh, hijo mío! ¡Qué admirable es la naturaleza, que tiene la potestad de convertir los cuerpos en espíritus! Lo cual no podría hacerse si primero el espíritu no hubiera sido incorporado al cuerpo y si el cuerpo no hubiera sido reunificado con el espíritu volátil y después vuelto fijo y constante[49].

La Gran Obra propuesta por los sabios procura la reunificación de las dos partes separadas durante las sucesivas fases de la creación. Por eso, no puede ser ajena al hombre creado a «imagen y semejanza de Dios». Otro modo de referirse a este proceso sería hablar de la reunión de la materia y el espíritu y de las transmutaciones o metamorfosis que conducen a la unidad del Uno. En el *Rosarium philosophorum*, está escrito lo siguiente:

> Por eso decimos que el nombre alquimia significa en griego «transmutación». Y decimos en consecuencia que la alquimia es la ciencia de las transmutaciones de las cosas a partir de sus formas y de sus especies[50].

---

[49] *Theatrum chemicum...*, Estrasburgo 1661, tomo VI, pág. 174.

[50] «Rosarium philosophorum», en: J. J. Manget, *Bibliotheca chemica curiosa, cit.*, tomo II, pág. 98. Respecto a la sexta bucólica de Virgilio, E. d'Hooghvorst escribió: «Pero hoy en día, ¿quién lee todavía a Virgilio como poeta del Arte Químico? [...] tal es el Arte de las *metamorfosis*, haciendo volver la creación entera a su perfección: la edad de oro [...]. Dicho canto es, en realidad, una revelación de la *Gran Obra* o *metamorfosis*, tal como se la llamaba entonces [...]. El resto del poema de Sileno es un canto mitológico sobre las metamorfosis o "transformaciones", o, también,

En las enseñanzas de la alquimia respecto a las relaciones y correspondencias entre lo fijo y lo volátil puede leerse el misterio de las transmutaciones, ya sea en la corporificación del espíritu o en la espiritualización del cuerpo; e, igualmente, el misterio de la realización del hombre, en tanto que ser religioso, pues religa lo que fue separado en el origen de la creación. Esta unión culmina con la idea de un nuevo nacimiento o palingenesia, es decir, el símbolo al que se refiere el simbolismo de las tradiciones espirituales[51]. Del Tilo escribió al respecto:

> Descubrir el símbolo, es decir, el hombre, consiste en reconocer la realidad física que encierra, y ello solo es posible mediante la ayuda de Dios. Reconocer equivale a «nacer con» [el autor juega con las palabras francesas *reconnaître* «reconocer» y *naître*, «nacer»], lo que implica una experiencia sensible. Los que han hablado o escrito respecto a este conocimiento experimental o *gnosis* se llaman «conocedores», porque describen este nacimiento y este crecimiento naturales[52].

Los auténticos alquimistas son los que conocen, puesto que han descubierto el misterio del hombre y de Dios y los han reunido en lo que ellos denominan la Piedra filosofal, o, dicho de otro modo, conocen porque han realizado «los milagros de una sola cosa».

La búsqueda y el hallazgo del medio necesario para reunir el espíritu y la materia, o según otros lenguajes, lo volátil y lo fijo, es el principio ineludible de la Gran Obra y así aparece anunciado en todos los textos clásicos de alquimia. Este medio no sería otra cosa que

---

sobre el misterio de la palingenesia o "nuevo nacimiento". Si el oro vulgar es un sol muerto, el arte poético hace hablar a las tumbas, e incluso, como en este caso, las hace cantar»; *El hilo de Penélope*, cit., tomo I, págs. 105 y ss.

[51] Hans van Kasteel nos ha transmitido la siguiente observación: «En un comentario de Servio a la *Eneida* (VI, 129-130) se asocian el nuevo nacimiento, la alquimia (en el sentido de "fusión"), la creación y el hombre religioso; escribió Servio: "Los hombres religiosos son los que el texto califica de engendrados por los dioses, pues las potencias de lo alto se infundieron (*infundebant*, 'por fusión') en sus cuerpos y de aquí surgió la procreación de los héroes"».

[52] C. del Tilo, *El libro de Adán*, cit., pág. 27.

la famosa Primera Materia. Las leyendas alquímicas giran en torno a las aventuras extraordinarias vividas por quienes estaban empeñados en poseerla. Viajes a países lejanos con la esperanza de hallar a un maestro que pudiera transmitirles el secreto, o arriesgados peregrinajes por lugares solitarios donde se suponía que se ocultaba.

Las innumerables narraciones[53] que salpican los tratados alquímicos son ejemplos excelentes de la inquietud espiritual que ha provocado en los hombres de todas las épocas la búsqueda de su complemento, una nostalgia de algo, de su propia naturaleza, que una vez perdieron y que, al igual que el caballero que busca a su dama desafiando infinitos peligros, deben recuperar.

Como hemos dicho, la Obra alquímica comienza con el descubrimiento del medio que permite la unión con la otra parte. Uno de los nombres de este medio es Mercurio. Recordemos que, respecto al nombre de Mercurio, san Agustín escribió que designa al que corre «como intermediario».

Los símbolos son los puentes necesarios que conducen al acto simbólico de la reunión de lo volátil superior con lo fijo inferior. Y, para que eso suceda, las leyendas explican que el buscador se introduce en los lugares más peligrosos, en las ciudades más inhóspitas, en las selvas más oscuras o en los montes más elevados. Allí espera hallar el medio necesario que dé lugar a la conjunción. Sin él, ningún símbolo puede completarse, y, al contrario, si se posee, nada puede oponerse a la unión. Por eso se ha dicho que la Gran Obra primero es un trabajo de Hércules y después un juego de niños. Hallar el medio es difícil, pero una vez que se ha conseguido, el resto parece ser extremadamente simple y natural. Parafraseando esta imagen podría decirse que se trata de la obtención de un don gracioso.

Las descripciones del viaje al lugar secreto donde puede encontrarse el medio son sintomáticas del misterio inherente a esta materia. Veamos, por ejemplo, la explicación del emblema mágico de Thomas Vaughan, alias Eugenius Philalethes, donde se describe el viaje del autor apoyándose en una imagen **(figura 14)**. El testimonio de Vaughan es especialmente valioso pues retoma la hipótesis que fun-

---

[53] Una antología de estos viajes extraordinarios la podemos encontrar en J. Rebotier y J. M. Agasse, *Alchimie. Contes et légendes*, L'Originel, París 1982.

damenta la alquimia y que podría resumirse como sigue: existe la luz que percibimos con nuestros sentidos exteriores, pero también existe una luz oculta, a la que Philalethes denomina «la luz de la naturaleza», cuyo conocimiento está vinculado al origen de la alquimia, puesto que también es el medio necesario para reunir el cielo con la tierra. Al comienzo de uno de sus tratados, titulado *Lumen de lumine*, Vaughan describe el viaje al lugar donde encontró el famoso medio. Transcribimos el comienzo de su experiencia:

> Era casi el alba, al comienzo del día, cuando, invadido por una tediosa soledad y por las ensoñaciones pensativas que la acompañan, después de mucho cansancio y trabajo, de pronto me quedé dormido[54].

De este modo, al mencionar el sueño, el autor recrea la misma situación relatada en el preámbulo del *Poimandrés* de Hermes Trimegisto:

> Un día mi reflexión fue llevada sobre los seres y mi pensamiento se elevó con fuerza, mientras que mis sentidos corporales quedaron en suspenso, como sucede a quienes pesa el sopor de una abundante comida o un agotamiento físico. Entonces se me apareció alguien...[55]

A continuación, Philalethes explica que, «llevado por mi fantasía», se adentra «en una región de una oscuridad inexpresable que, en mi

---

[54] T. Vaughan, «Lumen de Lumine or a New Magical Light», en: A. E. Waite (ed.), *The Works of Thomas Vaughan, cit.*, pág. 243. Sobre este viaje, cf. J. Lohest, «L'Hylê et la Montagne magique», en: R. Arola (ed.), *Images Cabalistiques et Alchimiques, cit.* Para el contexto histórico, cf. la introducción de D. Kahn a T. Vaughan, *L'art hermétique à découvert ou Nouvelle Lumiere Magique, où sont contenus diverses Mystères des Egyptiens, des Hébreux et des Caldéens*, Bailly, París 1989, en especial, págs. 26 y ss.

[55] Para el texto de Hermes Trimegisto, *Obras completas de Hermes Trismegisto, cit.*, vol. I, pág. 3. Cf. T. Vaughan, «Lumen de Lumine or a New Magical Light», en: A. E. Waite (ed.), *The Works of Thomas Vaughan, cit.*, pág. 243.

opinión, iba más allá de la natural». El autor describe una experiencia oculta. Un viaje al mundo astral por medio de una separación del cuerpo y el espíritu. Por eso, tradicionalmente se ha relacionado con un sueño, pues, como sucede en los sueños, el espíritu puede moverse y experimentar libremente sin la atadura de los sentidos corporales. Los ocultistas del siglo XIX abusaron de este conocimiento al provocarlo de modo artificial y violento, pero mantuvieron vivo algo del antiguo secreto de la alquimia. La experiencia oculta, por sí misma, carece de cualquier interés metafísico; sin embargo, se llena de contenido cuando, a partir de ella, se produce un encuentro como el que describe Philalethes a continuación, cuando halla un guía representado por la musa Talía, que le permite acceder al secreto de lo oculto o, en este caso, del mundo astral.

En la actualidad, quizá debido al exceso y a la degeneración que sufrieron las prácticas ocultistas durante el siglo XIX, se considera la experiencia oculta como algo propio y muy particular del esoterismo y por consiguiente inútil para la búsqueda filosófica. Pero, como suele ocurrir, al deshacerse de las malas hierbas, se arrancan espigas de gran valor, y así, el hombre del siglo XXI ha olvidado la posibilidad de un conocimiento experimental que no dependa de los sentidos exteriores, sino de un sentido espiritual. Sin tener en cuenta la experiencia oculta sería muy difícil, si no imposible, llegar a comprender el sentido que los antiguos daban a sus viajes a los mundos místicos. Sin embargo, la modernidad parece haber fragmentado una realidad única mediante nomenclaturas distintas.

Philalethes se mueve entre la oscuridad y el silencio sin temor, con «un humor fuerte y sereno», hasta que, fatigado, decide descansar. Entonces el murmullo de un viento suave llega hasta él y con el viento le llegan aromas penetrantes y celestes, murmullos como de abejas y, al fin, «a la derecha» descubre una luz blanca y débil cuyo centro era de color púrpura, como un sol elíseo, «imagen del esplendor que los antiguos romanos denominaban *Sol Mortuorum*». Aquí empieza propiamente la descripción del lugar donde se halla:

> Me encontré en un bosque de laureles. La textura de las ramas era tan igual, las hojas tan espesas y en un orden tan sospechoso, que no parecía un bosque sino un edificio. Me imaginé, en efecto, que esta-

ba en el Templo de la Naturaleza, donde había reunido la disciplina con su doctrina[56].

En este lugar, durante el éxtasis de Philalethes, se presenta la musa Talía, que reproduce la imagen de Isis-Naturaleza de la portada del *Musaeum hermeticum* **(figura 13a)**, que hemos analizado en el capítulo anterior. Nuestro autor comenta entonces:

> Percibí, entre la luz y yo, la más exquisita y divina belleza, ni alta ni pequeña, sino de una apropiada estatura media. Vestía una seda fina y suelta, pero de un verde tal, como no había visto jamás, pues este color no era terrestre[57].

La aparición le ruega que la siga, y al salir del bosque Philalethes percibe una claridad extraña en el aire, que no se parece al día, pero que tampoco puede «afirmar que sea la noche»:

> En efecto, las estrellas, por encima de nosotros, brillaban, por decirlo así, sobre las cimas de las altas colinas, pues nosotros estábamos en un agujero muy profundo y la tierra nos sobrepasaba de tal modo que llegué a pensar que estábamos cerca de su centro. No habíamos llegado muy lejos cuando descubrí ciertas nubes espesas y blancas [...] pero al acercarme me di cuenta de que eran rocas firmes y sólidas, pero brillantes y resplandecientes como diamantes[58].

Allí, respondiendo a su demanda, ella le dice por fin su nombre:

> Eugenius, tengo muchos nombres, pero el mejor y el que me es más querido es el de Talía, pues siempre soy verde y no me mustiaré nunca. En este lugar contemplas las «Montañas de la Luna», y te mostraré las fuentes del Nilo, que nace de estas rocas invisibles[59].

---

[56] Ibídem, pág. 244.
[57] Ibídem, pág. 245.
[58] Ibídem, pág. 246.
[59] Ibídem.

Talía, además, le explica el porqué de la extraña luz que ha contemplado y le entrega un «emblema mágico», que es el grabado simbólico que nos ocupa. La imagen muestra el lugar donde se halla la luz verdadera, Philalethes lo llama el «Templo de la Naturaleza». Se trata de una región oculta, desconocida por el vulgo, que solamente puede ser encontrada si se es guiado por una musa amiga. Es el lugar de lo interior, el secreto de las «Montañas de la Luna», como las llama Philalethes. Su acceso no es fácil, al contrario, es muy peligroso:

... pues por allí rondan fuegos y otras apariciones extrañas, originadas, como dicen los Magos, por ciertos espíritus aficionados a jugar lascivamente con el esperma del mundo, donde imprimen sus imaginaciones, produciendo así en numerosas ocasiones engendros fantásticos y monstruosos[60].

En el grabado se muestra esta enorme montaña cuyo pico se abre al cielo mientras que su base se halla situada en una franja oscura que representa el interior del monte. En este espacio, el grabador ha representado a doce seres fantásticos. Estos espíritus lascivos que buscan «el esperma del mundo» representan las fuerzas de los astros que rigen el destino de los hombres y, a su vez, impiden que el cielo y la tierra, o lo fijo y lo volátil, se reúnan.

Se trata de un lugar invisible que, tal como explica Philalethes, solo puede ser conocido por expresa «voluntad divina», personificada en este caso por la musa Talía. En el grabado, la musa, que está situada a la izquierda, aparece como un ángel que sostiene una espada y un ovillo de hilo. Con la espada aleja a los pusilánimes y con el ovillo ofrece el hilo, seguramente el mismo que Ariadna le dio a Teseo, que permite llegar sin extraviarse al centro del Templo de la Naturaleza. Los humanos, en general, a causa de su natural inclinación hacia lo exterior, olvidan y desprecian lo interior y se contentan con las sombras de «la región de la fantasía», que los ocultistas denominaron «mundo astral». Por eso, en el grabado se representa a un hombre andando a tientas hacia el espacio donde habitan los seres inmundos, «bestias muy crueles y otras aves rapaces». A fin de precisar su condi-

---

[60] Ibídem, pág. 258.

ción, el imaginero lo ha representado con una venda en los ojos. La musa Talía todavía no le ha ofrecido un extremo de su hilo mágico para que la siga hacia la luz de la naturaleza, oculta en el interior de la montaña «situada en medio de la tierra o en el centro del mundo, que es a la vez pequeña y grande». Finalmente, bajo el altar donde se halla una candela encendida, yace una bestia extraña que, según Philalethes, es:

> ... el dragón verde o el Mercurio de los magos, que rodea un tesoro de oro y perlas. Esto no es un sueño ni una fantasía sino una verdad práctica conocida y demostrable. El tesoro está allí para ser hallado, infinitamente rico y real. En realidad, debemos confesar que está encantado por la magia y el arte mismos de Dios todopoderoso. No puede ser visto ni tocado aunque el arca que lo contiene está todos los días bajo nuestros pies. Sobre este tesoro se encuentra sentado un niño con la siguiente inscripción: «Excepto a uno de esos pequeños»[61].

A partir del emblema de la musa verde, el autor descubre el fundamento de la Obra alquímica, puesto que el grabado muestra la existencia de una luz secreta, la luz interior de la creación, que es, al mismo tiempo, una cierta materia llamada aquí por Philalethes dragón verde o el Mercurio de los magos.

Sin la Primera Materia, o sin el medio al que antes aludíamos, no hay posibilidad de que exista el arte, puesto que el arte, sea vulgar o alquímico, no hace otra cosa que dar forma a la materia. Sin materia no hay creación y tampoco puede haber alquimia. El misterio de la alquimia es el misterio de la sustancia, que en palabras de Philalethes es «el receptáculo católico de los espíritus». Todos los secretos de la alquimia están escondidos en esta Primera Materia, que posee infinitos nombres.

Eugenius Philalethes termina la descripción de su experiencia del modo siguiente:

> Este es, en suma, el emblema mágico que Talía me comunicó en la región mineral. Más no puedo decir, puesto que no me confió nada

---

[61] Ibídem, pág. 268. Cf. Mt 19, 13-15, Mc 10, 13-16, Lc 9, 46-48.

más que pudiera ser relatado para un uso público y popular. Procederé ahora al descubrimiento de otros misterios que recibí de ella y de algunos que no son buscados comúnmente. La base de todos ellos es la quintaesencia visible, tangible, o primera unidad creada, de la que procede la *tetractys* física[62]. Hablaré de ello pero no en un discurso y un método artificial sino conforme a su orden natural y armonioso, empezando, ante todo, por la Primera Materia[63].

Cuando Jacob despertó del sueño en el que había contemplado la escalera que unía la tierra con el cielo, exclamó: «¡Ciertamente IHVH está presente en este lugar, y yo no lo sabía!» (Gn 28, 16); entonces experimentó temor. Se halló en un lugar distinto a cuantos había conocido anteriormente y dijo: «¡Cuán temible es este lugar! Esto no es otra cosa que casa de Dios y puerta del cielo» (Gn 28, 17). El lugar secreto de la unión del hombre con Dios y donde este habita, pues es su casa, también es la Primera Materia o aquel *algo* del que hablábamos al principio. Cattiaux resume lo expuesto con el siguiente aforismo: «Dios y el hombre se unen en un cierto medio, que constituye el misterio de la tierra y del cielo»[64].

Según los autores alquímicos, el medio es la verdad intrínseca de la alquimia, y lo que permite que su realidad simbólica no sea un juego arbitrario de correspondencias, sino la medicina necesaria para recuperar la inmortalidad que el hombre perdió al ser expulsado del Paraíso. Los ejemplos son innumerables; hemos escogido uno de ellos, un fragmento del *Hydrolithus sophicus, seu Aquarium sapientum*, opúsculo atribuido a Johann Ambrosius Siebmacher. El texto apareció por vez primera en alemán en 1619 y, posteriormente, fue tradu-

---

[62] Con relación a la *tetractys*, C. Rosereau cita en nota a E. d'Hooghvorst: «Este mismo número diez que reconduce a la unidad, es también la cima de la *tetractys* pitagórica, donde se unen Apolo, lo fijo, lo masculino, y sus nueve hermanas, las Musas, lo volátil, lo femenino. La unión de los dos produce la volatilización del fijo (o espiritualización del cuerpo) y la fijación del volátil (o corporificación del espíritu), es decir, la Piedra», en: T. Vaughan, *Œuvres complètes. cit.*, pág. 356, nota 27.

[63] T. Vaughan, «Lumen de Lumine or a New Magical Light», en: A. E. Waite (ed.), *The Works of Thomas Vaughan, cit.*, págs. 268 y 269.

[64] L. Cattiaux, *El Mensaje Reencontrado* (8, 50), *cit.*, pág. 158.

cido al latín y publicado en el *Musaeum hermeticum*. El fragmento se halla al principio del prólogo y dice así:

> Desde el principio del mundo, vemos que en cada época se han manifestado entre los paganos numerosos filósofos excepcionales y sabios, iluminados en grado sumo por Dios y de gran experiencia, que han observado con mucha atención la naturaleza y las facultades de las criaturas inferiores y se han esforzado en llevar a cabo un estudio minucioso. Han buscado con un deseo ardiente y un trabajo continuo aquello que, en la naturaleza de las cosas, pudiera proteger el cuerpo terrestre del hombre de la destrucción y de la muerte, conservarle la integridad y mantenerlo en vigor perpetuo.
>
> Entonces, por un particular influjo divino, y por la luz de la naturaleza, vieron y conocieron que debía encontrarse en este mundo un arcano único, una cosa admirable establecida por Dios todopoderoso para provecho del género humano. Así, esta cosa singular y secreta con toda seguridad renovaría y establecería perfectamente en su integridad todo aquello que fuese imperfecto, incompleto y corrupto a lo largo y ancho de la tierra.
>
> Aprendieron por experiencia, en el curso de investigaciones diligentes y muy precisas, que de ningún modo podría encontrarse en este mundo algo aparte de esta cosa única capaz de liberar de la muerte al cuerpo terrestre y corruptible. En efecto, la muerte ha sido establecida e impuesta como castigo a los protoplastos, los primeros seres creados, Adán y Eva, y jamás soportó ser separada de su posteridad. Dios ha dispuesto esta cosa única, en sí misma, por naturaleza, incorruptible, para provecho del hombre, a fin de que hiciese desaparecer la corrupción, pudiese devolver la salud a todos los cuerpos imperfectos, liberase de la vejez y prolongase esta breve vida como ocurrió con los Patriarcas, que permanecieron siempre jóvenes[65].

---

[65] «Hydrolithus sophicus, seu Aquarium sapientum», en: J. J. Manget, *Bibliotheca chemica curiosa, cit.*, tomo II, págs. 537 y 538. Los datos que poseemos sitúan a esta obra en el contexto de los rosacruces alemanes, pues, según parece, el trabajo de Siebmacher apareció en lengua alemana en 1619, en Fráncfort, en la imprenta de L. Jennis. En 1625, D. Meisner la traduce al latín y la incluye en el *Musaeum hermeticum* que también publica Jennis. El texto que presentamos es el que J. J. Manget incorpo-

En muchos de los relatos recogidos en los tratados alquímicos, la «cosa admirable establecida por Dios todopoderoso» se consigue por medio de un peligroso viaje como el descrito por Philalethes. Allí, en la montaña temible, se encuentran y se unen en la pureza lo fijo y lo volátil, la materia y el espíritu, para formar aquello que es *algo*, origen de la salvación, y que comúnmente se conoce como la panacea o el medicamento universal. Creemos que es a eso a lo que se refieren los símbolos alquímicos.

No quisiéramos finalizar este apartado sin apuntar un concepto que desarrollaremos en el próximo capítulo y que alude a la necesidad de la ayuda o bendición divina para obtener el conocimiento de la luz de la naturaleza. Para ello utilizaremos un fragmento de la presentación de Emmanuel d'Hooghvorst al tratado que acabamos de citar, el *Aquarium sapientum*:

> Querer conseguir el secreto de la piedra filosofal sin la bendición divina es una peligrosa locura; sería igualmente vano intentar penetrar los libros de los filósofos herméticos, los únicos verdaderos, sin recurrir en primer lugar a la luz de las Escrituras santas, de las que son, de alguna manera, la experimentación y la confirmación en la naturaleza física. Tal era, antaño, el misterioso secreto de los caballeros de la Rosa+Cruz, cuyo perfume seduce y guía todavía hoy en día a quienes se interesan por los antiguos textos olvidados[66].

ró en su antología. En 1954, E. d'Hooghvorst publicó, en el número 4 de la revista *Inconnus*, la primera traducción parcial al francés.

[66] E. d'Hooghvorst, *El hilo de Penélope*, cit., tomo II, pág. 148.

4. La tierra es un ángel

No deja de ser curioso que el impulso teórico que ha permitido reencontrar la ubicación de la alquimia cristiana en el devenir de la espiritualidad tradicional proceda, en gran parte, del estudio de otras tradiciones, particularmente del chiismo iraní. A partir de las primeras investigaciones de Louis Massignon y de las posteriores de Henry Corbin sobre los textos místicos surgidos del encuentro entre la antigua cultura mazdeísta y el expansivo Islam, nos ha sido posible comprender que la alquimia islámica fue un puente entre el mundo grecorromano y la Europa medieval[67]. Y no solo eso, sino que, además, Corbin ha logrado mostrar de modo magistral el contenido espiritual y tradicional inherente a la alquimia[68].

[67] En lo que concierne a este capítulo es necesario considerar el siguiente argumento de P. Lory: «Que la alquimia haya sido estudiada particularmente pronto en los medios musulmanes, se explica también por su naturaleza. Se trata de una disciplina concreta y universal, que no está marcada por una mentalidad particular de un pueblo o de una religión. No requiere, como la filosofía, un aparejo conceptual difícil de traducir: esencialmente descriptiva, también se explica más por imágenes y símbolos que por razonamiento. Así mismo puede atraer por su utilidad inmediata, real o supuesta, sobre todo para la farmacopea. En fin, su dimensión gnóstica puede fascinar a todos aquellos que, según la visión arcaica descrita por Mircea Eliade, ven en el mundo un inmenso campo de teofanías, y que buscan en ella una vía que el Islam oficial no puede proporcionarles» (*Alchimie et mystique en terre d'Islam*, Gallimard, París 1989, pág. 19).

[68] El análisis acerca de las aportaciones de Corbin al estudio de la alquimia lo desarrollamos en R. Arola, *La cábala y la alquimia...*, *cit.*, págs. 59-64. En el apartado titulado «El lugar de Dios» apuntamos una de las ideas más relevantes de la obra corbiniana, que se implica en el presente capítulo: la concordia entre profecía y

Tanto en el sufismo islámico como en el rosacrucismo del siglo XVII, el significado de la alquimia no puede desvincularse de la tradición espiritual a la que pertenece, pues forman parte de un mismo conjunto. Los estudios de Corbin, centrados en los textos iraníes, son especialmente útiles para enfocar de modo mucho más profundo el misterio cristiano. No debe extrañar, pues, que la comprensión de lo que es el esoterismo en general también se haya enriquecido con sus aportaciones.

Un ejemplo de ello se halla en su obra *Cuerpo espiritual y Tierra celeste*, y concretamente en el capítulo titulado «La Tierra es un Ángel»; por eso utilizaremos el mismo título para ubicar teóricamente el medio que permite la unión del símbolo, llamado también, como hemos visto, medicina universal. La sustancia primera que los alquimistas dicen que es un cuerpo-espíritu correspondería perfectamente a la premisa de Corbin de que «la tierra es un ángel». En relación con este término, Corbin escribió:

> La percepción del Ángel de la Tierra se efectuará en un universo intermedio que no es ni el de las esencias de las que se ocupa la filosofía ni el de los datos sensibles con los que trabaja la ciencia positiva, sino un universo de Formas imaginales, el *mundus imaginalis*, percibido como otras tantas presencias personales[69].

alquimia. Rescatamos un fragmento al respecto: «La obra de Ibn 'Arabî es un paradigma excepcional de la relación entre el profeta y el alquimista, puesto que para revelar su conocimiento divino utiliza bien el lenguaje alquímico, bien la exégesis. En un pasaje de las *Futuhât* describe la experiencia de un viaje místico con una terminología hermética, también llamada "ciencia del Elixir". Durante el itinerario traspasa los diferentes mundos hasta que llega al Trono de gloria, donde encuentra la "substancia universal tenebrosa", que corresponde a la Primera Materia, e Ibn 'Arabî escribe respecto a ella: "Enseguida aprende cómo gobierna los cuerpos físicos de manera absoluta, cualesquiera que sean sus diferentes niveles de composición y estados específicos. Entonces constata hasta dónde llega el error de ciertos físicos que se extravían cuando pretenden conocer la naturaleza, error que se debe al hecho de que ignoran la física en su verdadera esencia, mientras que el que se beneficia de un tal desvelamiento conoce todo esto intuitivamente"» (Citado por H. Corbin, *L'alchimie du bonheur parfait*, Berg, París 1981, pág. 133).

[69] H. Corbin, *Cuerpo espiritual y Tierra celeste*, cit., pág. 38.

El filósofo francés compara «la tierra del ángel» o el *mundus imaginalis* con la *imaginatio vera* de Paracelso, contraponiéndolos a la fantasía[70]. A partir de esta relación debe reconsiderarse la tradición alquímica de la Europa moderna, pues Paracelso fue la figura clave que originó el movimiento rosacruz y, con él, el lenguaje simbólico que centra nuestro ensayo. Gracias a los estudios de Corbin, las discusiones acerca de la veracidad de la alquimia y de la posibilidad de transmutar los metales viles en oro dejan paso a otro modo de acercamiento al tema, en el que lo de menos es el enfrentamiento entre ciencia positiva y magia, incluso entre razón y fe. Se dice que: «Si nuestra Piedra fuera una piedra, no la llamaríamos piedra», lo cual, evidentemente, no invalida la posible transmutación exterior de los metales, pero indica que esta experiencia no es su objetivo principal.

Solamente a partir de la tierra angélica puede concebirse que la obra de la alquimia no difiera de lo que otros lenguajes señalan como la creación de Dios, pues en esta tierra está el lugar donde se produce tal creación. A partir de «la tierra del ángel» puede alcanzarse la tierra de Hûrqalyâ, tan citada por Corbin, donde los espíritus y los cuerpos resucitan. Escribe Corbin:

> El axioma es que una misma Energía espiritual de luz constituye tanto la esencia de lo que se considera material como la esencia de lo que se considera espiritual. Lo que hay que decir en definitiva es que «los espíritus son luz-ser en estado fluido, mientras que los cuerpos son luz-ser, pero en estado sólido. La diferencia entre ambos es similar a la diferencia entre el agua y la nieve. La prueba que lleva a afirmar la resurrección de unos [los espíritus] vale para los otros [los cuerpos]». Ahora bien, la Obra alquímica tiende precisamente a esta *concidentia oppositorum*: un cuerpo una vez tratado y acabado mediante esta Obra está en estado de «líquido sólido»[71].

En 1650, Eugenius Philalethes publicó el *Coelum terrae*, que hemos

---

[70] Ibídem, pág. 22.

[71] Ibídem, pág. 122. H. Corbin termina su explicación con una nota (n. 72, pág. 308) en la que reproduce el argumento de la relación entre la alquimia y la profecía.

comentado ampliamente en la introducción general. Se trata de un texto breve que apareció como una continuación de la *Magia adamica*. Ambos opúsculos son poco conocidos a pesar de que plantean cuestiones que creemos fundamentales para el pensamiento religioso del hombre actual. Hay que señalar, sin embargo, que las enseñanzas de Philalethes sobre la Primera Materia son mucho más comprensibles a partir de las aportaciones de Corbin sobre el chiismo. Escribe Philalethes:

> Te lo voy a decir tan claramente como pueda. En el mundo hay dos extremos: la materia y el espíritu. Puedo asegurarte que la tierra es uno de ellos. Las influencias del espíritu animan y vivifican la materia y es en el extremo material donde hay que encontrar la simiente del espíritu. En las naturalezas medias como el fuego, el aire y el agua, esta simiente no permanece, pues no son más que *dispenseros* [sic] o vehículos que la transportan de un extremo al otro, del espíritu a la materia, es decir a la tierra. Pero, ¡detente aquí, amigo mío! La inteligencia de estas cosas te habrá conmovido algo y hete aquí furiosamente lanzado hasta tal punto que estarías preparado para desvalijar el gabinete. Déjame que te obligue a retroceder un poco. No me refiero a esta tierra sucia, impura y común; no tiene nada que ver con mi discurso si no es para tu *manuducción* [lit.: «conducido por la mano»]. De lo que yo hablo es un misterio; son el *coelum terrae* y la *terra coeli*, «cielo de tierra y tierra de cielo»; no se trata pues de una tierra sucia y polvorienta sino de una tierra muy secreta, celeste e invisible[72].

Las palabras de este maestro rosacruz no deberían ser despreciadas a causa de su utilización del lenguaje alquímico, antes al contrario, deberían servir para dar un nuevo impulso al universo esotérico de Occidente, que a partir de la época en que escribió Philalethes, justo después de la Guerra de los Treinta Años, se separó de las formas exotéricas. Una separación conflictiva y desgarradora, donde nadie salió ganando, sino que todos perdieron. El esoterismo o, mejor dicho, los esoterismos, se desligaron de su centro, que era la alquimia,

---

[72] T. Vaughan, «*Coelum Terrae* or The Magician's Heavenly Chaos», en: A. E. Waite (ed.), *The Works of Thomas Vaughan (Eugenius Philalethes), cit.*, pág. 199.

y se perdieron en dédalos sin salida. El exoterismo, a su vez, no pudo resistir los envites de la ciencia positivista y tuvo que contemporizar con ella, desfondándose al contradecirla o al intentar absorberla. Así, entre esoterismo y exoterismo, el misterio de «la tierra del ángel» se convirtió en algo ajeno a los alquimistas y extraño también a la religiosidad oficial.

A quienes utilizaron un lenguaje únicamente químico en sus obras sin considerar la naturaleza de la tierra filosófica, el alquimista Jean d'Espagnet les dedicó las siguientes palabras en su *Arcanum hermeticae philosophiae Opus*:

> Se ha buscado la tierra filosófica en la calcinación o en la sublimación, entre los vasos transparentes, en el vitriolo y en la sal, como si estos fueran sus vasos naturales [...], pero nosotros aprendemos del profeta que «en el principio, Dios creó el cielo y la tierra» pero que, «al estar la tierra sin vida y vacía» [...], Dios dijo: «"Que se haga la luz", y la luz fue hecha y Dios vio que la luz era buena» (Gn 1, 1-4). [...] Así pues, el sabio se contentará con la bendición anunciada a José por el mismo profeta: «Su tierra provendrá de la bendición del Señor» (Dt 33, 13 y ss.)[73].

D'Espagnet concluye su escrito con las siguientes palabras: «Hijo mío, pide a Dios en el secreto de tu corazón a fin de que te dispense una porción de esta tierra bendita». En muchos tratados alquímicos se citan las palabras de los libros santos para indicar que la tierra filosófica procede de la bendición de Dios. Solo sobre esta tierra es donde puede nacer y desarrollarse la criatura divina, que en el lenguaje alquímico sería el oro puro, fluido e incandescente[74].

---

[73] J. d'Espagnet, «Arcanum hermeticae philosophiae Opus», en: J. J. Manget, *Bibliotheca chemica curiosa, cit.*, tomo II, pág. 654. Este fragmento lo utiliza E. d'Hooghvorst para explicar qué es la tierra filosófica de los alquimistas: cf. *El hilo de Penélope, cit.*, tomo II, págs. 23 y 24.

[74] C. del Tilo, al comentar el versículo de la Escritura que explica que Dios formó a Adán del polvo de la tierra *(afar min adamah)* (Gn 2, 7), cita un fragmento del *Sefer ha-Zohar*, en el que se dice que Adán fue formado de una materia pura y viva llamada *afar*, que era como la esposa de la fuerza de Dios (Elohim); pero a partir de

Antes, el autor ha comparado esta tierra filosófica o celeste con el firmamento creado en los primeros días del Génesis bíblico:

> La división entre las aguas superiores y las inferiores, explicada en el sagrado Génesis [cf. Gn 1, 6-7], parece hecha por la separación de lo sutil y de lo espeso, y la separación del espíritu tenue del cuerpo fuliginoso. Tal fue la obra del espíritu luminoso procedente del Verbo divino[75].

La palabra hebrea utilizada para designar la división y la reunión de las aguas de arriba con las de abajo, y que san Jerónimo tradujo por firmamento, es *raquia*, que procede de una raíz que significa «extender», y que también tiene el sentido de «extender una lámina martilleándola», como aparece en el Libro del Éxodo: «Y extendieron [*ve-iraqu*] láminas de oro» (Ex 39, 4).

En un artículo sorprendente, D'Hooghvorst propuso la hipótesis de que el sentido original de las imágenes de las cartas del Tarot no era ajeno al misterio de la tierra filosófica, puesto que las cartas eran propiamente jeroglíficos o signos sagrados enraizados en «la tierra del ángel»; he aquí sus palabras:

> Así pues, la intención de los antiguos imagineros era ver en los tarots la imagen de un cielo terrestre, llamado también firmamento o espejo de oro, sobre el que los profetas se han inclinado. Por esta razón los han concebido como láminas *tarotadas*[76], «doradas a la hoja,

la trasgresión original, dicha materia se mezcló con una sustancia muerta llamada *avaq*, «ceniza», que sería la hembra del espíritu de la ceguera, el soporte del acusador del hombre. Así pues, el hombre verdadero debe ser recreado o reformado a partir de la materia pura y viva del principio, liberada de la mezcla que la oscurece y la condena; cf. *El libro de Adán*, cit., págs. 93 y ss.

[75] Citado en R. Arola, *La cábala y la alquimia...*, cit., pág. 359, donde se desarrolla el contexto del fragmento citado.

[76] El autor utiliza las explicaciones de G. Mandel sobre el origen del término francés *taroté*: «una superficie dorada con hojas, cuando estaba troquelada o grabada con un estilete o un punzón para imprimir un dibujo en el oro. Los fondos de los primeros tarots coloreados se realizaban de esta manera» (*Les Tarots des Visconti*, Vilo, París 1975).

troqueladas o grabadas con un estilete para imprimir mejor un dibujo sobre el oro». Seguidamente, animaron sus dibujos coloreándolos[77].

Como el firmamento de Moisés, las láminas del Tarot acogen y muestran los signos de la creación filosófica, según expone D'Hooghvorst:

> Estas láminas de oro grabadas y pintadas, ¿no aluden a esta filosofía del oro sabio u oro del templo... por la cual los profetas profetizaron? Nos encontraríamos aquí, pues, ante un *mutus liber* que los antiguos imagineros nos habrían transmitido bajo el velo de la cartomancia[78].

La imaginaria alquímica describe las operaciones de la Gran Obra en su lugar, lo que aparece expresado claramente en las series cuyas escenas ocurren dentro del vaso filosófico o matraz. El vaso contiene la tierra pura y, en ocasiones, se identifica el propio vaso con dicha tierra. Un texto atribuido a Ramon Llull explica lo siguiente respecto a los vasos, cuyo conocimiento constituye uno de los misterios de la Obra alquímica:

> Aunque en nuestros libros describíamos con términos enigmáticos numerosos tipos de vasos, nuestro espíritu solo se ocupa de uno, que te describimos aquí muy claramente y en el cual nuestra obra se perfecciona desde el principio hasta el final de todo el magisterio[79].

En algunas de las representaciones alquímicas se ha utilizado la figuración de un vaso o matraz para mostrar «la tierra del ángel». Destacamos las que ilustran una obra titulada *Donum Dei*[80], de la que se conservan más de sesenta copias manuscritas **(figuras 18)**. El libro se estructura en doce imágenes que describen los pormenores de la realización de la Piedra filosofal. Las versiones más antiguas datan de

---

[77] *El hilo de Penélope*, cit., tomo I, pág. 228.

[78] Ibídem, pág. 226.

[79] Citado por E. d'Hooghvorst, *El hilo de Penélope*, cit., tomo II, pág. 32.

[80] Cf. la introducción de M. Gabriele al facsímile, *Le don de Dieu*, Bailly, París 1988, págs. 13-20.

la segunda mitad del siglo XV, la misma época en que aparecieron las primeras cartas del Tarot. En 1628 Johann Daniel Mylius realizó una réplica de esta obra y la tituló *Anatomia auri*, convirtiendo sus imágenes en unos grabados que se han reproducido en numerosas ocasiones[81]. El primer grabado (**figura 19a**) muestra al rey y a la reina señalando el vaso donde se efectuará la Obra alquímica. En las filacterias aparece escrito un fragmento del *Rosarium philosophorum*, que, a su vez, procede de la *Turba philosophorum*. Se trata de un corto diálogo en el que el rey Sol le dice a su esposa: «Ven, amada mía, abracémonos y engendraremos un nuevo hijo que no se parezca a sus padres», y la reina Luna le contesta: «Voy contigo, ansiosa de concebir un hijo que no tenga igual en el mundo».

En el centro de la imagen aparece un matraz señalado como *Mercurio*, en cuyo interior una mujer con un rostro solar sostiene sobre su regazo a un joven abatido. Representan el espíritu luminoso y la sal inferior. El proceso de unión, muerte y renacimiento se muestra en una serie de grabados que reproducen las imágenes del *Donum Dei* y que describen lo que ocurre en el interior del vaso filosófico.

En el grabado de Mylius, cada uno de los consortes está en un monte distinto, como si el abismo que aparece entre ambas montañas fuera el lugar apropiado para su unión, que engendrará el hijo incomparable. En dos hendiduras de las montañas se ven las garras de dos águilas, aludiendo quizá así a una tierra condenada, de la cual surgirá, por medio del arte de la alquimia, el hijo de la filosofía que no conocerá el dolor, la decrepitud ni la muerte.

En el *Donum Dei* y en la *Anatomia auri* se explica visualmente el misterio de la regeneración del hombre. Como hemos dicho, todo el proceso ocurre dentro del vaso o matraz. El alquimista observa lo

---

[81] Las imágenes más reproducidas del proceso de la Gran Obra en el interior del vaso filosófico son las que ilustran la obra de S. Trismosin, titulada *Splendor solis*, de la que existen numerosas copias; cf. la edición por B. Husson y R. Alleau de S. Trismosin, *La Toison d'or ou la Fleur des Trésors*, Retz, París 1975. De entre las que reproducen el mismo tipo de proceso, destacamos: *Elementa chemiae* de J. C. Barchusen; cf. también la publicación y los comentarios de F. Trojani, «Commentaires sur dix-sept figures attribuées a Jean Conrad Barchusen», en: *Alchimie* (Cahiers de l'Hermétisme), Dervy, París 1996, págs. 73-132.

que ocurre en su interior alabando a Dios y sin intervenir en el proceso, como puede verse de manera clara en las láminas del *Mutus liber* **(figura 15)**[82].

En muchas ocasiones, los filósofos alquimistas se refieren a un espejo mágico, y parece lógico, pues, según dicen, contemplan en «la tierra del ángel» el devenir de su propia existencia en Dios. Los ocultistas del XIX también utilizaron espejos mágicos en sus prácticas[83], en ellos veían el acontecer cotidiano y eran capaces, o lo pretendían, de desvelar secretos del pasado y de predecir el futuro, pero, a diferencia de la propuesta hermética, no podían ver el despertar de lo sobrenatural oculto en lo natural. Desgraciadamente el esoterismo contemporáneo se perdió en el laberinto de los descubrimientos de las simpatías entre realidades naturales, sin dar el siguiente paso: el desvelamiento de lo sobrenatural.

El exoterismo debiera permitir alcanzar la conciencia de la experiencia, pero, para que eso se produzca, dicha experiencia ha de ser limitada y particularizada al máximo, aún a costa de encerrarla en palabras y ritos que minimizan extraordinariamente el conjunto de la realidad. El esoterismo, en cambio, actuó a la inversa al provocar que los hombres se sumergieran en experiencias ilimitadas y universales para investigar en los mundos ocultos, pero sin incidir en la conciencia de

---

[82] En 1677 apareció una de las obras alquímicas más enigmáticas y más cercanas a los planteamientos de nuestro estudio: se trata del *Mutus liber*, que, como indica su nombre, no va acompañado de ningún texto. Es un libro compuesto por quince imágenes que describen el proceso de la Gran Obra. B. Obrist lo considera el punto culminante de la tendencia al esoterismo que la alquimia asumió cuando se vio *superada* por la ciencia positivista; escribe Obrist: «El término de esta evolución se alcanzó con el *Mutus liber*» (*Les débuts de l'imagerie alchimique, cit.*, pág. 248). Sin duda, se trata de uno de los libros cuya interpretación ha suscitado más interés en los medios ocultistas; cf. la edición y los comentarios de E. Canseliet, *L'Alchimie et son Livre Muet*, La Rochelle, París 1967, reimpresión de la edición de 1677.

[83] Cf., especialmente, Sédir, *Les Miroirs Magiques*, Chacornac, París 1907, donde el autor comenta temas de adivinación, de clarividencia, del astral, de evocaciones, de consagraciones, sobre el *Urim* y el *Tummim*, sobre los espejos de Batas, de los árabes, de Nostradamus, de Swedenborg, de Cagliostro, etcétera, tal como reza en el subtítulo de la reedición realizada por Caen, París 1989.

sus experiencias. La tradición espiritual propuesta por las enseñanzas rosacruces buscaba aunar la conciencia verificable con las experiencias universales. Tal debía ser el conocimiento de la verdad. Por eso, exoterismo y esoterismo no hubieran debido contraponerse nunca, sino complementarse.

Cuando se separaron, a finales del siglo XVII, las formas exotéricas condujeron el espíritu de los hombres a un nivel de conciencia que no se generaba por la experiencia sino por los ritos, mientras que el esoterismo aislado se aventuró en infinitas experiencias sin que por eso pudieran ser asumidas en una conciencia tradicional.

En los textos alquímicos de los grandes maestros que siguieron a Teofrasto Paracelso, se propone una experiencia universal recogida en la conciencia. Su extraño simbolismo, operativo y místico a la vez, permitía tal encaje. Así, por ejemplo, la séptima llave del *Liber duodecim Clavium* de Basilio Valentin[84] nos parece una magnífica enseñanza acerca del misterio de «la tierra del ángel» donde debería producirse la unión de conciencia y experiencia. En el grabado de la edición de Michael Maier **(figura 17b)** las partes representadas están en perfecta armonía. Un gran círculo, que, como veremos, representa el interior del vaso, ordena el conjunto. Sobre el círculo se observa el cuello del matraz o vaso que actúa a modo de sello de todo lo que ocurre en el interior del círculo sacro: se trata del «sello hermético», como apunta el mismo autor. Tras la figura descrita, se halla el ángel exterminador, con la espada que separa y la balanza que juzga. El artista se las ingenió para crear cierto encuentro entre el conjunto del matraz y el propio cuerpo del ángel, sobre todo gracias a los pies, que al tiempo que sostienen su cuerpo, sostienen también el vaso. La imagen se sitúa, siempre según el autor, en el momento en el que «el mundo sea de nuevo destruido por su Arquitecto»[85]. Podemos

---

[84] La primera edición del *Liber duodecim Clavium*, de B. Valentin, apareció formando parte de una obra de Maier titulada *Tripus aureus* que, además del de Valentin, contenía otros dos tratados alquímicos, uno de T. Norton y otro de Cremer, abad de Westminster. Fue publicado por L. Jennis, en Fráncfort, en 1618. Cf. «Liber duodecim Clavium», en: J. J. Manget, *Bibliotheca chemica curiosa, cit.*, tomo II, pág. 417.

[85] Ibídem.

constatar que en muchos textos alquímicos se establece una relación directa entre la manifestación del interior del vaso y la destrucción del viejo mundo.

En el interior del círculo central de la imagen aparecen distintas leyendas que se apoyan en un segundo círculo, un cuadrado y un triángulo[86]. El conjunto lleva el nombre de *chaos*, «caos», puesto que acoge los procesos de la creación. En los cuatro lados del cuadrado se hallan descritas las cuatro estaciones del año, que en el texto se explican con relación al orden vital que se oculta en invierno y resplandece en verano, al igual que sucede en la obra de Dios. En el centro del triángulo, que también lo es de todo el conjunto, se hallan el agua y la sal filosófica. Según Basilio Valentin, se trata de la tierra de los sabios licuada siguiendo el *tempo* natural. Se trataría del «agua espiritual sobre la que, en el origen, el espíritu se apoyaba, y por ella, cierra la entrada de la fortaleza»[87]. El vaso aparece sellado herméticamente al mundo exterior, o mundo excremental de la caída, y en su interior se manifiesta el hombre nuevo. El autor lo explica como sigue:

> Los espíritus angélicos no tienen cuerpo terrestre, sino un cuerpo angélico, y no están sometidos como el hombre a una carne corrupta por los pecados. Están situados en un rango más elevado, para que, sin ningún daño, puedan soportar igualmente el fuego y el frío, en la alta y la baja región. Y después de que el hombre haya sido clarificado, será en esto igual a los espíritus celestes. Dios gobierna el cielo y la tierra y hace todo en todas las cosas. Por lo que, si velamos correctamente nuestra alma, por fin, seremos hechos, nosotros tam-

---

[86] En relación con estas tres figuras geométricas véase el emblema XXI de la *Atalanta fugiens*, en el que Maier escribió: «Traza un círculo a partir de un hombre y una mujer, luego un cuadrado, después un triángulo, traza finalmente un círculo y tendrás la Piedra Filosofal» (M. Maier, *Atalante fugitive*, *cit.*, pág. 93). También sobre las tres figuras creemos relevante el manuscrito de C. Petraeus, *Sylva philosophorum*, cf. los comentarios de L. Vert, «La création et la Pierre philosophale», en: R. Arola (ed.), *Images Cabalistiques et Alchimiques*, *cit.*, págs. 159-178.

[87] «Liber duodecim Clavium», en: J. J. Manget, *Bibliotheca chemica curiosa*, tomo II, pág. 417.

bién, los hijos y los herederos de Dios, para realizar lo que ahora nos es imposible[88].

¿Acaso el cuerpo angélico que describe Basilio Valentin es distinto a «la tierra del ángel» de la que habla Corbin en sus estudios sobre el chiismo iraní? ¿Convertirse en hijos y herederos de Dios sería algo diferente de alcanzar Hûrqalyâ, o la tierra de la resurrección?

Wenceslao Lavinius de Moravia escribió un opúsculo titulado *Tractatus de coelo terrestri* en el que explica lo siguiente:

> Esta agua coagulable, que engendra todas las cosas, se convierte en una tierra pura que se mantiene encerrada en la sólida unión de las virtudes de los cielos más elevados. Puesto que ella está unida en esta tierra con el cielo, la denomino con el hermoso nombre de Cielo Terrestre. [...] He aquí las propiedades contenidas en el limbo y en el caos, que tiene los mismos efectos cuando es extraído de la tierra; pero cuando recibe una preparación por la separación de lo bueno y de lo malo, muestra su fuerza sobre las cosas perfectas e imperfectas. Habito en las montañas y en el llano; fui padre antes que hijo, he engendrado a mi madre, y mi madre, o más bien mi padre, me ha llevado dentro de su matriz; al nacer no necesité nodriza, soy hermafrodita, de una y otra naturaleza; vencedor de todos los fuertes, me vence el más pequeño, y no se encuentra nada bajo el cielo tan bello y de aspecto tan perfecto. Un pájaro admirable nace, y de sus huesos, que son mis huesos, construí para mí mismo un crisol, en el que, volando sin alas, al morir fue vivificado, y el arte, al sobrepasar las leyes de la naturaleza, se ha transformado al fin en un rey que sobrepasa en virtud infinita a los otros seis[89].

Según los alquimistas, también llamados «filósofos por el fuego», la tierra angélica donde anida el pájaro divino es una materia que en sí misma posee el conocimiento. Mucho se ha escrito acerca de eso; destacamos aquí una obra, quizá la más famosa, la *Aurora consurgens*, uno de los textos iluminados más antiguos y sin duda más sorpren-

---

[88] Ibídem.
[89] *Theatrum Chemicum...*, cit., tomo IV, págs. 288-289.

dentes. En la primera parte se produce un engarce continuo entre las citas bíblicas y las operaciones alquímicas, pues, según su autor, «por la Biblia se demuestra la veracidad de la alquimia»[90]. Al igual que en los Proverbios del rey Salomón, aquí también aparece la representación antropomórfica de la Sabiduría que hace surgir el orden del caos; igualmente se la podría denominar la Primera Materia de los alquimistas. Se trata de la coadjutora del Creador, tal como aparece escrito en el capítulo octavo de los Proverbios: «IHVH me creó como su obra maestra, antes que sus hechos más antiguos. Desde la eternidad tuve el principado, desde el principio, antes que la tierra» (Prov 8, 22-23). La Sabiduría que aparece en la cita bíblica sería la primera creación de Dios, su «obra maestra», a partir de la cual se originaría el proceso transformador que conduciría a la Piedra filosofal, fin último de todo lo creado, el alfa y el omega del Apocalipsis.

Una miniatura de la *Aurora consurgens* lo muestra con claridad **(figura 21b)**. Sobre un fondo negro, una dama de tez rojiza, coronada, y ataviada con un vestido azul, amamanta a dos sabios. Como una madre, ofrece su leche virginal a los adeptos y el alimento que ingieren es la propia sabiduría[91]. Así, la Primera Materia tan buscada por los alquimistas es una sustancia sabia, o, dicho de otro modo, una sustancia que contiene la sabiduría del Creador. El segundo emblema

---

[90] Cita textual de la *Aurora consurgens*, cf. B. Obrist, *Les débuts de l'imagerie alchimique, cit.*, pág. 253.

[91] M. Gabriele identifica esta figuración de la Sabiduría en otros modelos tardomedievales, cf. *Alchimia e Iconologia, cit.*, pág. 69. Los hermanos Böhme también se refieren a este tema: «Desde el siglo IX hay constancia iconográfica de la *Natura lactans*: sus pechos amamantan al género humano. El esquema también puede reproducirse en motivos cristianos: *Maria lactans*, o filosóficos: la *Philosophia lactans* dando el pecho a dos sabios. La alquimia desarrolla luego el pensamiento lucreciano de que *terra hominis nutrix est*, traduciéndolo a su propio esquema icónico», en *Fuego, Agua, Tierra, Aire, una historia cultural de los elementos*, Herder, Barcelona 1998, págs. 270 y 271 y nota 91. En cuanto a la relación entre la Sabiduría y el Alma del Mundo, cf. *Sophia et l'Âme du Monde* (Cahiers de l'Hermétisme), Albin Michel, París 1983. Y especialmente el trabajo de G. Javary, «L'Âme du Monde chez les kabbalistes chrétiens de la Renaissance. De la Chekhina a l'Église», págs. 127-144, y el de P. Deghaye, «La Sagesse dans l'œuvre de Jacob Boehme», págs. 194-195.

de la *Atalanta fugiens* de Maier (**figura 10b**) desarrolla la misma idea; en el lema se lee: «Su nodriza es la tierra», y en el epigrama se aclara que, si Rómulo se alimentó de una loba y Júpiter de una cabra, «¿qué tiene de extraño que nosotros [los alquimistas] digamos que la tierra nutrió con su leche a la tierna prole de los sabios?»[92].

En opinión de los alquimistas, la creación surge de la tierra sin intervención del Creador. Y en esta idea se basaron para desarrollar su particular cosmología, que no contradecía las santas Escrituras, sino que se apoyaba en ellas. No debemos olvidar, como ya se indicó en el capítulo precedente, que lo que entienden como lo creado sería la santa naturaleza, es decir, la interioridad pura y no la exterioridad excremental, pues están hablando de un vaso sellado herméticamente. El alimento que la madre tierra proporciona es una leche virginal que nutre y a la vez enseña. El orden del Alma del Mundo está concentrado en una materia líquida que, según explica Maier, «es la nodriza del cielo», y que además da medida al infinito:

> Es la nodriza del cielo, nodriza que no disuelve, ni lava, ni humedece el feto, sino que lo coagula, lo fija y lo colorea, lo cambia en jugo y en sangre pura. Pues la nutrición comprende el aumento en longitud, anchura y profundidad, es decir, lo que se extiende siguiendo todas las dimensiones del cuerpo[93].

La semilla alimentada e instruida con esta leche virginal se convertirá en un potente árbol de vida. Por eso cantó el rey Salomón: «Porque la Sabiduría es mejor que las perlas; nada de lo que desees podrá compararse con ella» (Prov 8, 11).

No es de extrañar, pues, que los escritos alquímicos sean una apología de esta Sabiduría original o Primera Materia, ni tampoco que el imam Alí llamara a la alquimia «la hermana de la profecía»[94], pues ambas, la alquimia y la profecía, la conocen, la poseen y la manifiestan. El autor anónimo de la *Aurora consurgens* expone una y otra vez qué es y cómo está hecha esta Sabiduría. Para finalizar este apartado,

---

[92] M. Maier, *Atalante fugitive*, cit., pág. 17.
[93] Ibídem, pág. 68.
[94] Cf. H. Corbin, *Le livre des sept Statues*, L'Herne, París 1981, págs. 33 y ss.

quisiéramos señalar lo que se explica en la *Aurora consurgens* respecto a la unión de la Sabiduría con el hombre: «Es un don, un sacramento de Dios, es algo divino que las palabras simbólicas de los sabios ocultan de mil maneras»[95].

---

[95] *Aurora consurgens*, Índigo, Barcelona, págs. 25 y 26.

5. Símbolos cristianos

A partir de las consideraciones que alertan sobre los distintos sentidos de los nombres que dicen la Primera Materia, se entiende que los símbolos alquímicos sean tan ilimitados que lleguen a desanimar al investigador más entusiasta a la hora de emprender cualquier sistematización. El conjunto del universo y sus relaciones se han convertido en continuas imágenes de la Primera Materia, el medio para unir lo fijo con lo volátil, el cielo con la tierra o el espíritu con la materia. Dichas imágenes, creadas por el ingenio[96], se han estudiado como pertenecientes a un determinado estilo artístico, en este caso, al Barroco. Los emblemas alquímicos se han incorporado incluso al género de la emblemática. Sin embargo, los símbolos alquímicos trascienden cualquier estilo. La emblemática del siglo XVII se une al pensamiento propio del cristianismo, gracias al gusto por la imaginería comparativa. Mario Praz lo resume con las palabras siguientes: «emblemática era la mentalidad de los primeros cristianos, con sus conocidos símbolos, y la de la Edad Media, con sus bestiarios, lapidarios y alegorías»[97].

En 1758, poco más de un siglo después de la aparición de los grandes tratados de emblemática alquímica, Dom Antoine-Joseph Pernety publicó su célebre *Dictionnaire mytho-hermétique*. Este monje benedictino de la congregación de Saint-Maur explicó, ordenándolas alfabéticamente, «las alegorías fabulosas de los poetas, las metáforas, los enigmas y los términos bárbaros de los filósofos herméticos»[98].

---

[96] Cf., p. e., S. Klossowski de Rola, *El Juego Áureo. Grabados alquímicos del siglo XVII*, Siruela, Madrid 1988, págs. 10-23.

[97] M. Praz, *Imágenes del Barroco (Estudios de emblemática)*, Siruela, Madrid 1989, pág. 16.

[98] Título completo traducido: *Diccionario mito-hermético en el cual se encuentran*

En la época de Pernety, la tradición alquímica seguía un rumbo distinto al que se habría pretendido a principios del siglo XVII. Los comentarios de este autor son interesantes en la medida en que compilan las enseñanzas de los textos clásicos, que el benedictino conocía bien, pero sus obras, en vez de ser tratados *de* alquimia, serían más bien tratados *sobre* alquimia[99]. Aquí las utilizaremos en este último sentido, pues Pernety pone a disposición del lector toda la información que ha podido recoger y es, precisamente a partir de dicha información, como puede comprobarse la ingente cantidad de nombres que en alquimia dicen la Primera Materia[100].

Así, Pernety dedica muchas páginas a la voz «materia», entre ellas aparece una lista de seiscientos setenta y un nombres, que presenta con las siguientes palabras:

> He aquí una parte de los nombres que los filósofos herméticos han dado a su materia. La mayoría de ellos están explicados en este diccionario, porque, según Morieno y Ramon Llull, en la inteligencia de estos nombres tan distintos de una misma cosa consiste todo el secreto del arte. Algunos provienen del griego, otros del hebreo, algunos de la lengua árabe, muchos del latín y del francés.

---

explicadas las alegorías fabulosas de los poetas, las metáforas, los enigmas y los términos bárbaros de los filósofos herméticos. Edición facsímil del original (Bauche, París 1758) realizada por Archè, Milán 1980.

[99] En 1742, pocos años antes de la publicación del *Dictionnaire mytho-hermétique* de Pernety por la librería Bauche de París, en una librería cercana, la de Coustelier, N. Lenglet du Fresnoy editó la *Histoire de la Philosophie Hermétique*. Se trata de la primera sistematización cronológica de la alquimia desde el exterior, sin ningún vínculo con la experiencia; Lenglet du Fresnoy escribió al terminar el prefacio: «Que nadie crea que, en todo lo que cuento de histórico, pretendo asegurar la verdad de la ciencia hermética: hablo como historiador, no como filósofo; doy cuenta de lo que he leído y no de lo que he practicado» (tomo I, pág. XVI).

[100] Cf. el *Lexicon alchemiae* de M. Rulandus de 1612 (traducido como: *Diccionario de alquimia*, MRA, Barcelona 2001); en la voz *Materia Prima*, aparece una lista de cincuenta nombres con sus comentarios.

Antes, al tratar acerca de la voz «lenguaje», Pernety advierte sobre los distintos códigos usados por los adeptos, tanto por lo que respecta a las operaciones alquímicas como a sus nombres:

> Los filósofos no expresan el sentido verdadero de sus pensamientos en lengua vulgar [...] hablan por enigmas, metáforas, alegorías, fábulas, similitudes, y cada filósofo las utiliza según como le afectan. Un adepto químico explica sus operaciones filosóficas en términos tomados de la química vulgar, habla de destilaciones, sublimaciones, calcinaciones, circulaciones, etc., de hornos y de fuegos usados por los químicos, como han hecho Geber, Paracelso, etc. Un hombre de guerra habla de asaltos, de batallas, como lo hizo Zacarías. Un hombre de Iglesia habla en términos morales, como Basilio Valentin en su *Azoth*.

Se ha dicho que la filosofía hermética tiene una historia tan antigua como la de la propia humanidad, y seguramente ello se debe a que el conocimiento de la Primera Materia no puede separarse de la experiencia de lo santo. No obstante, la universalidad de la alquimia tampoco puede separarse de los contextos particulares en los que se ha manifestado. Es más, estamos convencidos de que profundizar en las contingencias históricas nos permitirá reconocer el porqué de la universalidad del misterio de la alquimia. Aquí nos centraremos en la alquimia que floreció en medio de las tensiones del cristianismo en la Europa moderna. Ahora bien, también debemos señalar que no pretendemos referirnos a una alquimia cristiana, sino a la alquimia que practicaron los cristianos europeos[101].

---

[101] Para esta diferencia, cf. J. Peradejordi, «Esoterismo cristiano y cristianismo esotérico», en: *Sobre esoterismo cristiano* (La Puerta), Obelisco, Barcelona 1990, págs. 34-36, donde el autor sintetiza las ideas básicas de R. Guénon sobre el tema, que podríamos resumir del modo siguiente: en el siglo XIX, los secretos propios del esoterismo de la tradición cristiana habían llegado a confundirse con cierto *cristianismo esotérico*, pero no había sido así en la época de Maier y de los primeros rosacruces. Pretender un *cristianismo esotérico* sería como formular una pseudorreligión, como, por ejemplo, la propugnada por la Sociedad Teosófica de Blavatsky; sin embargo la *prisca theologia* y la *philosophia perennis* postulaban todo lo contrario. Para los alquimistas de la Europa moderna, el lugar común de los modos del espíritu era el

Los símbolos que reunió el Renacimiento del siglo XV, hasta crear el llamado «corpus iconográfico de la alquimia», provienen de tradiciones muy diversas, aunque siempre ancladas en el propio devenir del mundo medieval. Así, proceden del mundo grecorromano, de la cábala judía, o del sufismo islámico, del reencuentro con Bizancio y, finalmente, del continuo fluir de los símbolos precristianos. Pero ¿cómo y bajo qué pretexto se pudieron relacionar universos imaginarios tan dispares?

Desde sus orígenes, el cristianismo fue capaz de integrar los sustratos culturales con los que se encontró, de manera que la revelación judía de Jesús de Nazaret logró enraizarse en la civilización grecorromana con aparente naturalidad, seguramente gracias al genio de san Pablo. La idea central que favoreció dicha integración fue la misma que permitió su separación del judaísmo, es decir, de la tradición espiritual del propio Jesús.

A pesar de ciertas reticencias en sus comienzos, el cristianismo mantuvo en su Libro, de nuevo revelado, el testimonio de los antiguos profetas de Israel. La división incluyente del Antiguo y Nuevo Testamento en un único corpus fue decisiva en la formación del carácter particular de la cristiandad[102]. Abraham, Moisés, David, Isaías, etcétera, anuncian la venida del Mesías en el hijo de María. El pueblo hebreo esperaba al Mesías, a Cristo según la tradición griega, y sus enseñanzas solo tenían sentido en la medida en que preparaban su advenimiento definitivo. El Antiguo Testamento puede enseñarse comparativamente, como si se tratara de una alegoría del Nuevo Testamento. Según la exégesis cristiana, la historia del pueblo de Israel o las palabras que pronuncian sus protagonistas nunca son verdades *per se*, sino en la medida en que ejemplifican el nacimiento, la pasión y la resurrección de Jesucristo.

argumento para reafirmar la divinidad de Jesucristo. Hurgar en la magia antigua, en la mitología, la cábala, etc., tenía como única finalidad la de *ser cristianos*, aun a costa de enfrentamientos con el cristianismo exterior.

[102] Cf. J. Trebolle Barrera, *La Biblia judía y la Biblia cristiana. Introducción a la historia de la Biblia*, Trotta, Madrid 1998, págs. 590-595. Para una reflexión filosófica del tema, cf. G. Scholem, *La Cábala y su simbolismo*, Siglo XXI, Madrid 1979, especialmente el capítulo primero: «La autoridad religiosa y la mística».

En la Edad Media europea existieron interesantes referencias iconográficas que comparaban el Antiguo Testamento con el Nuevo. Señalemos una de las más importantes: se trata de la llamada *Biblia pauperum*[103], manual compilado hacia mediados del siglo XIII por un autor anónimo, que tuvo una edición xilográfica hacia 1460 y de la que se hicieron innumerables réplicas en Europa central. Bajo el pretexto de enseñar por medio de imágenes a quienes no sabían leer (los pobres), los misterios de la palabra y de la vida de Cristo se relacionan sistemáticamente con pasajes del Antiguo Testamento. De esta manera se explicaban los misterios del Mesías gracias a las representaciones de la antigua revelación, sin ceder en el carácter excluyente de la existencia de un único Hijo de Dios. La justificación de la imaginería figurativa del cristianismo, centrada en el nacimiento del Hijo de Dios entre los hombres, a menudo se sobrepone a las posibles comparaciones con las figuraciones de aquello que prepara el advenimiento único, y que podría resumirse como el misterio mariano. En cambio, la alquimia incide en este último particular, lo que permite desarrollar hasta el infinito la relación entre la Primera Materia y la Virgen oculta.

No es posible extenderse aquí sobre la *Biblia pauperum*, aunque no podemos dejar de mencionar un ejemplo, quizá paradigmático. La escena **(figura 22)** del soldado abriendo con su lanza el costado de Jesucristo en la cruz, de cuya herida salió «al instante sangre y agua» (Jn 19, 34), se compara con el nacimiento de Eva del costado de Adán (cf. Gn 2, 21) y, también, con el momento en que Moisés hace brotar agua de la roca de Meribá (Ex 17, 6). Ante estos ejemplos no podemos dejar de preguntarnos: ¿es posible que los iletrados comprendieran el motivo de tales relaciones? La asociación con la roca de Meribá procede de san Pablo: «Todos bebieron la misma bebida espiritual, porque bebían de la roca espiritual que los seguía; y la roca era Cristo» (I Cor 10, 4). ¿Pero de dónde puede inducirse que la salida del agua y el fluir de la sangre de Cristo en la cruz serían lo mismo que el nacimiento de Eva? Estamos convencidos de que, en este caso, más que de una relación textual, se trata de una hermenéutica, pues la vida (Eva, cuyo nombre significa «vida») que surge del costado del

---

[103] Cf. *Biblia pauperum. Facsimile edition...*, Avril Henry, Londres 1987.

hombre podría relacionarse con la sangre y el agua vivas que brotan del cuerpo crucificado. De todos modos la analogía no es ni mucho menos simple. Charles Moeller, haciéndose eco de esta hermenéutica, escribió:

> El gesto del soldado abriendo el costado de Jesús muerto en la cruz hace que nazca la Iglesia, la Nueva Eva, nacida del costado del Nuevo Adán, dormido en la cruz. En esta hora de su muerte, que es también su hora, la hora de su glorificación, Jesús puede comunicar el Espíritu Santo (Jn 7, 39). El agua que brota de su corazón simboliza al Espíritu. Bautizada en la sangre de Jesús y animada por el Espíritu Santo, la Iglesia recibe en sí la vida del Señor resucitado[104].

En uno de los primeros manuscritos alquímicos iluminados que se han conservado, titulado *Buch der heiligen Dreifältigkeit*, de principios del siglo XV, se muestra a una mujer serpiente que hiere con una lanza el costado de Adán en presencia de Eva **(figura 23)**. Con relación a esta imagen, Mino Gabriele hizo el siguiente comentario:

> El singular aspecto del monstruo mercurial (la cola serpentina y espiriforme mientras que la parte superior, el busto, los brazos y la cabeza coronada son humanos) no parece conducirnos, como lo señalan Obrist y Van Lennep, a la imagen de la serpiente Chnubis [...]. Creemos al contrario que esta imagen monstruosa [...] deriva, quizá indirectamente, de la figuración medieval de la serpiente tentadora del Génesis y del episodio del pecado original. Pero veamos las razones iconológicas completas de esta afirmación nuestra.
> En la Europa del s. XIII, la iconografía del pecado de los progenitores bíblicos se difunde a través de una escena en la que la bestia tentadora, anteriormente representada por entero como una serpiente, se representa con el cuerpo de semejanza humana [...]. La iconografía de la serpiente demonio que atraviesa a Adán con la lanza es deudora de la exigencia de ilustrar el pasaje del *Libro de la Santa Trinidad [Buch der heiligen Dreifältigkeit]* en el que se habla de

---

[104] C. Moeller, *Literatura del siglo XX y cristianismo*, Gredos, Madrid 1960, tomo IV, pág. 595.

la muerte de los metales impuros, martirio que después permite su adquisición de la áurea y eterna pureza, y que se relaciona con el sufrimiento de Cristo, que «muere» en la cruz con su parte «impura» —el cuerpo humano— y que al fin resucita inmortal, con la parte pura y divina[105].

Mylius representa la escena citada con la siguiente inscripción: «Del alma proceden el comienzo y el movimiento inicial y todo cuanto ocurre. Del cuerpo procede la ejecución». Según los textos alquímicos, el mercurio sería el origen de todo, y en este sentido se dice que es universal, pero sin la encarnación o fijación en la cruz le es imposible pasar de la potencia al acto. El sacrificio del Hijo sería pues lo que permite la manifestación del espíritu oculto en la materia y, por consiguiente, su sublimación.

En la emblemática del siglo XVII, se eliminará casi completamente la iconografía evangélica, que será sustituida por temas mitológicos o alegorías muy elaboradas. Así, por ejemplo, en la *Atalanta fugiens*, el muerto ya no es Jesucristo, sino Osiris o Adonis o, simplemente, el rey **(figura 10g)**. Las coyunturas religiosas, políticas y sociales no aconsejaban la insistencia acerca de los vínculos existentes entre la fe de la religión exterior y el misterio de la encarnación divina en la Primera Materia. Sin embargo se mantuvo el mismo proceder, puesto que, ya desde sus orígenes, el concepto de tradición precursora que el cristianismo primitivo concedió al judaísmo también se trasladó a otras tradiciones. Un ejemplo paradigmático de ello se encuentra en las *Bucólicas*, que Virgilio escribió pocos años antes del nacimiento de Jesucristo, y que se consideraron casi como textos de un profeta veterotestamentario debido, principalmente, a la famosa cuarta bucólica en la que se anuncia el retorno a la Edad de Oro, algo que los cristianos consideraron como una profecía respecto al nacimiento de Cristo.

Durante el Renacimiento del siglo XV, los temas clásicos se incorporaron abiertamente al universo imaginario cristiano pero siempre bajo el mismo pretexto de la venida de Cristo. Las imágenes procedentes del paganismo, y principalmente de los temas mitológicos, se integraron en la iconografía moderna siguiendo el razonamiento pri-

---

[105] M. Gabriele, *Alchimia e Iconologia*, cit., pág. 85.

mitivo que permitía relacionar los dos Testamentos. De esta manera, las enseñanzas de Moisés y Salomón se complementaron con la filosofía de Hermes Trimegisto, los jeroglíficos egipcios, la poesía latina, los mitos griegos, el pitagorismo, etcétera, y los alquimistas utilizaron el conjunto de estos símbolos tradicionales para describir aquel *algo*, comienzo de la realización de la Piedra de los filósofos.

Dejando aparte las relaciones que vinculan a la Piedra filosofal con la propia figura del Hijo de Dios, y que han sido motivo de demasiadas disputas a lo largo de la historia, nos interesaría señalar cómo las imágenes simbólicas de las distintas tradiciones convergen para describir «la tierra del ángel», capaz de preparar y albergar tanto la primera venida de Cristo como, y principalmente, su retorno triunfal. Ya hemos comentado que en la filosofía alquímica de la Europa moderna subyace el convencimiento interior de la inmediatez de la parusía y del reino del Espíritu Santo[106].

Evocando los frescos que Miguel Ángel pintó en la Capilla Sixtina, quizá pueda explicarse mejor el sentir de los renacentistas y su agradecimiento a quienes anunciaron y prepararon el advenimiento de Jesucristo. En el techo de dicha capilla, los antiguos profetas de Israel se unen a las sibilas romanas, pues desde ambas tradiciones se aguarda el milagro del hombre-Dios, y deberíamos añadir que las imágenes alquímicas surgieron a partir de este reconocimiento.

Hay un libro, formado básicamente por imágenes, que es ejemplar al respecto: se trata del titulado *Defensorium inviolatae virginitatis beatae Mariae*, escrito por el vienés Franz von Retz (1343-1427). Lo compone una cincuentena de ilustraciones que se refieren a aspectos de la naturaleza, la historia, la mitología, las leyendas, y también al Antiguo Testamento, con el propósito de probar la verdad del misterio marial. Cada imagen, impresa en el recto de la página, está explicada, en el correspondiente verso, por unas rimas cortas escritas en latín y alemán. Se basan en escritos de san Alberto Magno, de san Agustín y de Isidoro de Sevilla[107] **(figura 24)**.

---

[106] Cf. en R. Arola, *La cábala y la alquimia...*, *cit.*, el capítulo «El reino del Espíritu Santo. Elías-artista», págs. 227-235.

[107] Cf. *The Illustrated Bartsch*, Abaris Books, Nueva York 1985, tomo 87. Debe mencionarse también la *Biblia mariana* escrita por san Alberto Magno. En ella, cada

Pues bien, en el manuscrito alquímico anónimo más importante de la colección de Isaac Vossius que se conserva en la Universidad de Leiden, *De Alchimia* (c. 1526), se recogen todas y cada una de las alegorías de Franz von Retz[108]. Después de la representación de distintas escenas mitológicas, como la de Saturno vomitando a sus hijos, o Paris juzgando cuál es la más bella entre las diosas, se encuentra una página con distintos vasos alquímicos y, en la siguiente, comienzan los dibujos que prueban la virginidad de María, que, en el contexto alquímico, deberían leerse como ejemplos de la virginidad de la Primera Materia **(figura 25)**. También Pseudo-Llull alude a esta relación virginal[109].

La diversidad de relaciones no implica la dispersión de contenidos, antes al contrario, son distintas maneras de enseñar el único misterio. En los grabados del siglo XVII se utilizaron la mayoría de las propuestas de la *Defensorium inviolatae virginitatis beatae Mariae* pero ocultando la intención cristiana que las llenaba de significado[110].

Al considerar la teoría que fundamenta la alquimia nos damos cuenta de la verdad de las palabras de D'Hooghvorst que han abierto este ensayo, a saber, que «casi todos ignoramos tanto su finalidad como sus medios». Este desconocimiento ha originado continuas propuestas panteístas respecto a la alquimia, como si su hipótesis nada tuviera que ver con el núcleo revelado de las tradiciones espirituales, reduciéndose sus enseñanzas a las alegorías y las correspondencias simpáticas de la creación. Si los textos alquímicos clásicos insisten una y otra vez en la importancia de la Primera Materia, y con ello se introducen en los secretos naturales, eso no implica que olviden el advenimiento del único Hijo de Dios. Al contrario, cuanto más se profundice en el misterio mariano, más se conocerá el misterio crístico.

pasaje bíblico, tanto del Antiguo como del Nuevo Testamento, se explica desde la óptica del misterio mariano.

[108] Sobre este manuscrito y sus imágenes, cf. J. van Lennep, *Alchimie. Contribution à l'histoire de l'art alchimique*, cit., págs. 97-105.

[109] Cf. Pseudo-Raymond Lulle, *Le Testament*, cit., pág. 249.

[110] Algo semejante ocurrió cuando el editor del *Artis auriferae*, el protestante Waldkirch, expurgó el texto de la *Aurora consurgens*, porque creyó que deformaba el «sacrosanto misterio de la Encarnación y de la muerte de nuestro Señor Jesucristo» (*Artis auriferae*, Basilea 1593, tomo I, págs. 185-246).

Según los alquimistas cristianos, la Virgen María es el lugar santo donde se engendra el oro filosófico. Se trata de un lugar esencialmente distinto y separado del mundo profano. Sobre ello escribió, a finales del siglo XVII, san Louis Marie Grignion de Montfort:

> Dios creó un mundo para el hombre peregrino: es la tierra; un mundo para el hombre glorificado: es el cielo; un mundo para sí mismo: es María. Ella es un mundo desconocido para casi todos los mortales. Un misterio impenetrable para los mismos ángeles y santos del cielo que contemplan a Dios trascendente, lejano e inaccesible. ¡Feliz, una y mil veces en esta vida, aquel a quien el Espíritu Santo descubre el secreto de María para que lo conozca![111]

En la cita de Pernety que abría este capítulo, se decía lo siguiente con relación a los múltiples nombres de la Primera Materia: «en la inteligencia de estos nombres tan distintos de una misma cosa consiste todo el secreto del arte». De este modo, el benedictino apuntaba a los símbolos del símbolo de la alquimia. El conocimiento de los símbolos del lugar donde se produce la Obra alquímica posibilita la experiencia del símbolo que reúne el cielo con la tierra.

Podríamos glosar la tesis de Pernety diciendo que, al igual que sucede con los nombres, en la inteligencia de las imágenes alquímicas se esconde todo el secreto del arte. Especialmente en las imágenes de simbología mariana pues, en esta fase de la Gran Obra, prevalece la contemplación frente a la elocuencia. En la tradición cabalística se enseña que Dios se manifiesta a los hombres primero en visiones y después por medio de la palabra[112]. Según la hermenéutica cristiana,

---

[111] L. M. Grignion de Montfort, «El secreto de María», en: *Obras*, BAC, Madrid 1984, pág. 249.

[112] En el *Zohar* está escrito que Dios habla al hombre de dos maneras, en visión y en palabra, primero en visión y después en palabra: «"La palabra del señor fue hacia Abraham en una visión, para decir" (Gn 15, 1). Se pregunta: ¿Qué significa "en una visión"? Se responde: Esta visión es el grado donde se ven todas las formas. Rabí Simeón dijo: "Ven y ve: antes de que Abraham fuera circuncidado, no había más que un grado que hablara con él. ¿Y cuál era? La visión [es decir, la hembra], sobre la cual está escrito: '¿Quién verá la visión del Todopoderoso *[El Shadai]*?' (Nm 24,

las visiones corresponderían al misterio de María, y en la simbología alquímica, a los misterios de la Primera Materia. Solo cuando esta materia se haya corporificado y purificado, es decir, haya pasado del negro al blanco, podrá engendrar la Piedra filosofal y, con ella, la auténtica palabra profética.

Hay una serie de imágenes que puede ser de gran ayuda en el desarrollo de este particular. Se trata de las que aparecen en un anexo del *Opus medico-chymicum* de Johann Daniel Mylius[113], que se publicó con posterioridad a dicha obra. La primera edición de este extenso tratado sobre medicina espagírica y filosofía hermética apareció en 1618 sin estas figuras. En la edición de 1625 se añadieron diez páginas con ciento setenta emblemas **(figuras 26)**. Estas páginas, realmente excepcionales, son el compendio más exhaustivo de imaginería alquímica que pueda imaginarse, pues incluyen desde las imágenes de Constantinus hasta los emblemas de Maier. En 1625, Daniel Stolcius publicó la serie de grabados sin incluir el texto de Mylius, bajo el nombre de *Hortulus hermeticus*. Se trataba de un pequeño opúsculo para el que se dividieron las planchas grabadas en cuatro partes, de modo que a partir de las diez de origen se hicieron cuarenta páginas iluminadas. Cada una de ellas contenía cuatro imágenes a las que Stolcius añadió una reflexión poética. Esta obra es la que reproduce Jean-Jacques Manget en su *Bibliotheca chemica curiosa*[114], atribuyéndola en su totalidad a Stolcius e incorporando sus poemas, lo cual ha generado distintos equívocos. Sin embargo, aquí nos importa adoptar la perspectiva de Stolcius puesto que en este caso, como en el *Viridarium chymicum*, prioriza los símbolos.

Los emblemas del *Opus medico-chymicum* se conocen como los «Sellos de los filósofos» y están ordenados siguiendo una pretendida historia de la alquimia, que a su vez es una réplica de la historia de la humanidad. El primer personaje es, obviamente, Hermes Trimegisto, y el último, el propio Johann Daniel Mylius. Entre ellos se encuentran los autores más importantes que escribieron sobre el arte hermético, así como otros no identificados o anónimos. Su procedencia es

---

4). Pero una vez circunciso todos los demás grados se invistieron de este y habló con él"» (*Sefer ha-Zohar* I, 88b).

[113] J. D. Mylius, *Opus medico-chymicum*, Lucas Jennis, Fráncfort 1618.

[114] Cf. J. J. Manget, *Bibliotheca chemica curiosa*, cit., tomo II, págs. 895-904.

pagana, musulmana, judía y cristiana. Los más grandes filósofos alquímicos reunidos para enseñar la universalidad de las operaciones que conducen a la revelación concluyente, o parusía crística. El emblema dedicado al propio autor va acompañado del siguiente lema: «Johann Daniel Mylius de Wetter, anciano discípulo de la sabiduría filosófica», con el epígrafe siguiente: «Buscar los misterios elevados del magisterio, es meditar las vías divinas bajo los auspicios de Cristo». La imagen **(figura 26b)** representa al autor rezando ante una esfera armilar sostenida por un águila imperial, lo cual podría interpretarse como el universo fijado en lo más sublime de la creación. Sobre la esfera cósmica se ven las letras griegas alfa y omega, sugiriendo una lectura mesiánica del fin de los tiempos.

Las imágenes de la serie de Mylius crean un dédalo de minúsculos símbolos que describen los matices de la Gran Obra. Los universos ocultos se manifiestan en representaciones incomprensibles sin la ayuda de la luz de la naturaleza, que, a su vez, ellos mismos contienen. Niños asesinados, cuerpos descuartizados, corazones en la mano, fuentes mágicas, flechas celestes, espejos cósmicos, falos floridos, soles terrestres, montañas con ojos y ojos en los mares, luchas desiguales, seres incombustibles, animales fantásticos, andróginos alados, jardines ocultos, matraces con leones, águilas tricéfalas, dragones, parejas de reyes copulando, etcétera. Ante un panorama tan diverso no podemos dejar de mencionar la relación entre Proteo y la materia del arte alquímico, pues esta, como aquel, puede tomar todas las formas y figuras de la creación. D'Hooghvorst escribió lo siguiente sobre el multiforme dios marino:

> Es a él a quien encontramos en los cuentos mágicos operando todas las metamorfosis. Se transforma en cualquier cosa: león, serpiente, árbol, fuego. Se convierte en un adivino que lo revela todo a quien consigue cogerle en una trampa, tanto el pasado como el porvenir. Es el mercurio vulgar o «universal»[115].

Como Proteo, los símbolos alquímicos se multiplican indefinidamente en los detalles visuales, en los lemas y en los epigramas, pero

---

[115] E. d'Hooghvorst, *El hilo de Penélope*, cit., tomo I, pág. 33.

nunca pierden su coherencia, pues aun siendo tan heterogéneos, tan cercanos al sinsentido que luego recogió el surrealismo, explican una única cosa: qué es la Primera Materia y cómo se opera con ella. Nicolas Valois escribió las siguientes palabras que pueden servir como resumen de esta idea: «Deja a un lado la diversidad de palabras, pues todas estas cosas no son más que una sola operación»[116].

Es fácil deducir que cada sabio representado en los sellos del *Opus medico-chymicum* explicó el misterio de la alquimia a su manera. Como ya hemos apuntado, lo que uno silencia, el otro lo muestra, y viceversa; unos utilizan imágenes mitológicas, otros pasajes bíblicos, otros alegorías o esquemas geométricos, pero siempre se refieren a la misma operación, puesto que solamente existe una, aunque pueda incluir distintas fases. No podemos dejar de percibir en este proceder el mismo pretexto que permitió relacionar las escenas veterotestamentarias con las evangélicas en la *Biblia pauperum*.

Una de las características de la literatura alquímica es la ambivalencia del discurso, si puede hablarse de discurso como tal. Ha sido dicho y repetido que el orden de las operaciones descritas en los tratados alquímicos no es el pertinente, sino que aparecen desordenadas deliberadamente, y lo que debería estar al principio puede encontrarse al final o mezclado en medio de otras operaciones. De este modo, el discurso es solamente aparente y prevalece la fórmula de la repetición de las sentencias de los antiguos sin pretender respetar un orden. Se trata de fragmentos clásicos reunidos en un discurso que, en sí mismo, no tiene valor, pues cada fragmento contiene el conjunto, es decir, es su propio principio y su propio fin, como sucede con las imágenes. En los sellos del *Opus medico-chymicum* no existe ningún orden procesal, sino que se entremezclan las distintas series que concurren. Los grabados recogen imágenes procedentes del *Rosarium philosophorum*, del *Buch der heiligen Dreifältigkeit*, del *Splendor solis*, de la *Aurora consurgens*, del *Azoth philosophorum*, y también otras extraídas de las obras de Maier, la *Atalanta fugiens* y los *Symbola aureae mensae*, obra a la que nos referiremos a continuación. En definitiva, los emblemas de Mylius y Stolcius son el compendio más completo de la imaginería alquímica y con esa intención fueron

---

[116] N. Valois, *Los cinco libros*, cit., pág. 69.

realizados, para mostrar el valor de los símbolos visuales junto al de los aforismos.

Antes ya mencionamos que los sellos del *Opus medico-chymicum* eran una prolongación de la *Philosophia reformata* de Mylius, convertida a su vez en un libro de emblemas, el *Viridarium chymicum*, por el mismo Stolcius. Ahora debemos manifestar que ambas obras son una continuación natural de la *Atalanta fugiens* de Maier; este conocido personaje, gran maestro rosacruz, fue un genio recopilador de las enseñanzas de los antiguos al ordenarlas por temas mitológicos en los *Arcana arcanissima*, por personajes históricos en los *Symbola aureae mensae* y por emblemas en la *Atalanta fugiens*.

En las obras de Maier, Mylius y Stolcius, lo nuevo y lo antiguo confluyen en el conocimiento alquímico, pues dichos autores consideraban que el mismo misterio se había actualizado una y otra vez a lo largo de la historia de la humanidad. Tal era la consecuencia del afán reformador de los movimientos afines a los rosacruces. La obra que pretende desarrollar la *historia* de la alquimia, los *Symbola aureae mensae*, Maier la subtitula del modo siguiente: *Símbolos de la mesa áurea de las doce naciones. Es decir, la fiesta hermética o de Mercurio, celebrada conjuntamente por doce héroes en virtud de la costumbre, la sabiduría y la autoridad del arte de la química, [...] para restituir a los Artistas el honor y la fama debidos a sus merecimientos; donde se demuestran la permanencia del Arte y su invicta veracidad*[117].

Según el pensamiento de los alquimistas paracelsianos, como el propio Maier, quienes experimentaran la Obra alquímica, el *Opus Dei* por excelencia, participarían de su «invicta veracidad». Al referirse a Hermes Trimegisto, Maier comenta que «todas las naciones del mundo contemplan con agrado»[118] al fundador de la alquimia, pues a partir de él la tierra de bendición se había transmitido de mano en mano hasta los rosacruces.

Los nombres de esta cadena iniciática jamás hubieran debido hacerse públicos, pues eran el depósito secreto de la iglesia interior. Dicho de otro modo, formaban parte del esoterismo que aunaba las di-

---

[117] M. Maier, *Symbola aureae mensae duodecim nationum*, Lucas Jennis, Fráncfort 1617.

[118] Ibídem, pág. 23.

ferencias exteriores, pero que no debía manifestarse «exteriormente», para no destruir la savia viva transmitida desde Hermes Trimegisto.

El que, a principios del siglo XVII, los rosacruces expusieran públicamente la existencia de la verdad original, fue el resultado de la propia dinámica de la espiritualidad europea, que estaba siendo atacada y desterrada por un afán racionalista y empírico totalmente excluyente. Las consecuencias de esta acción pueden verse en el conjunto de luces y sombras que ha llegado hasta nuestros días bajo las formas diversas de masonería, sociedades teosóficas, ocultismos, espiritismos, etc.

6. Caracteres y figuras enigmáticos

A principios del siglo XVII, las imágenes se convirtieron en un lenguaje muy utilizado en los tratados de alquimia, una disciplina que se mostraba así poco proclive a las deducciones reflexivas, algo que el profesor Frank Greiner ha denominado «voluntad antirretórica»[119]. Tal como antaño hicieran los antiguos egipcios con sus jeroglíficos[120], los enigmas visuales debían permitir e impulsar el pensamiento inductivo y el uso de las analogías para expresar los misterios de la ciencia de Dios.

Las empresas o los emblemas alquímicos forman parte del anhelo renacentista de dar a conocer a la humanidad la existencia de la luz de la naturaleza oculta en la interioridad de la creación. Y eso lo veían posible gracias al convencimiento de que existía un cierto vínculo entre las artes visuales y la magia. El arte del Renacimiento no era ajeno a la magia. En su estudio sobre Giordano Bruno, la profesora

---

[119] Cf. «Art du feu, art du secret», en: *Aspects de la tradition alchimique au XVIIe siècle, cit.*, págs. 210 y ss.

[120] Siguiendo a los antiguos, Ficino argumentaba: «Los sacerdotes egipcios, al querer traducir los misterios divinos, no utilizaban los pequeños signos del alfabeto, sino figuras completas de hierbas, de árboles, de animales; ya que Dios no posee el conocimiento de las cosas como un discurso múltiple que a ellas se refiera, sino como una cosa simple y estable. Su discurso del tiempo es múltiple y móvil, y dice que el tiempo es rápido y que por una suerte de revolución une el fin con el comienzo, que enseña la prudencia, que produce y anula las cosas. El egipcio resume todo este discurso en una figura única y estable, al pintar una serpiente alada que introduce la cola en su boca. Y lo mismo puede decirse de las demás figuras que describe el Horapolon» (citado por J. M. González de Zárate en la introducción a la *Hieroglyphica* de Horapolo, Akal, Madrid 1991, pág. 23).

Yates percibió la profunda relación entre el arte y la magia que se dio en el Renacimiento y llegó a conclusiones como la siguiente: «Los magos reales del Renacimiento fueron los artistas. Un Donatello o un Miguel Ángel, que supieron infundir, gracias a su excelso arte, la vida divina en sus estatuas»[121]. Durante los siglos XV, XVI y parte del XVII, la estética complementó a la magia. Y debido a esta complementariedad será posible ahondar en el simbolismo alquímico, pues, según este vínculo, sus formas deberían participar de la realidad de la Primera Materia, con independencia del lenguaje y el pensamiento racional[122].

Pero para los detractores de la alquimia, que a principios del siglo XVII ya eran muchos, el arte simbólico que llenaba los libros alquímicos reflejaba simples supersticiones fraudulentas carentes de interés, al igual que, según ellos, sucedía con la magia, la cábala, la mitología, etcétera.

Al estudiar aquella época, es difícil hallar un punto de encuentro entre los defensores de la alquimia y quienes la atacaban, y tales extremos no dejan de expresar una confrontación directa entre dos maneras de pensar y comprender la realidad. Los alquimistas proponían la ciencia de Dios frente a un positivismo que solamente se guiaba por la ciencia de los hombres. Pero la historia es la historia, y no puede negarse que los detractores de la alquimia impusieron su visión del mundo, mientras que los amantes de esta ciencia, al tiempo que publicaban una cantidad ingente de obras, se ocultaron, quizá para escapar de los ataques pavorosos de quienes proponían una ciencia separada del «temor de Dios».

Los verdaderos alquimistas de principios del siglo XVII se apartaron voluntariamente de las disputas inútiles. El mejor ejemplo de

---

[121] F. Yates, *Giordano Bruno y la tradición hermética*, Ariel, Barcelona 1983, pág. 127.

[122] Tal como hicieron los eruditos renacentistas para validar sus opiniones, nosotros también acudimos al neoplatonismo; escribió Jámblico: «No es nuestro pensamiento el que opera estos actos [teúrgicos o mágicos]; su eficacia sería entonces intelectual y dependería de nosotros, y ni una cosa ni otra son verdaderas; sin que nos demos cuenta de ello, son, en efecto, los propios signos, por sí mismos, quienes operan su propia obra, y el inefable poder de los dioses a quienes conciernen estos signos reconoce sus propias copias sin necesidad de ser despertado por nuestro pensamiento» (*Les Mystères d'Egypte*, Les Belles Lettres, París, pág. 62).

este sigilo fueron los hermanos de la fraternidad rosacruz, quienes se llamaban a sí mismos «invisibles», pues creían que su Obra se desarrollaba con independencia del devenir histórico y provisional. Así, si bien publicaron sus manifiestos, sus autores se escondieron «bajo la sombra de las alas del Señor».

Una consecuencia de lo que acabamos de explicar fue la tendencia casi unánime a considerar a los autores de los textos alquímicos como meros instrumentos del querer de Dios y, por consiguiente, sin interés por sí mismos. Los fenómenos de anonimato y falsificación de identidades en la autoría de las obras publicadas que se dan en el primer cuarto del siglo XVII son de tal magnitud, y se revisten con tantos matices intelectuales y emotivos, que merecen tenerse en cuenta.

Multitud de textos se atribuyeron a Ramon Llull o Arnau de Vilanova, lo cual es totalmente inverosímil, otros se publicaron bajo el nombre de figuras legendarias, como Basilio Valentin, Nicolas Flamel, o Christian Rosenkreutz. Sus leyendas quizá posean un fundamento real, pero, en el fondo, eso no es relevante. Lo más probable es que bajo estos nombres se escondieran cenáculos iniciáticos, que divulgaron sus secretos en el gran canto del cisne previo al cisma entre esoterismo y exoterismo que conocerá la Europa contemporánea.

Como es lógico, los símbolos de la alquimia estaban vinculados a las sociedades secretas donde se transmitían los misterios más recónditos del arte alquímico. Según la tradición que en ellas se mantenía, los maestros o adeptos que poseían la Primera Materia de la Gran Obra la entregaban a su discípulo, su hijo filosófico, como muestra la actitud del Pseudo-Llull en su *Testamentum*, en el que continuamente se dirige a su hijo. Este, a su vez, debía transmitirla al suyo, creándose así la cadena tradicional, la *aurea catena*, que tanto Maier en sus *Symbola aureae mensae duodecim nationum*, como Mylius en los sellos de los filósofos del *Opus medico-chymicum*, representaron. Pues, como aparece escrito en un texto anónimo perteneciente a la escuela paracelsiana: «Los filósofos solo se han dirigido a sus hijos, a los hijos de la doctrina y de la sabiduría, aquellos que conocen la luz de la naturaleza, los únicos que pueden extraer una enseñanza de sus escritos»[123].

---

[123] «De la lumière de la nature», en: B. Gorceix, *Alchimie. Traités allemands du XVIe siècle*, Fayard, París 1980, pág. 179. Respecto al significado de la tradición y

Una luz, la de la naturaleza, que, según continúa explicando el mismo autor, es la que debe guiar al discípulo: «Si queremos orientar útilmente el estudio de la filosofía secreta, debemos esforzarnos en reconocer y aprender la luz de la naturaleza, pues ella es la que nos abre los ojos y nos permite ver la naturaleza invisible y oculta como si fuera visible y manifiesta»[124].

Como, hasta la época que nos ocupa, estas sociedades fueron secretas en el estricto sentido de la palabra, muy poco o nada se sabe de ellas[125]. A partir de los manifiestos rosacruces, su destino varió y, según la leyenda, los adeptos auténticos se marcharon de Europa[126].

Teofrasto Paracelso, el médico errante que debería situarse con todos los honores en esta cadena de sabios, escribió lo siguiente sobre ellos:

> Hombres así irradian rayos llameantes: en sus operaciones son semejantes al fuego. Como nada se resiste al fuego que todo lo consume,

del objeto que se transmite, cf. E. d'Hooghvorst cuando escribe: «Toda tradición religiosa o filosófica supone, para permanecer viva, la transmisión del misterio que constituye su fundamento. Es el sentido mismo de la palabra "tradición", del latín *tradere*, "transmitir de mano en mano". El objeto de dicha transmisión debe ser necesariamente el mismo en todo tiempo y lugar, pues la verdad permanece eternamente, en todas partes y siempre, la misma. Aquellos que poseen y guardan este objeto lo expresan por medio de imágenes que pueden ser muy distintas según el tiempo y el lugar, pero que son imágenes fidedignas. Así, los vestidos pueden ser numerosos y diversos, sin que por ello dejen de ser ajustados, permitiendo adivinar el cuerpo inmutable de una verdad que no se entrega más que a aquel a quien es dada en esponsales» (*El hilo de Penélope*, cit., tomo I, pág. 315).

[124] ««De la lumière de la nature», en: B. Gorceix, *Alchimie. Traités allemands du XVIe siècle*, cit., pág. 173.

[125] Algunos de los documentos más importantes relacionados con la Masonería son los conocidos Antiguos Deberes *(Old Charges)*, principalmente los manuscritos de *Regius* y de *Cooke* (c. 1390 y 1410, respectivamente); para profundizar en el tema, cf. los distintos artículos dedicados a estos manuscritos de los *Travaux de la Loge Nationale de Recherche «Villard de Honnecourt»*, Neuilly, publicados por la GLNF.

[126] Cf. R. Arola, *La cábala y la alquimia...*, cit., capítulo: «La fraternidad invisible. Christian Rosenkreutz», págs. 215-225.

nada se resiste a hombres como estos. Lo volatilizan y consumen todo, tanto en el infierno como sobre la tierra. Las llaves del reino de los cielos están cerca de ellos. Junto a ellos están la remisión, la bendición. En ellos brilla la luz del mundo, de ellos proceden la vía y la verdad. Por ellos se generan los apóstoles y los santos. Todo esto se realiza en el cuerpo de la nueva generación y no en la adánica, que no sirve para nada[127].

En Francia se recibieron con expectación no exenta de controversia los manifiestos rosacruces provenientes de círculo de Tubinga. Un día del verano de 1623, París despertó lleno de carteles que anunciaban la existencia de la Fraternidad Rosacruz y que terminaban con la famosa y enigmática afirmación: «No damos la dirección de nuestra morada, ya que los pensamientos unidos a la voluntad real del lector serán capaces de hacer que nos conozca y que le conozcamos»[128].

En aquel mismo año se publicó en París un volumen conteniendo dos títulos: el *Enchiridion Physicae restitutae* y el *Arcanum Hermeticae Philosophiae Opus*[129], en la portada se especificaba que ambos opúsculos pertenecían a un autor anónimo. Sin embargo, desde finales del siglo XVII hasta la actualidad, se han venido publicando bajo el nombre de Jean d'Espagnet. Un asombroso ingenio estableció la autoría. En la portada, bajo la afirmación «autor anónimo», se encuentran dos frases en latín; en la primera está escrito: *Spes mea est in Agno* («Mi esperanza está en el cordero»), y en la segunda: *Penes nos unda Tagi* («Cercana a nosotros, el agua del Tajo»). Tomando ocho de las

---

[127] Citado por E. d'Hooghvorst en *El hilo de Penélope, cit.*, tomo II, pág. 85.

[128] Sobre las distintas versiones de estos pasquines, cf. D. Kahn, «The Rosicrucian Hoax in France (1623-24)», en: W. Newman y A. Grafton (eds.), *Secrets of Nature. Astrology and Alchemy in Early Modern Europe*, MIT Press, Londres 2001.

[129] «Arcanum Hermeticae Philosophiae Opus» y «Enchiridion Physicae restitutae», en: J. J. Manget, *Bibliotheca chemica curiosa, cit.*, tomo II, págs. 626 y 649 respectivamente. A falta de un trabajo más exhaustivo, la historia-leyenda de D'Espagnet relata que nació en Saint-Emilion, provincia de Burdeos, a mitad del s. XVI. Inició su carrera política en 1600, siendo elegido presidente del Parlamento de Burdeos. En 1609, fue comisionado para investigar la epidemia de brujería en el Labourd (Zuberoa).

dieciséis letras de cada sentencia y combinándolas aparece el nombre de E-S-P-A-G-N-E-T. Con catorce de las letras restantes se puede componer la frase: *Deus omnia in nos*. Sobran dos letras, una A y una S, las cuales no son motivo de comentario.

PENES NOS UNDA TAGI
SPES MEA EST IN AGNO
(*Con las letras subrayadas en cada frase se puede escribir* Espagnet.
Con las letras en cursiva de ambas frases se puede escribir:
Deus omnia in nos).

Hallar el nombre del autor escrito de modo tan cabalístico ha motivado multitud de comentarios, y sin embargo se ha obviado la frase que resulta después de restar el nombre de Espagnet: *Deus omnia in nos* («Dios, todo en nosotros»). No dudamos que, en el profundo misticismo del misterioso autor, afirmar que Dios es quien lo hace todo no es un recurso retórico ni una futilidad. «Dios, todo en nosotros» enseña que el texto que el lector se dispone a leer fue dictado por Dios, a fin de encontrar la luz de la naturaleza y reconstituir la filosofía y la física. Así, se investiga acerca del autor y se olvida que, justamente, en el doble sentido de esta frase se justifican los enigmas de los alquimistas.

En sus dos tratados, D'Espagnet comenta la necesidad de ocultación de la Obra alquímica al mundo exterior y profano. Es especialmente duro con los calumniadores de la verdad de la alquimia, a quienes ataca y compadece por su ignorancia, sobre todo al principio del *Arcanum Hermeticae Philosophiae Opus*. Después, aclara que los secretos de la naturaleza solamente son para los estudiosos creyentes y aplicados.

La obra que acabamos de mencionar está compuesta por ciento treinta y ocho fragmentos o cánones, que describen las distintas operaciones alquímicas. El primer canon es especialmente turbador, e incomprensible, si no se conocen las enseñanzas de la tradición hebrea; D'Espagnet escribe: «El temor del Señor es el principio de esta ciencia divina. Su fin es la caridad y el amor al prójimo»[130], lo cual nos remite al viaje iniciático que emprendió Eugenius Philalethes y

---

[130] «Arcanum Hermeticae Philosophiae Opus», en: J. J. Manget, *Bibliotheca chemica curiosa, cit.*, tomo II, pág. 650.

que hemos descrito antes. D'Espagnet también afirma en su discurso que la alquimia es un arte que solo puede ser comprendido gracias a un don de Dios. Por eso, para quien no posea ese don, el texto resultará oscuro e incomprensible, pues la naturaleza se oculta a propósito. Según el autor, se trata de un enigma como el que tuvo que resolver Edipo. La reflexión acerca de los enigmas conduce al lector al canon número doce, donde se halla una de las frases claves para nuestro ensayo, imprescindible si debe abordarse el simbolismo de las imágenes alquímicas. En primer lugar nos detendremos en el texto; después comprobaremos la importancia de su contexto, incluso de su pretexto. El fragmento dice así:

> Los filósofos se expresan más libremente y más significativamente por medio de caracteres y figuras enigmáticos *[typis et figuris aenigmaticis]*, como por un discurso mudo, que por medio de palabras. Tales son, por ejemplo, la tabla de Senior Zadith [**figuras 21a y 30**]; las pinturas alegóricas del *Rosarium philosophorum* [**figuras 33**]; y las de Abraham el Judío, recogidas por Flamel, y las figuras del mismo Flamel [**figura 27**]; y entre las obras modernas los emblemas secretos del muy docto Michael Maier [**figuras 10-12**], donde se descubre un número tan abundante de misterios que la antigua verdad, que se había alejado a lo largo de los años, se restituye ante nuestros ojos como por medio de unas lentes nuevas que la vuelven cercana y eminentemente visible[131].

Las palabras de Jean d'Espagnet no son ajenas a su época; las imágenes alquímicas que se realizaron en la Europa barroca fueron el fruto final de un proceso que, desde finales de la Edad Media, buscaba la manera de expresar la ciencia divina. La leyenda, en el sentido propio del término, es decir, «la cosa que se debe [saber] leer», más ilustrativa de esta unidad de búsqueda en la historia de Europa es la de Nicolas Flamel. Existe abundante documentación sobre este autor nacido en Pontoise en 1330, que fue escribano, bibliotecario, mecenas y autor del célebre *Livre des Figures Hiéroglyphiques*[132]. Pero, fuera quien fuera

---

[131] Ibídem, pág. 651.

[132] Hemos estudiado con detalle el tema en R. Arola, *La cábala y la alquimia...*,

el personaje, lo que nos interesaría resaltar aquí es que sus figuras jeroglíficas, a las que D'Espagnet considera como «caracteres y figuras enigmáticos», contienen los secretos de la luz de la naturaleza. Y ello aparece manifestado tanto por el libro cabalístico que encontró y que, con la ayuda de un misterioso rabino, le enseñó cómo proceder en la Gran Obra, como en las figuras que el mismo Flamel dispuso a la entrada del Cementerio de los Inocentes. Estas imágenes, que Flamel explica con todo detalle, reproducen los motivos y el estilo góticos. Una alusión al arte de los constructores de catedrales, quienes, supuestamente, eran los poseedores de los misterios con los cuales se construyó el Templo de Salomón en Jerusalén y, por consiguiente, los que poseían los secretos de la construcción divina, que no sería sino otra manera de nombrar la Gran Obra.

Las imágenes de los símbolos alquímicos siguieron un mismo impulso tanto en la Edad Media como en la Moderna, como si su historia discurriera de forma paralela a la historia oficial. Así, en el siglo XVII se mantuvieron los principios del arte gótico, en el que el universo simbólico se encontraba por doquier. No es de extrañar, pues, que las figuras legendarias y más conocidas de la alquimia, como Ramon Llull, Basilio Valentin, Nicolas Flamel o Christian Rosenkreutz, se relacionaran con aquella época. Pretender descubrir su historia es un sinsentido, pues son nombres que aluden a unas escuelas que se mantuvieron al margen del devenir histórico. El esoterismo de la Europa moderna y contemporánea ha contemplado aquella época como un referente espiritual y artístico, un símbolo de la resistencia a las propuestas positivistas. Pero no es lugar aquí para desarrollar esta cuestión; señalemos solamente tres nombres de quienes sí han escrito sobre el tema: el propio Flamel, Esprit Gobineau de Montluisant[133] y Fulcanelli[134].

cit., págs. 9-16. Cf. el postfacio de D. Kahn en: N. Flamel, *Écrits Alchimiques*, Les Belles Letres, París 1993, págs. 99-116.

[133] E. Gobineau de Montluisant, «Explication des Énigmes et Figures Hiéroglyphiques... qui sont au grand Portail de l'Église... de Notre-Dame de Paris», en: J. M. de Richebourg, *Bibliothèque des philosophes chimiques*, cit., tomo II, págs. 438-532.

[134] Fulcanelli, *El misterio de las catedrales*, Plaza y Janés, Barcelona 1990, y *Las moradas filosofales*, Índigo, Barcelona 2000. Sobre este peculiar autor, cf. G. Dubois,

Las primeras ilustraciones que acompañan y complementan los libros alquímicos datan de la segunda mitad del siglo XIV y forman parte de una serie de textos traducidos al holandés, dirigidos a lectores que no conocían el latín. Puede suponerse que existieron otros libros más antiguos, tal como ha explicado Barbara Obrist en su ensayo acerca de los inicios de las imágenes alquímicas. Sin embargo, desde las primeras ilustraciones de finales de la Edad Media hasta la propuesta de D'Espagnet existe una continuidad conceptual, como escribe Obrist:

> Se trata sobre todo de comprender por qué la ilustración alquímica no deviene frecuente hasta el final de la Edad Media y desde entonces tiende a invadir cada vez más los textos. Esta proliferación de imágenes llega incluso a la sustitución de lo escrito por la imagen. Se alcanza el final de esta evolución con el *Mutus liber* (s. XVII) **[figura 15]**, mudo porque está compuesto enteramente de imágenes[135].

Uno de los primeros manuscritos en los que se encuentran imágenes cosmológicas y de tema bíblico lleva el sugerente título de *Los secretos de mi dama Alquimia* (*Bouc der heimelicheden van mire vrouwen alkemen*) **(figura 6)**. Su autor fue un tal Constantinus y se trata de una traducción al neerlandés de una extensa obra de erudición científica que primero se habría traducido del árabe al latín. Según Barbara Obrist, para el autor de esta obra, las imágenes son un vehículo de:

> ... la iluminación divina que se hace por el ojo interior, el ojo del alma. La imagen está ligada esencialmente a aquello que representa, hasta el ejemplar divino, mientras que la palabra surge de lo arbitrario del hombre, de su discurso, de la multiplicidad, así pues, de la ilu-

---

Fulcanelli dévoilé, Dervy, París 1992. Con relación al vínculo entre la arquitectura y la alquimia, y en particular en los autores citados, cf. D. Kahn, «Alchimie et architecture: de la pyramide à l'église alchimique», en: F. Greiner (ed.), *Aspects de la tradition alchimique au XVIIe siècle*, cit., págs. 295-335; y cf. R. Halleux, *Les textes alchimiques*, cit., págs. 148-153.

[135] B. Obrist, *Les débuts de l'imagerie alchimique*, cit., pág. 248.

sión. Al contrario, la noción de imagen está ligada a la unicidad y la verdad. La imagen no redobla la palabra, sino que la sustituye en el momento en que deben tratarse los misterios divinos de la creación y de la transformación de los metales[136].

Como hemos visto en las palabras de D'Espagnet, los sabios concentraban la totalidad de sus conocimientos en las figuras enigmáticas y simbólicas. Sin embargo, Obrist expone una teoría respecto a las imágenes que tiene que ver con la nueva consideración de la alquimia dentro de la historia de la ciencia, desvinculada del devenir espiritual, al que Obrist califica despectivamente de mero esoterismo. La premisa de la profesora es la siguiente:

> La ilustración alquímica aparece en Occidente en un momento en el que el fracaso de la alquimia resulta patente y generalmente constatado, en el siglo XIV. La producción de oro verdadero se revela imposible y el antiguo argumento según el cual la transformación de las *species*, de la naturaleza misma de las cosas, no puede ser efectuada por el hombre, sino solamente por Dios, adquiere una creciente actualidad[137].

Respecto a estas palabras, cabría preguntarnos: ¿tiene sentido hablar del «fracaso de la alquimia»? Y aquí sería necesario señalar que, desde el Renacimiento del siglo XV, e incluso desde el final de la Edad Media, los sabios de la época, eclesiásticos o legos, se apasionaron con la imaginería mitológica clásica y los jeroglíficos egipcios, pues para ellos eran señales providenciales que profetizaban la llegada del Mesías, encarnado en el hijo de María. El arte antiguo y los jeroglíficos eran la prueba más fehaciente de que todas las religiones convergían en una única manifestación espiritual encaminada a demostrar la divinidad de Jesucristo.

Estimar, como escribía D'Espagnet, que el fundamento de la alquimia es un don de Dios, que se conoce después de experimentar su temor, puede ser clasificado de fracaso, pero quizá sería mejor

---

[136] Ibídem, pág. 252.
[137] Ibídem, pág. 248.

preguntarse qué querían significar con estas palabras y a qué realidad se referían los antiguos alquimistas.

Al primer impulso del Renacimiento, abierto e ingenuo, le siguió, en el siglo XVII, una sabiduría oculta y velada, como el propio claroscuro del barroco, que escondió la luz entre tinieblas envolventes. Sin embargo, el vínculo principal que los unía en la misma búsqueda no se había roto.

El espíritu no había variado, pero sí las circunstancias. A principios del siglo XVII, los magos alquimistas desconfiaban, y con razón, de las estructuras exteriores de la religión. Pocos momentos de la historia occidental fueron tan convulsos en sus disputas religiosas como los que iniciaron la Guerra de los Treinta Años entre católicos y protestantes. Dicho de otro modo, la Iglesia exotérica ya no podía servir a los sabios como lugar de encuentro entre la erudición y la devoción. Es más, en aquella época la Iglesia exotérica, tanto la protestante como la católica, llegó a atacar directa y agresivamente la ciencia oculta, bajo el pretexto de considerarla una ciencia maldita, ajena a la revelación crística.

Por otra parte y también a principios del siglo XVII, se demuestra que el corpus atribuido a Hermes Trimegisto es posterior al cristianismo; así mismo se duda de la antigüedad del texto de Horapolo, con lo que se diluye el contenido y el sentido de la *prisca theologia* preconizada por Ficino y Pico della Mirandola. Europa se percata de que ya no es posible argumentar la universalidad del cristianismo mediante textos paganos de origen múltiple. Por eso, las imágenes propuestas como lenguaje por D'Espagnet se convierten en reflejos de una sabiduría oculta, sin correspondencia en las formas exotéricas de las manifestaciones espirituales. Así, la alquimia destinada a conocer y manipular la Primera Materia, con el fin de alcanzar el lugar de la epifanía, se vio abocada a convertirse en una ciencia ajena a cualquier realidad propia de la fe y, por lo tanto, disociada de las iglesias exteriores.

Los textos que trataban del conocimiento universal de aquel *algo* que permitía reunir el cielo con la tierra enmudecieron en favor de las imágenes simbólicas. El enigma del espíritu y del cuerpo renovado se describe entonces por medio de emblemas disparatados, bajo la forma de imágenes oníricas y de figuraciones extremas, pero que reflejan y transmiten fielmente la sabiduría esotérica.

Las figuras enigmáticas de la alquimia, o lo que es lo mismo: los símbolos de su símbolo, mostraban, a principios del siglo XVII, el misterio que Cattiaux denominó «la vida en la sombra de la muerte». El mismo autor precisó en otro lugar:

> Lo que se considera una locura, lo que se asemeja a un sueño, lo que parece increíble: he aquí lo que el sabio estudia con amor. Lo que el mundo desprecia, lo que todos rechazan, lo que parece vil y sin valor: he aquí lo que el sabio examina con cuidado[138].

Durante la baja Edad Media, los misterios de la alquimia convivieron con las formas del arte exotérico, incluso con los avances del conocimiento científico, siguiendo el modelo más propio del arte tradicional[139]. Sin embargo, en los grabados del siglo XVII, lo secreto y lo público, lo interior y lo exterior, se separaron y la imaginería alquímica se convirtió en propia y exclusiva, llegando a formar un auténtico corpus iconográfico que, como acabamos de decir, describía el misterio de la vida en la sombra de la muerte.

La opinión más difundida afirma que la iconografía alquímica es básicamente alegórica, por eso debemos preguntarnos si es correcto llamar símbolos a los ejemplos de la imaginería alquímica del siglo XVII que presentamos, o si sería más oportuno considerarlos como simples alegorías.

En el siglo XVII, el naturalismo pictórico que nació con el Renacimiento ensombreció las formas de las visiones sagradas al querer forzar los significados coyunturales. Debe tenerse en cuenta la enorme influencia que ejerció en todas las artes plásticas la *Iconología* de Cesare Ripa, cuya primera edición data de 1593[140]. Dicha obra es un extraordinario florilegio de erudición trasladado al universo de las representaciones por medio de continuas alegorías, con explícita conciencia de ello. En este contexto parece difícil y también osado

---

[138] L. Cattiaux, *El Mensaje Reencontrado* (1, 64-65), *cit.*, pág. 22.

[139] Cf. especialmente, de la escuela tradicionalista: A. Coomaraswamy, *Teoría medieval de la belleza*, Olañeta, Palma de Mallorca 1987, y T. Burckhardt, *Principios y métodos del arte sagrado*, Olañeta, Palma de Mallorca 1996.

[140] C. Ripa, *Iconología, cit.*

referirse a los grabados emblemáticos de los libros alquímicos denominándolos símbolos, sobre todo si consideramos las explicaciones de Henry Corbin al respecto:

> El símbolo no es un *signo* artificialmente construido; aflora espontáneamente en el alma para anunciar algo que no puede expresarse de otra forma, es la *única* expresión de lo simbolizado como realidad que se hace así transparente al alma, pero que en sí misma trasciende toda expresión. La alegoría es una figuración más o menos artificial de generalidades o abstracciones que son perfectamente cognoscibles o expresables por otras vías[141].

Los grandes adeptos que escribieron e ilustraron su filosofía no pretendían recrear unas figuraciones alegóricas en el sentido que escribe Corbin, sino que quisieron anunciar el fruto concreto y directo de una experiencia sensible y que, como tal, sería el único criterio de verdad, pues, como escribe D'Hooghvorst: «El alquimista quiere tocar para saber»; a lo que añade:

> Que esta experiencia sea de naturaleza secreta no desdice en nada el carácter *sensualista* de tal filosofía, la más antigua y materialista del mundo; la más antigua, efectivamente, pues hasta hoy ha sido imposible determinar sus orígenes históricos; la más materialista, también, puesto que no se basa más que en el testimonio de los sentidos. Es una enseñanza enigmática, tal vez, pero que jamás ha variado en el curso de la historia. La unanimidad de todos los maestros nos parece que es la prueba de una experiencia común[142].

La heterogeneidad de la imaginería alquímica barroca prueba que los artistas, o quienes les dirigían, conocían por experiencia propia aquello que describían y, por consiguiente, generaron símbolos espirituales y no alegorías morales. Tocaron la Primera Materia y le dieron la forma más perfecta de la creación, esto es, la Piedra filosofal.

---

[141] H. Corbin, *Avicena y el relato visionario: Estudio sobre el ciclo de los relatos avicenianos*, Paidós, Barcelona 1995, pág. 43.

[142] E. d'Hooghvorst, *El hilo de Penélope*, cit., tomo I, pág. 323.

Las figuras que aparecen en los tratados alquímicos explican cómo el universo se concentra en el interior de la experiencia del alquimista y la luz natural se condensa en su oro secreto. El artista visualiza la realidad santa universal en su experiencia y, después, la expresa mediante los sistemas formales que le son próximos. En el lenguaje hermético se dice que el artista contempla lo que ocurre en su atanor y que en tal contemplación aparecen las imágenes simbólicas, independientemente de la voluntad y el ingenio del artista que admira lo que observa.

Así, aunque la textura de los grabados alquímicos del siglo XVII sea alegorizante, su fundamento es netamente simbólico, pues aflora en el alma de quien sigue las operaciones de la Gran Obra como reflejo y anuncio de lo que acontece. Los autores de los textos alquímicos no se cansan de confirmarlo; un ejemplo autorizado es el de la *Turba philosophorum*, en la que se repite en innumerables ocasiones: «Yo os digo que conozco esta cosa, que la he visto y la he tocado y sé la razón de ella»[143].

Barbara Obrist ve cierta relación entre las primeras imágenes de la alquimia y la función de las miniaturas de la mística del siglo XII Hildegard von Bingen, pues en ambos casos se trata de visiones interiores[144]. Victoria Cirlot ha reflexionado con acierto y profundidad sobre el sentido de las imágenes de Hildegard en la tradición visionaria de Occidente y constata que «la aparición de la imagen es entendida como un acontecimiento espiritual de primer orden»[145]. Según la profesora española, por medio de las imágenes se integra la experiencia personal con los sistemas alegóricos y esto es precisamente sobre lo que quisiéramos incidir. En su argumentación, Cirlot se pregunta lo siguiente:

---

[143] *La Turba de los filósofos*, Índigo, Barcelona, pág. 48.

[144] B. Obrist, *Les débuts de l'imagerie alchimique*, cit., págs. 88 y 162. En relación con esta asociación, cf. G. y H. Böhme, *Fuego, Agua, Tierra, Aire, una historia cultural de los elementos*, cit., pág. 257; cf., también, R. Halleux, *Les textes alchimiques*, cit., pág. 150.

[145] V. Cirlot, *Hildegard von Bingen y la tradición visionaria de Occidente*, Herder, Barcelona 2005, pág. 184.

¿Hasta qué punto no es posible conciliar la técnica alegórica con la experiencia visionaria? ¿Por qué el dominio de la técnica alegórica debe dejar al margen la realidad de la experiencia? La gran cultura latina de Hildegard hizo que elaborara sus símbolos con los instrumentos que le ofrecía su mundo, y esos no eran otros que los proporcionados por la alegoresis, el tipo de exégesis adecuado para reconocer los significados espirituales. La obra profética de Hildegard no está ahí para mostrarnos su «aventura personal» (aunque también lo haga por añadidura), sino, como insistentemente se ha repetido, para enseñar los misterios de la Iglesia[146].

Desde sus orígenes, las imágenes de la alquimia surgen, según Obrist, «de préstamos y de elaboraciones iconográficas continuas»[147], préstamos que los artistas constantemente vuelven a alegorizar a partir de imágenes ajenas a la alquimia, pero que, y esto es fundamental, revitalizan su significado universal por medio de su experiencia personal.

Los alquimistas contemplan el crecimiento de la luz en el interior de su atanor. Contemplan la materia pura, como una joven en el colmo de su belleza que describe con sus movimientos cada uno de los signos de la creación. Lo oculto se manifiesta en el símbolo alquímico.

Las imágenes simbólicas, aun utilizando la alegorización, dan cuerpo a la contemplación de la materia y concluyen la experiencia mística, tal como explica Michel de Certeau:

Lo que se formula como rechazo del «cuerpo» o del «mundo», lucha ascética, ruptura profética, no es sino la elucidación necesaria y preliminar de un estado de hecho a partir del cual se inicia la tarea de ofrecer un cuerpo al espíritu, de «encarnar» el discurso y de dar lugar a una verdad. Contrariamente a las apariencias, la carencia se sitúa no del lado de lo que constituye una ruptura (el texto), sino del de lo que «se hace carne» (el cuerpo). *Hoc est corpus meum*, «Este es mi cuerpo»: este *logos* central recuerda a un desaparecido y apela

---

[146] Ibídem, pág. 156.
[147] Cf. B. Obrist, *Les débuts de l'imagerie alchimique*, cit., pág. 256.

a una efectividad. Los que toman en serio este discurso son los que experimentan el dolor de una ausencia de cuerpo. El «nacimiento» que todos ellos esperan, de una manera o de otra, debe inventar al verbo un cuerpo de amor. De ahí su búsqueda de «anunciaciones», de palabras que hagan cuerpo, de alumbramientos por el oído.

Esta búsqueda concierne a una pregunta siempre en suspenso a pesar de la engañosa evidencia de nuestras respuestas: ¿qué es el cuerpo? El discurso místico está obsesionado por esta interrogación. De lo que trata es de la cuestión del cuerpo[148].

También Henry Corbin se ha ocupado de este tema en distintas ocasiones, proponiendo unas respuestas muy clarificadoras. Así, por ejemplo, al definir la «imaginación creadora», incide en el proceso mediante el cual las imágenes pueden dar cuerpo al espíritu. Escribe Corbin:

«La Imaginación como elemento mágico y mediador entre el pensamiento y el ser, encarnación del pensamiento en la imagen y presencia de la imagen en el ser, es una concepción de extraordinaria importancia que juega un destacado papel en la filosofía del Renacimiento y que volvemos a encontrar en el Romanticismo»[149]. Esta observación, tomada de uno de los más destacados exegetas de Böhme y Paracelso, nos proporciona la mejor introducción a la segunda parte de este libro. Retendremos de ella, en primer lugar, la idea de *Imaginación* como producción *mágica* de una *imagen*, el tipo mismo de la acción mágica, incluso de toda acción como tal, pero especialmente de toda acción creadora; y, en segundo lugar, la idea de imagen como cuerpo (cuerpo *mágico*, cuerpo *mental*), en el que se encarnan el pensamiento y la voluntad del alma. La Imaginación como potencia mágica creadora que, dando nacimiento al mundo sensible, produce el Espíritu en formas y en colores, y el mundo como *magia divina* «imaginada» por la divinidad «imágica»: este es

---

[148] M. de Certeau, *La fábula mística (siglos XVI-XVII)*, Siruela, Madrid 2006, págs. 86 y 87.

[149] [Nota de H. Corbin.] A. Koyré, *Mystiques, Spirituels, Alchimistes du XVI siècle allemand*, París 1955.

el contenido de una antigua doctrina, tipificada en la yuxtaposición de las palabras *Imago-Magia*, que Novalis reencontraba a través de Fichte. Pero se impone una advertencia previa: esta *Imaginatio* no debe en modo alguno confundirse con la *fantasía*. Como ya observaba Paracelso, a diferencia de la *Imaginatio vera*, la fantasía es un juego del pensamiento, sin fundamento en la Naturaleza; nada más que «la piedra angular de los locos»[150].

---

[150] H. Corbin, *La imaginación creadora en el sufismo de Ibn 'Arabí*, Destino, Barcelona 1993, págs. 209 y 210.

7. La experiencia de lo santo

Según se deduce de lo que venimos analizando, dar un cuerpo al espíritu se convierte en la cuestión central de la alquimia, por eso Emmanuel d'Hooghvorst escribe: «Dar cuerpo y medida a la inmensidad es el misterio del Arte puro». En el mismo texto, para denominar a la inmensidad, este autor utiliza el nombre del dios griego Pan, que significa «todo», y pocas líneas después indica cuál es el cuerpo que ubica este todo universal: «es Pan ligado en la humana cepa»[151]. En efecto, si se sigue la filosofía expuesta en los textos paracelsianos, es imposible separar la alquimia del alquimista. Lo cual no debería significar que la alquimia solo sea un símbolo de profundas, o posibles, trasferencias psíquicas del hombre, tal como enseñaba Jung[152], sino que el encuentro entre el espíritu y la materia solamente puede producirse en la realidad existente del hombre, pues no se trata de alegorías de las producciones siempre cambiantes de la mente humana, ni de sus sentimientos, deseos o inconsciente. Nunca es el hombre en sí, sino que su realidad genera el cuerpo puro que ubica y da medida al Pan primero, también conocido como mercurio. Según los textos alquímicos, el mercurio de los alquimistas al principio es común y después filosófico. El primero no posee medida, en cambio el segundo sí, y es el hombre quien se la da.

[151] E. d'Hooghvorst «*Ordo ab Chao*, tal es el Arte», en: L. Cattiaux, *Física y metafísica de la pintura. Obra poética*, Arola, Tarragona 1998, pág. 9.

[152] Cf. C. G. Jung, *La psicología de la transferencia*, Paidós, Barcelona 2001. Jung utiliza las figuras del *Rosarium philosophorum* para ordenar y exponer el fenómeno de las transferencias, quizá uno de los hallazgos más importantes de su pensamiento; en el capítulo titulado «El querer del cielo», analizaremos las imágenes de dicha obra (**figuras 33**).

Por consiguiente, e invirtiendo la conclusión extraída de los textos de la filosofía hermética, podría decirse que los metales alquímicos tienen existencia solamente en la Gran Obra; buscarlos en otro lugar parecería insensato. Ahora bien, aquí se plantea una de las cuestiones más sutiles de la filosofía alquímica, la existencia de metales filosóficos oculta a la visión exterior. Los alquimistas trabajan con metales vivos y sin mácula, mientras que los sentidos vulgares, que permiten a los hombres tomar conciencia de lo inconmensurable y ubicarlo, necesitan encerrarse en las cortezas muertas.

Los metales puros que utilizan los alquimistas auténticos reciben el nombre de oro cuando han completado el proceso de transmutación; los falsos alquimistas y los charlatanes utilizan metales muertos. D'Hooghvorst alertó acerca de la existencia de dos alquimias en un único discurso, y según dicho autor una es verdadera y la otra vulgar. A la primera la denomina cabalística, pues se obtiene a partir de la recepción del don de Dios, o cábala, y por eso proviene de la pureza; dice de ella: «está viva, uniendo indisolublemente en buen matrimonio dos cuerpos que se aman. De este modo se engendra la piedra de los sabios o elixir»[153]. En cambio, con la alquimia vulgar sucede lo contrario pues: «como en un lugar inadecuado [*mauvais lieu*], los cuerpos se unen allí sin amor y no engendran nada». El cuerpo material y el cuerpo espiritual, al unirse sin el fuego del amor, o fusión química, más pronto o más tarde volverán a separarse y esta separación no es otra cosa que la muerte. En el lenguaje de los antiguos rosacruces recuperado por D'Hooghvorst se dice que «no hay cábala sin química, ni química sin cábala»[154]. La cábala y la alquimia, o química, corresponderían a las dos luces de la religión paracelsiana.

---

[153] E. d'Hooghvorst, *El hilo de Penélope*, cit., tomo II, pág. 151. El autor parece inspirarse en un fragmento de un tratado de N. Valois, el alquimista normando: «La piedra de los filósofos no es otra cosa que el oro muy perfecto, es decir, llevado a un tal grado de perfección que pueda perfeccionar todos los cuerpos imperfectos. Así pues, el oro es esta piedra, pero no se trata del oro vulgar, ya que está muerto y el nuestro está vivo. Este es el que hay que coger. Pero has de saber cuál es este oro vivo. Cuando los frutos llegan a su madurez, producen semillas mediante las cuales podrán ser multiplicados hasta el infinito» (*Los cinco libros*, cit., pág. 19).

[154] E. d'Hooghvorst, *El hilo de Penélope*, cit., tomo I, pág. 317.

El gran tema de la alquimia es reencontrar la inmortalidad, lo cual significa que es necesario unir los cuerpos con el fuego del amor sagrado. Por eso, el oro vivo e imperecedero de los alquimistas es un oro santo.

El alquimista conoce los metales filosóficos por cuanto contempla la interioridad de su existencia, constituida en el encuentro del espíritu y la materia que conforman la sustancia pura. El contacto del hombre con el mercurio engendra la experiencia de lo santo. A partir de este axioma podemos recuperar las explicaciones de Rudolf Otto acerca de lo numinoso como experiencia santa. Así, al analizar lo numinoso en el Evangelio, Otto observa que se trata de la predicación del Reino de Dios, del que escribe:

> De él y de su peculiar índole irradian colores y entonaciones que se vierten sobre cuanto se relaciona con él en alguna manera, sobre los que lo predican, sobre los que lo preparan, sobre la vida y la conducta [...], sobre la misma comunidad que lo espera y lo alcanza. Todo queda, pues, mistificado, es decir que todo se hace numinoso. Esto se demuestra irrefutablemente en el nombre que se dan los círculos de sus adeptos; ellos se denominan a sí mismos, y unos a otros, con el «término técnico» numinoso de «los santos». Es evidente que no quieren significar con esta palabra los hombres moralmente perfectos. Más bien significa los que participan en el misterio del «fin de los tiempos». Constituyen la antítesis clara e inconfundible de «los profanos»[155].

Para alcanzar el reino, continúa explicando Otto, es necesario comunicarse con el Señor de este reino, el Padre Celestial, que no es «menos santo, numinoso, misterioso, *kadosh*, *hagios* y *sacer* que su reino»[156]. El hombre cristiano es santo en la medida en que se relaciona con el Padre Celestial, lo cual puede interpretarse en el sentido que hemos apuntado antes, es decir, que el alquimista es quien da medida y ubicuidad a lo inmenso *(to pan)*, que en terminología

---

[155] R. Otto, *Lo santo. Lo racional y lo irracional en la idea de Dios*, Alianza, Madrid 2001, pág. 113.

[156] Ibídem.

cristiana debería denominarse el Padre que está en el corazón del Hijo. Otto añade que: «Es significativo, y a la vez evidente, que la primera plegaria de la comunidad cristiana empieza diciendo: Santificado sea tu nombre»[157]. El nombre del Padre celestial es «santificado» cuando el Reino de Dios se manifiesta en el hombre, es decir, en el Hijo.

Es casi imposible comprender a los alquimistas cuando comparan la Piedra filosófica con el Hijo de Dios, sin aventurarse en las consideraciones precedentes. Teológicamente, el Espíritu Santo, la tercera persona de la Trinidad, une el principio celeste con el principio terrestre, del mismo modo que, en el lenguaje alquímico paracelsiano, el mercurio debía reunir el azufre con la sal. A partir de este primer encuentro, el mercurio universal, o común, se transformaba en el mercurio filosófico, pues al estar ya fijado permanecía vinculado para siempre al alquimista. En palabras de Otto podría decirse que el alquimista experimentaba la santidad, el comienzo de la Gran Obra.

Según explican los filósofos por el fuego, no puede separarse la existencia de la Gran Obra de la del propio alquimista, pues ambas se necesitan. En la exterioridad, el mercurio no puede engendrar. Dicho de otro modo, la materia se desacraliza cuando entra en contacto con lo exterior. Su secreto es su invisibilidad, pues se define estrictamente en tanto que no puede existir sin permanecer oculta a la realidad que los sentidos vulgares son capaces de percibir. Por eso, los alquimistas siempre han hablado de que tan solo conocían por su experiencia santa. El alquimista vivía en la interioridad la fijación de lo universal. De esta manera, al habitar en el lugar del espíritu corporificado por y en su experiencia, poseía lo sagrado. Sin embargo, tal experiencia solo podía ser transmitida al exterior si se cubría con ropajes, puesto que si hubiera podido mostrarse en su desnudez, habría desaparecido.

Las palabras y las imágenes encubrían la experiencia, la revelaban y la velaban al crear y organizar los símbolos del único símbolo, que era la posesión de la Primera Materia. Así, las formas tradicionales de la religión, con sus textos, ritos, imágenes y dogmas, anunciaban al exterior la realidad de lo santo, siendo mementos de la interioridad. De esta interioridad que se servía de las cosas bellas y nobles del mun-

---

[157] Ibídem, pág. 114.

do para revelarse surgieron las grandes creaciones artísticas. Formas externas, próximas al esplendor de la materia del espíritu, pero esas formas jamás podían abarcar la completitud del conocimiento interno. Es decir: eso habría significado confundir el oro vivo con el oro muerto o la alquimia santa con la vulgar.

Al observador, las imágenes de los símbolos alquímicos le parecen incomprensibles, como si se necesitara de una contraseña especial para comprenderlas, pero estamos convencidos de que no existía tal consigna secreta. El enigma de la alquimia sería su propia existencia, escondida en su profunda interioridad, y por lo tanto incomprensible desde el exterior. Lo demuestran las desgraciadas experiencias de los innumerables falsos alquimistas, más conocidos como *souffleurs*, que buscaban y buscan en la exterioridad.

La oscuridad de los símbolos de la alquimia era la consecuencia inevitable de la naturaleza misma de la experiencia de lo santo. Sus metales existían en tanto que el alquimista les daba existencia, lo cual ha engendrado múltiples confusiones, llegándose a negar la sustancia de lo sagrado.

Si los alquimistas del siglo XVII pretendían que su arte era de origen divino, se referían obviamente a la posibilidad de endiosamiento del espíritu del hombre, de la misma manera que lo predican las religiones reveladas. ¿Qué sentido tendría hablar aquí de que las imágenes alquímicas del siglo XVII argumentan el «fracaso de la alquimia»?

El mercurio filosófico aparecía en la interioridad del hombre, es cierto, pero como algo diferente de su espacio interior. De lo contrario podría llegar a confundirse con el hombre mismo, es decir, con el ídolo. Su interioridad estaba en él, sin ser él. Desde la más remota antigüedad los sabios no han cesado de alertar a sus semejantes con lemas parecidos: «Conócete a ti mismo», pues en el «ti mismo» se manifiesta la Primera Materia. Lo que, en lenguaje teologal, equivaldría a afirmar la existencia de Dios. Al igual que la vida es nada si no es vivida por alguien, Dios es nada si no es divinizado por alguien, o lo que sería lo mismo: «Santificado sea tu Nombre».

En este sentido, Louis Cattiaux cierra su ensayo sobre la *Physique et Métaphysique de la Peinture* con la siguiente frase: «Este libro es inútil, ya que si no habéis descubierto el arte en vosotros mismos, nadie os lo hará conocer desde fuera»[158]. Sin embargo, sería aventurado, y profundamente opuesto a las tradiciones espirituales, el considerar a la alquimia como un conjunto de procesos que expresan la transformación interior del hombre, entendiendo como interior la parte psíquica, tanto consciente como inconsciente.

Un ejemplo fundamental en la dialéctica propia de las sustancias alquímicas aparece en la figura del famoso león verde. A continuación procuraremos mostrar la relación existente entre nuestra reflexión anterior y este misterioso símbolo.

Al final de una conversación entre el rey Calid y el eremita alquimista Morieno, el rey le preguntó a Morieno cuáles eran los significados de «el humo blanco, el león verde y el agua fétida» a los que el maestro se había referido antes. Morieno respondió:

> Te los explicaré al final del libro, puesto que ahora quiero hacer ante tu presencia el Magisterio con las cosas que designan estos nombres, a fin de que lo que acabamos de decir sea probado por el efecto mismo de la cosa. He aquí, en efecto, la raíz de esta ciencia, quien quiera aprenderla debe antes recibir la doctrina de un maestro y después el maestro practicará con frecuencia ante su discípulo. Algunos buscan durante mucho tiempo esta ciencia sin poderla encontrar. Pero tú obra siempre con las cosas con que me veas obrar y no busques nada más en este Magisterio, o si no errarás sin remedio. En esta ciencia hay muchos obstáculos. Pues como dice el sabio: grande es la diferencia entre un sabio y un ignorante, entre un ciego y aquel que ve claro. En efecto, aquel que tiene un conocimiento perfecto de la disposición o veracidad del Magisterio no es como aquel que persiste en buscarla en los libros. Puesto que los libros que tratan de este arte están compuestos de manera figurativa. En su mayoría parecen muy oscuros y embrollados y solo pueden ser comprendidos por quienes los han compuesto. Pero esta ciencia, más que ninguna otra, debe ser buscada puesto que por ella podemos alcanzar otra todavía más admirable[159].

---

[158] *Física y metafísica de la pintura*, cit., pág. 87.

[159] «Liber de Compositione Alchemiae quem edidit Morienus Romanus, Calid Regi Aegyptiorum», en: J. J. Manget, *Bibliotheca chemica curiosa*, cit., tomo I, pág. 517.

El rey queda cautivado por la sabiduría de Morieno, y este seguidamente comienza una larga explicación sobre qué es «el humo blanco, el león verde y el agua fétida» con una terminología profundamente extraña. Se refiere a operaciones que son más propias de la química vulgar que de cualquier simbología tradicional y espiritual, explica qué materias se deben utilizar e incluso detalla las proporciones y el peso de cada elemento para lograr el éxito de su Magisterio. Según él, las tres materias que hemos mencionado son las suficientes e imprescindibles:

> He aquí la explicación de todos los nombres de las especies o de las materias que son necesarias para el Magisterio, de las cuales tres son suficientes para hacerlo por completo: el humo blanco, el león verde y el agua fétida. Ya tienes, pues, las tres especies. No digas ni descubras la confección a nadie, deja que los ignorantes busquen otras cosas extrañas a este Magisterio y yerren en la búsqueda[160].

Así, después de la extensa explicación técnica, el eremita alquimista vuelve a ocultar la naturaleza interior de las materias. Sin embargo, en distintas partes del discurso, Morieno aboga por la imprescindible «ayuda de Dios», sin la cual las operaciones no sirven para nada. Explica que, tanto las materias de la Gran Obra como el proceso que las desarrolla, provienen de cierta revelación divina, pero no da ninguna explicación que llene el vacío que existe entre lo divino y lo metálico. Seguramente dicha explicación debería buscarse en lo enigmático y sorprendente de sus símbolos. Un ejemplo afortunado lo encontramos en el símbolo del león verde, puesto que, después de Morieno, se ha utilizado una y otra vez.

En el *Rosarium philosophorum* se le representa devorando al sol **(figura 33q)**, pues, como veremos más adelante, el sol está en el interior del león verde. A finales del siglo XVI, Jacques Le Tesson escribió un diálogo entre el artista y la materia del arte que lleva por título *L'œuvre du lion vert*[161]. Las referencias a este símbolo son constantes en los tratados alquímicos y también en su iconografía. Hemos men-

---

[160] Ibídem.

[161] J. Le Tesson, *La obra del león verde*, Índigo, Barcelona 1999.

cionado la primera representación del *Rosarium philosophorum*. También debemos destacar el emblema XXXVII de la *Atalanta fugiens* de Maier, que está dedicado al misterioso león **(figura 10e)**. El lema recoge las palabras de Morieno acerca de los componentes necesarios para el Magisterio: «el humo blanco, el león verde y el agua fétida». Maier añade que el león verde es el bronce de Hermes[162].

En la filacteria que acompaña la imagen del león verde del *Rosarium philosophorum*, puede leerse: «Yo soy aquel león verde y dorado. En mí está encerrado todo el secreto del arte». En la reinterpretación de la imagen hecha por Mylius y Stolcius, el león, que aquí aparece rampante **(figura 9c)**, también devora al sol, pero su cuerpo está recorrido por un camino de estrellas. Stolcius lo explica diciendo que el león verde es el héroe que: «esconde en el seno de sus entrañas los astros rubicundos»[163] Maier, por su parte, lo representa mirando fijamente al espectador y con una corona de laureles, propia de Apolo, y citando el *Rosarium philosophorum* exclama: «¡Oh bendito verdor que engendras todas las cosas!», a lo que añade:

> Has de saber pues que ningún vegetal, ningún fruto comienza a germinar sin que el color verde esté presente. Has de saber igualmente que la generación de esta cosa es verde, y que por esta razón los filósofos lo han llamado germen[164].

Maier añade que para que exista una germinación es necesario que primero el león venza al dragón, seguramente equiparable a las aguas fétidas de las que hablaba Morieno. Así pues, el león verde, que es la materia de los filósofos, representa el crecimiento de la Piedra. La alegoría inventada por los sabios herméticos es el fruto de toda una serie de consideraciones: por una parte aparece el color verde, que es el color de la vida germinativa, y por otra, el león con su carácter solar e ígneo. Acerca del significado del color verde en la alquimia, y como comentario a la misma frase del *Rosarium philosophorum* que antes hemos mencionado, Flamel escribió:

---

[162] M. Maier, *Atalante fugitive*, cit., pág. 157.

[163] D. Stolcius, *Viridarium chymicum*, cit., pág. 190.

[164] M. Maier, *Atalante fugitive*, cit., pág. 159.

He hecho pintar un campo verde porque en esta cocción los componentes se vuelven verdes y conservan por más tiempo este color que cualquier otro, después del negro. Este verdor indica que nuestra piedra tiene un alma vegetativa, y que se ha convertido por industria del arte en verdadero y puro germen, para sembrar abundantemente, y producir infinitas ramas. «Oh bendito verdor», dice el *Rosarium philosophorum*, «que engendras todas las cosas, sin ti nada puede crecer, vegetar ni multiplicarse»[165].

El color verde asociado al poder del león, como paso previo a la realización de la Gran Obra, parece indicar que se trata de una realidad intermedia entre la Primera Materia y el oro filosófico. Todo es engañoso en la alquimia, acostumbran afirmar los adeptos en sus escritos, puesto que los símbolos se manifiestan durante el misterioso proceso de la Obra. Así, en muchas ocasiones se refieren al mercurio llamándolo «su materia», pero no especifican en qué estado se encuentra, si es ligero y volátil o bien es denso y fijo.

En el diálogo entre el artista y la materia que escribió Jacques Le Tesson, el artista comienza describiendo la situación de su encuentro con la materia. Habla en primera persona y explica que se hallaba en estado de contemplación, meditando sobre este arte divino y cómo obtenerlo. Consciente de su dificultad, pues los sabios lo han escondido de tal modo que no existe ser viviente que lo conozca, se va a pasear por los alrededores de una montaña donde descubre una oscura y profunda caverna. Se acerca, penetra en ella y se encuentra al león verde, con quien entabla una conversación. El león, o la materia, se presenta diciendo:

Soy aquello que buscas, monstruoso y salvaje, y, sin embargo, de mí se extrae una gran virtud y una gran riqueza [...]. Es preciso que entiendas que yo he descendido de las regiones celestes y he caído aquí abajo, a estas profundas cavernas de la tierra; en ellas me he criado, y no deseo sino regresar (a las regiones celestes)[166].

---

[165] N. Flamel, *El Libro de las figuras jeroglíficas*, Obelisco, Barcelona 1999, págs. 73 y 74.

[166] J. Le Tesson, *La obra del león verde*, cit., págs. 16 y 17.

Se trataría pues de la Primera Materia, una vez que ha sido atrapada por y en la existencia del artista. El mercurio común ya es el mercurio filosófico. Las imágenes simbólicas son extremadamente bellas y no tiene ningún sentido marginarlas con el pretexto de que son enigmáticas, o esotéricas.

El medio que reúne al cielo y a la tierra, primero ha tenido que descender al interior de una oscura y profunda caverna, lo que podría compararse al agua fétida de Morieno. Después, se levanta, como un humo blanco, y asciende en la interioridad del artista. Este medio posee la virtud del sol, por eso lo devora. Finalmente el león verde se convertirá en el león rojo, que ya es un epíteto de la Piedra.

Bajo este símbolo genial, el imaginario alquímico muestra de qué modo interviene el espíritu divino en el proceso de la Gran Obra. El león verde representaría al mercurio filosófico, que D'Hooghvorst, en un comentario a las aventuras de Menelao descritas en la *Odisea*, definió como sigue:

> [Menelao,] con la ayuda de una divinidad, consiguió fijar ese espíritu universal, madurarlo y hacerle hablar. Cuando este mercurio vulgar es fijado en mercurio fluido se convierte en el de los filósofos y, a modo de espejo transparente, revela al discípulo todo lo que desea saber: por ello se supone que habla[167].

Según el mismo autor, el león verde, o viento verde, sería Marte unido a Venus en una trampa bien ligada por el ingenioso Vulcano:

> El sabio Vulcano es quien opera la buena química. Es importante, pues, conocer esta forja en la que Vulcano hizo la famosa trampa donde cayeron juntos Marte y Venus. El talento de los pueblos ha perdido el secreto de este fuego del que una sola pepita lava, disuelve y se corporifica en sal coagulante. Es el baño de Venus. Allí suda mucho tiempo como en una fuente cerrada y vaporosa, para aparecer finalmente en el vaso ese bello metal regenerado, objeto de nuestros deseos y que todo lo da con profusión.

---

[167] E. d'Hooghvorst, *El hilo de Penélope*, cit., tomo I, pág. 31.

El necio lo imagina todo en su oro vil, y leyéndolo es como forja tantos textos, sin este león verde de los filósofos y desconociendo el imán que lo atrae. Vagabundeando en sus sueños, el astuto todo lo piensa en este metal que apesta a envidia. Pero este oro es, comparado con el de los cabalistas, lo que es un cadáver con respecto al cuerpo vivo[168].

Eugenius Philalethes también describió esta sustancia misteriosa, advirtiendo que, a pesar de que su deseo sea volver a su origen celeste, es menester retenerla:

En el fondo de este pozo yace un viejo dragón, tendido a lo largo y profundamente dormido. Despiértalo si puedes y hazle beber, porque así recobrará su juventud y te será servicial para siempre. En una palabra, separa el águila del león verde, entonces corta sus alas y habrás realizado un milagro. Pero, dirás, estos términos son incomprensibles y nadie sabe qué hacer con ellos. Completamente cierto, pero así son tal como se han recibido de los filósofos. Sin embargo, puedo tratar de esto llanamente contigo; el águila es el agua, porque es volátil y vuela hacia lo alto en forma de nubes, como hace un águila; pero no hablo de un agua común cualquiera. El león verde es el cuerpo, o la tierra mágica, con la que debes cortar las alas al águila; es decir, debes fijarla, de manera que ya no pueda volar más[169].

El primer hombre fue hecho del polvo de la «tierra mágica» de la que habla Philalethes (cf. Gn 2, 7), pero, a causa del pecado original, dicha tierra fue devastada y su lugar lo ocupó una tierra muerta, sin magia ninguna. El alquimista reencuentra el polvo original, que no es él, aunque sea en él donde lo reencuentra, y por eso se dice a menudo que: «El artista no es más que el depositario de la materia»[170].

---

[168] Ibídem, tomo II, págs. 151 y 152.

[169] T. Vaughan, «Aula Lucis», en: A. E. Waite (ed.) *The Works of Thomas Vaughan*, cit., pág. 323.

[170] P. Vicot, «El memorial de Alquimia», en: E. d'Hooghvorst, *El hilo de Penélope*, cit., tomo II, pág. 59.

El famoso «milagro de una sola cosa», al que alude Hermes Trimegisto al principio de la Tabla de Esmeralda, parece referirse al reencuentro con el hombre primordial o, dicho de otro modo, a la regeneración del hombre. Esta última expresión puede dar lugar a ciertos equívocos, pues no se regenera la tierra muerta de la que está hecho el hombre exterior; esta tierra no sirve para nada en el reencuentro de Dios con su criatura, creada de la «tierra mágica» o león verde.

Cuando san Pablo escribió: «La fe es la sustancia de las cosas que se esperan y la comprobación de los hechos que no se ven» (Heb 11, 1), quizá estuviera mostrando el misterio de la materia alquímica. Algunos místicos han aludido a ello cuando han afirmado que conocían a Dios por la experiencia de su fe. En lenguaje hermético se diría que han experimentado lo santo en la posesión de la Primera Materia[171].

---

[171] San Pablo: «Vuestra fe no esté fundada en la sabiduría de los hombres, sino en el poder de Dios» (I Cor 2, 5). Pero «si Cristo no ha resucitado, vana es nuestra predicación; vana también es vuestra fe» (I Cor 15, 14). También L. Cattiaux escribió: «Nuestra fe radica en la certeza de la naturaleza divina encarnada en la carne del mundo. Nuestra fe se nutre de la esperanza de reencontrar esta naturaleza divina sepultada en el pecado de muerte. Nuestra fe se anima por la efusión del Espíritu Santo, que fecunda la naturaleza divina y así nos rehace hijos de Dios, a imagen de Dios mismo». Véase *El Mensaje Reencontrado* (38, 19), *cit.*, pág. 736.

8. El espejo donde nacen los dioses

El conocimiento experimental de la Primera Materia es el principio necesario de un proceso que debe conducir al alquimista a la realización de la Piedra filosofal, también llamada Piedra celestial, pues corona la creación y la desvincula del tiempo. Si en el capítulo anterior hemos comentado los símbolos que se refieren al inicio de las metamorfosis de la Gran Obra, ahora debiéramos proseguir por los distintos grados que la desarrollan hasta alcanzar el final. Cuando los alquimistas afirman que su Obra es el final de la creación creemos que debe entenderse en el sentido que apuntó Cattiaux: «El Sabio prefiere la actualidad divina a todos los pasados, a todos los presentes y a todos los futuros del mundo»[172].

El proceso alquímico se ha comparado a un espejo que primero es oscuro[173] y que gracias a unas sucesivas purificaciones llega a convertirse en un espejo translúcido en el que el adepto se reconoce en su realidad divina, pues, ¿acaso un espejo no refleja a quien lo mira?

Stephan Michelspacher, un personaje enigmático, estrechamente relacionado con el movimiento rosacruz, confeccionó un opúsculo muy significativo y lo publicó en 1616 bajo el título de: *Cabala, Spiegel der Kunst und Natur, in Alchymia*. En él se propone «explicar

---

[172] L. Cattiaux, *El Mensaje Reencontrado* (7, 54), *cit.*, pág. 142.

[173] En la imagen del espejo que se aclara se reconocen las enseñanzas de san Pablo: «Ahora vemos por un espejo y obscuramente, pero entonces veremos cara a cara. En el presente conozco solo parcialmente, pero entonces conoceré como soy conocido» (I Cor 13, 12). Y también: «Por tanto, todos nosotros, mirando a cara descubierta como en un espejo la gloria del Señor, somos transformados de gloria en gloria en la misma imagen, como por el Espíritu del Señor» (II Cor 3, 18).

toda la verdad con claridad, en pocas palabras, sacada a la luz mediante unas figuras adjuntas», a las que denomina espejos. Michelspacher considera «espejos» a las imágenes y en la corta introducción escribe:

> Me he propuesto exponer a mis semejantes con las figuras o imágenes, como por medio de un espejo, esta purísima luz, y comunicarla, por la cábala y el arte de la alquimia, a todos los amantes de la naturaleza y el arte, y a quienes son experimentados en los trabajos espagíricos. Con ellas, espero, tendrán ante los ojos un conocimiento perfecto del espejo, a fin de que, gracias a este conocimiento, recojan libremente y según su voluntad frutos y provechos, en primer lugar, los que contribuyen a la vida y a la salud del cuerpo humano, y seguidamente para obtener un sustento temporal, tanto para el cuerpo como para el alma, como conviene a una vida cristiana, para que sea muy fecunda con vista a la vida eterna[174].

Las cuatro láminas que componen el opúsculo son imágenes para contemplar y para conducir la mente y el cuerpo hacia el auténtico cristianismo, aunque en las representaciones, salvo quizá en la última **(figura 28)**, aparezcan alegorías más próximas al paganismo que al cristianismo. En la última, que «contiene la multiplicación», se representa la fuente de la vida eterna relacionada con el agua y la sangre que brotan del costado de Jesucristo. En este espejo, afirma Michelspacher: «veo perfectamente a Dios y todas las cosas»[175].

Así, en el espejo en el que el adepto debería verse a sí mismo, Michelspacher contempla a Dios multiplicándose para regenerar a toda la creación. Los alquimistas encontraron en la mitología clásica la mayoría de las imágenes que después les sirvieron para describir el proceso que contemplaban en el espejo mágico. Al igual que los eruditos renacentistas, utilizaron los mitos grecorromanos para explicar el origen, el desarrollo y el fin de la creación que transcurre en el

---

[174] S. Michelspacher, *Cabala, Spiegel der Kunst und Natur, in Alchymia*, David Frank, Augsburgo 1615. Cf. L. Vert, «Cabale, miroir de l'art et de la nature en alchymie»; en: R. Arola (ed.), *Images Cabalistiques et Alchimiques, cit.*, pág. 145.

[175] Ibídem, pág. 146.

interior del vaso filosófico, y, tal como hicieron los poetas clásicos, los filósofos por el fuego recrearon también sus dioses[176].

En su obra *Le Fil de Pénélope*, D'Hooghvorst aludía a este fenómeno, pues según él: «La intención de los grandes poetas de la Antigüedad era la revelación y no la *literatura,* por lo que la función de los aedos era profética»[177]. El velo de las fábulas servía para exponer al exterior los misterios de las transmutaciones metálicas, hasta llegar al oro fino e identificarlo con la regeneración del propio artista[178]. D'Hooghvorst se refiere al fin del proceso en uno de sus comentarios a la *Odisea*:

> Proteo revela a Menelao el destino de los adeptos del arte, la apoteosis o elevación al rango de los dioses [...]. Aunque la tradición de la regeneración física del hombre sea muy antigua, pues data del principio de la humanidad, no es sin embargo patrimonio exclusivo de Israel. Así pues, los misterios de la palingenesia o nuevo nacimiento son universales, al igual que la tradición y la enseñanza que a ellos se refieren.
>
> Según la historia romana, al final de su existencia terrestre Eneas y Rómulo también habrían conocido esta apoteosis[179].

El autor relaciona el final apoteósico del adepto con el retorno de Ulises a su hogar, pues, según explica, el errante Ulises, el oro celeste

---

[176] Cf. R. Arola, *Los amores de los dioses. Mitología y alquimia,* Alta Fulla, Barcelona 1999, págs. 9-47.

[177] E. d'Hooghvorst, *El hilo de Penélope, cit.,* tomo I, pág. 43.

[178] En 1611, Sebastián de Covarrubias explicó este particular al referirse a la voz «Fábula»: «Hase de notar que todos aquellos grandes filósofos que se dieron a la especulación del movimiento de los cielos y de sus efectos, la generación y la corrupción de las cosas elementadas, la conversión por parte de los mesmos elementos, para ocultar su doctrina, fingieron essa multitud de fábulas con tanta diversidad de dioses, entendiendo por ellos el sol, la luna, las estrellas, los elementos; y a unos pusieron Júpiter, como el aire, Juno a la exhalación y el vapor que sube de la tierra. Febo al sol, Diana a la luna y de los demás se entiende lo mesmo» (*Tesoro de la lengua castellana o española, cit.,* pág. 579).

[179] E. d'Hooghvorst, *El hilo de Penélope, cit.,* tomo I, págs. 39 y 40.

que también podría llamarse Alma del Mundo, solo llega a su perfeccionamiento cuando se consuma la unión con la esposa fiel que, pacientemente, le espera en, o con, la «tierra mágica». Penélope teje la trama de la nueva encarnación, de la misma manera que lo hacían las ninfas en el antro descrito por Porfirio[180], el lugar secreto donde se produce la metamorfosis del espíritu en cuerpo. Los pretendientes de Penélope, «esos químicos sin genealogía instalados en su casa» según D'Hooghvorst, son parásitos que se aprovechan de las riquezas de la naturaleza, son los *souffleurs*, los químicos vulgares que se le acercan sin amor y que por eso no engendran nada. En cambio, del encuentro entre Ulises y Penélope, es decir, de la unión del cielo y la tierra, nacerán los inmortales o «dioses químicos».

Maier, en su tratado *Arcana arcanissima*, sistematizó la interpretación alquímica de los mitos egipcios y griegos. En él escribió: «Osiris e Isis, igual que Vulcano y Mercurio, los principales dioses intelectuales, son dioses químicos, no *celestes*, sino *subterráneos* y nacidos por el arte»[181]. Los dioses, al igual que los metales alquímicos, se engendran en el proceso de la Gran Obra; fuera de ella su devenir es solamente un tema de literatura, de sociología o de psicología.

Gracias a los «dioses subterráneos» los autores contemporáneos de Maier pudieron relacionar el proceso alquímico con los textos del *Corpus hermeticum*, de influencia platónica. Es relevante en este sentido el fragmento en el que Hermes Trimegisto explica a Asclepios la manera de «construir dioses»[182]. El fragmento es el siguiente:

—Respecto al tema del parentesco y la asociación que une a hombres y dioses, conoce pues, oh Asclepios, el poder y la fuerza del hombre. Igual que el Señor y Padre o, para darle su nombre más alto, Dios, es el creador de los dioses del cielo, así el hombre es el autor de los dioses que residen en los templos y se satisfacen con la vecindad humana: [el hombre] no solo recibe la luz, sino que a su vez la da, no

---

[180] Cf. Porfirio, *El antro de las ninfas de la Odisea*, Gredos, Madrid 1989, pág. 231.

[181] M. Maier, *Les arcanes très secrets, cit.*, pág. 28.

[182] Este fragmento se conocía en la Edad Media y se había convertido en el principal argumento en contra del hermetismo, pues «la manera de construir dioses» se vinculaba con la magia proscrita por la Iglesia.

solo progresa hacia Dios, sino que crea dioses. ¿Te admiras, Asclepios, o también tú estás falto de fe como la mayoría?

—Estoy confundido, oh Trimegisto; pero me rindo de buen grado a tus argumentos, y tengo al hombre por infinitamente dichoso, puesto que ha obtenido una tal felicidad.

—Cierto, merece que se le admire, aquel que es el más grande de todos los seres. Es una creencia universal que la raza de los dioses ha surgido de la parte más pura de la naturaleza y que sus signos visibles no son, por así decirlo, más que cabeza, en lugar y sitio del cuerpo entero. Pero las imágenes de los dioses que modela el hombre han sido formadas de dos naturalezas, de la divina que es más pura, infinitamente más divina, y de la que se halla más acá del hombre[183], quiero decir de la materia con que lo han fabricado; además sus figuras no se limitan tan solo a la cabeza, sino que poseen un cuerpo entero con todos sus miembros. Así, la humanidad, que siempre recuerda su naturaleza y su origen, lleva la imitación de la divinidad hasta tal punto que, al igual que el Padre y Señor ha dotado a los dioses de eternidad para que le fuesen semejantes, así el hombre modela sus propios dioses a semejanza de su imagen.

—¿Te refieres a las estatuas, oh Trimegisto?

—Sí, a las estatuas, Asclepios. ¡Mira cómo tú mismo careces de fe! Son estatuas provistas de alma, llenas de sentido y de espíritu, y que realizan una infinidad de maravillas; estatuas que conocen el porvenir y lo predicen por sortilegios, inspiración profética, sueños y muchos otros métodos; que envían a los hombres las enfermedades y los curan, que otorgan, según nuestros méritos, el dolor y la alegría[184].

Seguramente, el fragmento del *Corpus hermeticum* que acabamos de leer es el que mejor y más claramente relaciona los misterios teológicos con los alquímicos. Las estatuas de los dioses, al igual que los milagros de una única cosa aunando lo superior con lo inferior, están fabricadas por hombres que actúan como demiurgos[185]. Sin conocer

---

[183] También se podría traducir por «lo que se encuentra en el interior del hombre».

[184] *Obras Completas de Hermes Trismegisto*, cit., tomo II, págs. 57-59.

[185] Cf. R. Arola, *Las estatuas vivas. Ensayo sobre arte y simbolismo*, Obelisco, Barcelona 1995.

las propuestas de la alquimia, las palabras de Hermes Trimegisto parecen referirse a la hechicería más exterior. Así sucedió en la Edad Media cuando este texto, el único de Hermes conocido en la época, cayó en descrédito a causa de sus propuestas. Pero, si se comprende que las estatuas a las que se refiere tienen que ver con la Piedra filosofal, el texto reencuentra su sentido original, que no dista del propio de la mitología.

Henry Corbin también se refirió al tema de las estatuas en un estudio sobre un texto musulmán titulado *Le Livre des sept Statues*, un documento de capital importancia y ello por varias razones. En primer lugar, porque se trata de la transmisión de un texto griego del que solo se dispone de la versión árabe. En segundo lugar, porque es el mayor testimonio de la tradición hermética del Islam. Y por último, porque ilustra respecto a la concepción de la alquimia presentándola como un arte hierático o divino. Las estatuas de las que trata, auténticos demiurgos, son «vivientes y parlantes porque no están hechas de un metal común, sino de un metal *filosófico* proveniente de la operación alquímica y por eso son aptas para cumplir su función sacerdotal en el templo»[186]. Corbin desarrolla el tema de modo semejante a las tesis de nuestro apartado anterior y escribe:

> El tema del «sacerdote», que caracteriza y domina esta concepción del arte hierático, confiere una función sacerdotal a la estatua, porque su «metal» resulta de un arte totalmente distinto del del simple escultor o hacedor de imágenes. Este tema ya aparecía en el alquimista Zósimo de Panópolis (siglo III a. C.), quien formuló perfectamente la doble operación que constituye, de hecho, la operación alquímica; por una parte debe separarse el espíritu del cuerpo y después reunir el espíritu con el cuerpo. Los metales están constituidos por un espíritu y un cuerpo y, precisamente por eso, la operación alquímica será meditada y contemplada de tal modo que sus dimensiones se amplifiquen hasta las de las transmutaciones del hombre interior. Que el espíritu se convierta en cuerpo y que el cuerpo se convierta en espíritu, que se trate, pues, de un cuerpo regenerado sutil y totalmente espiritual, es lo que según los metafísicos iranios será la condición

---

[186] H. Corbin, *Le Livre des sept Statues, cit.*, pág. 64.

propia del *mundus imaginalis*. Por eso, Zósimo dice: «El cobre se representa como un sacerdote (*kalkantropos*, hombre de cobre) que procede al sacrificio de la serpiente Uroboros, y que, después de haber separado y recompuesto de nuevo los miembros de la serpiente, se convierte él mismo en un hombre de plata *(argyrantropos)*, y por fin en un hombre de oro[187].

El proceso que conduce a la creación de unas estatuas vivas, que simbolizarían a los dioses, reproduce las metamorfosis de la Gran Obra alquímica, pues, como escribió Maier, lo que se crea «son dioses químicos, no *celestes*, sino *subterráneos* y nacidos por el arte».

Hesíodo, en su *Teogonía*, contempla el árbol genealógico de los dioses, desde el principio tenebroso del Caos hasta los pormenores de los dioses olímpicos, un proceso que, si se lee desde la alquimia, corresponde a la descripción de aquello que el adepto contempla dentro de su vaso. Desde el *opus nigrum* o espejo oscuro, hasta el espejo translúcido u oro vivo[188].

Teogonía significa propiamente «nacimiento u origen de los dioses», «genealogía o devenir de los dioses», y también «contemplación *(teo)* del nacimiento *(gonía)*». La obra comienza con una extensa invocación a las hijas de Zeus y Mnemósine, las musas que habitan en el monte Helicón. Ellas fueron quienes inspiraron al poeta «la voz divina» para cantar el futuro y el pasado de la estirpe de los inmortales[189]. Los *athanatoi*, «inmortales», son los que desconocen la muerte, pues son seres eternos sin principio ni fin. Sin embargo, en el poema de Hesíodo se describe su nacimiento; esta paradoja es un enigma que solo puede ser leído en la escuela de las musas cuando, como dice el poeta, «quieren cantar la verdad»[190].

---

[187] Ibídem, pág. 65.

[188] Se ha desarrollado el tema en R. Arola y L. Vert, «El nacimiento de los dioses», en: *Mitología oculta* (La Puerta), Arola, Tarragona 2001, págs. 37-50.

[189] Hesíodo: «De las Musas Helicónides empecemos el canto, que habitan en el monte Helicón, grande y divino, / y en torno a la violácea fuente, con pies delicados, danzan…». Hemos utilizado la edición bilingüe preparada por P. Vianello de Córdova: Hesíodo, *Teogonía* 1-3, UNAM, México 1986.

[190] Ibídem.

Como hemos dicho, el poema de Hesíodo muestra la genealogía divina. Después del Caos y otros seres maravillosos, nace Urano, que representa el cielo y todos sus ornamentos, quien se unirá a Gea para engendrar a los titanes. El titán cuya descendencia reviste mayor importancia es Cronos, pues a partir de él se llega a la generación divina de los olímpicos. Después de la disputa entre Cronos y Urano, el primero se hace con el poder universal y se une con su hermana, la titánida Rea, con quien tuvo tres hijas: Hestia, Deméter y Hera, y tres hijos: Plutón (Hades), Poseidón y, finalmente, Zeus. Una maldición pesaba sobre Cronos, pues, después de destronar a su padre, rehusó dar satisfacción a Gea. Esta prometió que también él sufriría la suerte que había infligido a su padre y sería destronado por sus hijos. Para prevenirse contra esta amenaza, Cronos devoraba los hijos que Rea le daba. Se comió a los cinco primeros, pero cuando estaba a punto de nacer el pequeño Zeus, Rea decidió salvarle. Con la complicidad de Gea, encontró asilo en una caverna de Creta, donde dio a luz. Luego, tomó una piedra que envolvió en pañales, se la llevó a Cronos y le hizo creer que era su hijo. Ajeno a este engaño, Cronos tomó la piedra y se la comió. Zeus se había salvado, pero esto significaba la condena de Cronos. Protegido en un antro de Creta, Zeus creció y adquirió toda su fuerza divina. Llegó el momento del cumplimiento de la promesa; Zeus tenía por compañera a una hija de Océano, Metis, quien le dio una droga, gracias a la cual Cronos vomitó los hijos que había devorado anteriormente. Todos volvieron a ver la luz. Con estos aliados, Zeus atacó a Cronos y a los titanes que habían acudido en su auxilio. La lucha duró diez años.

Finalmente venció Zeus, que distribuyó el universo y forjó la estirpe de los dioses olímpicos. Zeus obtuvo preeminencia y reinó sobre el cielo; Hades, su hermano, se contentó con la parte del mundo situada debajo de la tierra, es decir, el mundo infernal. Poseidón fue el señor del mar. Después nacieron diversos hijos de Zeus y Hera, hasta que se completó el grupo de las grandes divinidades, que Hesíodo describe con precisión. En la época clásica se consideraba que existían doce olímpicos: Zeus, Poseidón, Hefesto, Hermes, Ares, Apolo, Hera, Atenea, Artemisa, Hestia, Afrodita y Deméter.

Así pues, desde el primer engendramiento del Caos hasta el reinado de Zeus y los dioses olímpicos, acaecieron diversas luchas, que según la exégesis alquímica no serían sino imágenes fabulosas de los procesos y cambios de la Gran Obra. En ellas, el alquimista contempla «el divino misterio de la creación de Dios»[191]. Hesíodo también precisa que las Musas que le inspiran bailan en torno a una «violácea fuente» (*Teogonía* 3), lo que parece ser una alusión al color del espejo de los alquimistas[192]. D'Hooghvorst, que se refirió varias veces a este misterio, escribió lo siguiente respecto a esta visión:

> A través del cristal de su atanor [...], el discípulo del arte contempla maravillado el único tesoro de la vida, y dicha contemplación se desarrollará poco a poco en su espíritu y en su corazón como el suntuoso poema de esta Naturaleza entera, que se muestra a él[193].

Este autor escribe Naturaleza con mayúscula, pues, según los alquimistas, la santa mitología no habla de la naturaleza caída, que es la realidad exterior que observan nuestros ojos, y por eso tienen razón quienes dicen que no existen los dioses bienaventurados, sino tan solo una creación imperfecta habitada por la muerte. El alquimista contempla la realidad interior de la Naturaleza y de sí mismo, y en esta contemplación se produce la «teogonía», o el «nacimiento de los dioses».

Podría creerse que habría sido el hombre quien, con objeto de explicar lo que no conocía, imaginara unos seres inmortales que justificasen el azar de su devenir. Según dicha hipótesis, los dioses y los héroes mitológicos venerados por nuestros antepasados serían sutiles estratagemas que les permitirían expresar fenómenos naturales para

---

[191] L. Cattiaux, *El Mensaje Reencontrado* (35, 27), *cit.*, pág. 660.

[192] *Amatista* es uno de los nombres del mercurio, pues la visión de este color indica la primera conjunción, tal como aparece en el Libro de la Sabiduría: «La sabiduría brilla con un color amaranto» (Sb 6, 12). También sería el color del *electrum*, traducción del hebreo *hashmal*, de la visión de Ezequiel, que constantemente es recordado en la liturgia judía por el color de los flecos del chal de plegaria, el famoso *tekelet*.

[193] E. d'Hooghvorst, *El hilo de Penélope*, *cit.*, tomo I, pág. 112; cf. ibídem, tomo II, págs. 93 y 94, para los comentarios de D'Hooghvorst respecto al *hashmal* de la visión de Ezequiel, con relación a la obra de Paracelso.

los que no poseían una explicación lógica. Sin embargo, según la interpretación hermética de los mitos, los dioses no son un producto del pensamiento humano, sino de la revelación «en el hombre» del secreto del Creador.

La edición primera y más antigua de la obra de Barent Coenders van Helpen, *Escalier des Sages ou Thrésor de la Philosophie des Anciens*, fue realizada por C. Pieman en 1686, y contiene una serie de grabados espléndidos[194]. Se trata de doce imágenes, más el frontispicio, en las que la relación entre mitología y alquimia aparece de un modo explícito. Cada uno de los grabados explica mediante una frase acróstica y un pasaje mitológico uno de los principios de la alquimia. El primer grabado se refiere a la alquimia, siguen el caos, el calor, el amor, el fuego, que aparece en dos ocasiones, el aire, el agua, la tierra, el azufre, el mercurio y por último la sal.

La primera imagen **(figura 29a)**, dedicada a la alquimia (*alchimia*), se explica con la frase siguiente: «El arte laborioso convirtiendo la humedad ígnea de los metales en Mercurio»[195]. El grabado representa al alquimista, situado a la derecha de la imagen, acompañado de algunos libros y señalando a cuatro dioses provistos de distintos aparatos de laboratorio. Así, el alquimista muestra a los componentes de la Gran Obra, representados por los hijos de Cronos, Plutón, Poseidón y Zeus, sobre un diluido fondo donde se adivina el mar, el fuego de un volcán y el amplio cielo. Los gobernantes de las tres naturalezas de la creación se encuentran con Mercurio (Hermes) o la quintaesencia, que permite la conjunción de los tres mundos. Dicho en palabras de Maier: «Los mandatos de los dioses, Mercurio los ejecutaba en el *mar*, en el *cielo* y en la *tierra*»[196].

Después de este grabado introductorio vienen dos más que representan uno al caos **(figura 29b)** y el otro al calor **(figura 29c)**,

---

[194] B. Coenders van Helpen, *Escalier des Sages ou Thrésor de la Philosophie des Anciens*, Pieman, Groninga 1687; las figuras referenciadas se encuentran correlativamente en las págs. 6, 66, 99 y 173.

[195] Se trata de un acróstico, es decir, de una frase compuesta por palabras cuyas iniciales forman otra palabra. En este caso, no está escrito «Mercurio», sino que se ha representado su signo como se utiliza en astrología.

[196] M. Maier, *Les arcanes très secrets*, cit., pág. 141.

en alusión, tal vez, al principio de la *Teogonía* donde se explica que primero fue el Caos y que Eros, es decir el calor, fue el primer dios. Coenders van Helpen utiliza la estética creada por Fludd para mostrar el caos y el orden. La frase acróstica que se refiere al caos es: «Calor, humedad, frío, sequedad oculta» y la del calor es: «El omnipotente autor de la luz todo lo rige». Los grabados siguientes son las imágenes que aparecen cuando el calor o fuego divino comienza a ordenar el caos. Sobre este principio debemos insistir y para ello utilizaremos de nuevo las palabras de Hesíodo.

Como se ha dicho, el primer dios que aparece en la *Teogonía* es el Caos, que significa «abertura», «abismo», «espacio inmenso y tenebroso que existía antes del origen de las cosas» y también «masa confusa de los elementos esparcidos en el espacio». Desde que, en la época helenística, se dieron a conocer al mismo tiempo la *Teogonía* de Hesíodo y el Génesis bíblico, ambos textos se han venido relacionando, porque los dos explican el principio de una creación y también porque, según la leyenda, tanto Moisés como Hesíodo aprendieron la Gran Obra o el Gran Arte de los alquimistas egipcios. Así lo entiende Guillaume Mennens en su tratado *La Toison d'or*, cuando escribe respecto a esta primera creación:

> Sobre esta agua ya creada o abismo hubo, está dicho, las tinieblas, porque esta materia en su interior y en su exterior era tenebrosa y no poseía nada de luz. Así pues, a lo que Moisés denomina abismo, los gentiles le han dado el nombre de caos. Es lo que Hesíodo ha declarado en su *Teogonía*: «Primeramente, por cierto, fue Caos, [...] y de Caos, Tinieblas y la negra Noche nacieron». Y esta es la razón por la cual en el mismo pasaje no está dicho que Dios vio que el abismo era bueno[197].

Según los alquimistas el abismo, o caos, es el origen del barro vivificante, *su* tierra filosófica, que a la vez era *su* nodriza, esposa y madre. D'Hooghvorst escribió sobre esta materia relacionándola explícitamente con el hombre:

---

[197] G. Mennens, «La Toison d'or», en: *Le Fil d'Ariane*, n.º 65 y 66, Walhain-St.-Paul 2000, pág. 59.

[Se llama *adamah*] la tierra de la cual el hombre *[adam]* ha sido hecho; es para él como su madre y su nodriza, y está ligada a él por un lazo de simpatía natural; él se instruye con su contacto, ella es para él como un espejo en el que él se contempla[198].

Por este motivo, de entre todos los inmortales posteriores al Caos, la Tierra adquiere un relieve especial, pues es el origen de todo lo creado, incluyendo los más importantes linajes divinos. En multitud de himnos y poemas grecorromanos, la Tierra era alabada como la gran madre, la madre universal, la madre de todo; veamos por ejemplo el himno homérico a ella dedicado:

Voy a cantar a la Tierra, madre universal, de sólidos cimientos, la más augusta, que nutre en su suelo todo cuanto existe. Cuanto camina por la divina tierra o por el ponto, o cuanto vuela, se nutre de tu exuberancia[199].

La Tierra aparece siempre como el principio de la Obra; sin embargo, lo más sorprendente del poema de Hesíodo es el hecho de que Urano, el cielo, la cúpula celeste y todo lo que en ella existe, nace de la Tierra: «Gea procreó», escribe Hesíodo, «primeramente, igual a sí misma, a Urano estrellado, porque todo alrededor la cercara y fuera de los dioses bienaventurados cimiento seguro»[200]. Urano, nacido de Gea, representa el cielo de infinitos ojos, en el que habitan los dioses, tal como explica Dom Pernety en el *Dictionnaire mytho-hermétique*, al definir la voz «cielo»: «Este término tiene diferentes sentidos según los filósofos herméticos. En general, se toma por el vaso de los sabios, donde habitan Saturno, Júpiter y los demás dioses»[201].

Se trata pues, de un cielo filosófico, es decir, un cielo terrestre, «cimiento seguro de los dioses bienaventurados», que primero es oscuro, pero que poco a poco se va aclarando hasta que brilla como

---

[198] E. d'Hooghvorst, *El hilo de Penélope*, cit., tomo I, pág. 318.
[199] *Himnos homéricos*, Gredos, Madrid 1978, pág. 299.
[200] *Teogonía*, 126-128.
[201] D. Pernety, *Diccionario mito-hermético*, cit.

un espejo de oro. Guillaume de Mennens termina el fragmento que hemos citado anteriormente diciendo:

> El dicho cielo no significa los cuerpos celestes, lo que se hace evidente por lo que sigue, cuando el mismo profeta afirma: «Dios dijo: "Hágase un firmamento en medio de las aguas", y separó las aguas de las aguas. Y Dios denominó al firmamento cielo» (Gn 1, 6-7). En este firmamento, el cuarto día, por fin, colocó las grandes luminarias, a saber, el sol y la luna y todos los demás astros, los llenó de todo su ornamento, o mejor dicho de toda la armada de ángeles y espíritus celestes, y los hizo brillar[202].

En el esplendor de esta tierra, que es un ángel, los poetas contemplaron cómo los metales vulgares se convertían en brillantes dioses olímpicos, y nunca mejor dicho, pues Olimpo significa en griego: «todo luminoso», «todo brillante».

Según la interpretación alquímica, los vástagos de la Tierra y el Cielo serían la luz surgiendo de la oscuridad y manifestándose, puesto que, propiamente, se convirtieron en dioses solo cuando Zeus, sus hermanos y sus hijos, se instalaron en el Olimpo. El gramático Varrón escribió sobre el origen etimológico del nombre de Júpiter, el dios romano equivalente a Zeus, y lo relacionó con el tema que nos ocupa:

> Precisamente esta característica es la que mejor pone de manifiesto el más antiguo nombre de Júpiter: antaño se le denominaba *Diovis* y *Diespiter*, esto es, *dies pater* (padre-día). Los entes derivados de él se denominan *dei* (divinidades); el mismo origen es el de *dius* (dios) y *divum* (cielo)[203].

Las etimologías de las palabras que significan «dios» en las lenguas indoeuropeas confirman esta hipótesis al relacionar inequívocamente dicho vocablo con la luz. Mircea Eliade lo resume como sigue:

---

[202] G. Mennens, «La Toison d'or», *cit.*, pág. 60.
[203] Varrón, *De lingua latina*, Anthropos, Madrid 1990, pág. 51.

Desde que empezó a estudiarse este tema se reconoció el radical indoeuropeo *deiwos*, «cielo», en los términos que designan al «dios» (lat. *deus*, sáns. *deva*, iran. *div*, lit. *diewas*, ant. germ. *tivar*) y en los nombres de los principales dioses: Dyaus, Zeus, Júpiter. La idea de lo divino aparece vinculada a la sacralidad celeste, es decir, a la luz[204].

La etimología nos conduce al sentido hermético de los dioses creados en el proceso de la Gran Obra. D'Hooghvorst escribió lo siguiente sobre el Olimpo: «En el Olimpo se enciende naturaleza con espíritu y con sentido, dulce lámpara del Sabio y demonio de los hendidos»[205]. Los dioses se «encienden» en el Olimpo, pues el hombre los vislumbra y los conoce solo cuando el espejo alquímico brilla con nitidez. Entonces contempla su existencia real, dejan de ser meras abstracciones de la inteligencia o del subconsciente humano para convertirse en secretas hierofanías.

De entre las leyendas que describen el nacimiento de los dioses, destaca por su simbolismo el hallazgo de la estatua de Hermes Trimegisto. Ya desde la antigüedad, el relato de tal acontecimiento sirvió para reconstruir el sentido alquímico de la mitología. Se ha visto en el primer capítulo que Hermes o Mercurio Trimegisto era dios, hombre y materia, y cuando los alquimistas quisieron representar la imagen jeroglífica original que sintetizara su arte, la encontraron en la estatua de Hermes Trimegisto, la imagen total y única que incluía la completitud del misterio alquímico, algo así como el jeroglífico original.

Según los textos islámicos que acunaron la alquimia cristiana, este jeroglífico debía estar indisolublemente unido al primer eslabón de la historia alquímica, es decir, al mismo Hermes Trimegisto, ya fuera como una creación suya o bien que su misma figura fuera el jeroglífico. El personaje no podía disociarse del misterio de la escritura sagrada. Así se cumplía uno de los requisitos más importantes: poseer un cuerpo y un espíritu, como las estatuas vivas que profetizaban.

---

[204] M. Eliade, *Historia de las creencias y de las ideas religiosas*, Cristiandad, Madrid 1978, tomo I, pág. 205.

[205] E. d'Hooghvorst, *El hilo de Penélope, cit.*, tomo I, pág. 347.

La imagen, al incorporar en sí misma la unión de lo superior con lo inferior, era realmente el símbolo de la alquimia[206].

Un texto de origen musulmán, conocido como *Senioris antiquissimi philosophi libellus*, muy citado por los alquimistas paracelsianos[207], se ocupó del misterio del hombre-materia-jeroglífico. Así, su autor, después de describir la escena en que Senior Zadith se encuentra en un subterráneo, concluye: «He sabido que la estatua representa al sabio, y lo que se encuentra en la Tabla [...] es su ciencia oculta que ha descrito mediante figuras»[208]. Este libro, que fue básico para la alquimia renacentista y barroca, comienza con la siguiente descripción:

> Senior Zadith, hijo de Hamuel. Entré en una cierta casa subterránea. Después contemplé [...] todas las prisiones ígneas de José. En el techo vi representadas nueve [sic] águilas con las alas desplegadas y las garras abiertas y en cada garra de las águilas, la imagen de un arco [...]. En el muro de la casa, a derecha y a izquierda, justo al entrar, se veían imágenes de hombres de pie, vestidos de diversos colores, de gran perfección y belleza. Tenían las manos extendidas hacia el interior de la habitación, donde, en uno de los lados, se hallaba una estatua [...]. El personaje estaba sentado sobre una silla como de médico y sobre su regazo, y en sus manos extendidas sobre sus rodillas, se veía una tabla de mármol distinto del de la estatua, de un brazo de largo y un palmo de ancho. Esta tabla era como un libro abierto para quien entrara, como una invitación para examinarla. En la cámara donde estaba sentada la estatua se veían infinidad de imágenes y letras bárbaras[209].

El texto no lo explicita, pero la estatua que se hallaba en el interior de la extraña casa, que también podría ser un templo o una pirámide,

---

[206] En 1564 John Dee publicó su *Monas hieroglyphica*, y construyó «la imagen» desarrollando el signo astrológico de Mercurio; cf. R. Arola, *La cábala y la alquimia...*, cit., págs. 253-266.

[207] Cf. C. Gilly y C. van Heertum (eds.), *Magia, alchimia, scienza dal '400 al '700: l'influsso di Ermete Trismegisto*, cit., tomo I, págs. 516 y ss.

[208] «Senioris antiquissimi philosophi libellus», en: J. J. Manget, *Bibliotheca chemica curiosa*, cit., tomo II, pág. 217.

[209] Ibídem, pág. 216.

era el propio Hermes Trimegisto, como lo confirman, entre otros ejemplos, el texto y la miniatura de la *Aurora consurgens* que reproduce la escena **(figura 21a)**[210], así como el grabado que acompaña la edición del libro de Senior Zadith, recogido en el *Theatrum chemicum* **(figura 30)**. Hermes es el jeroglífico secreto, la encarnación del pensamiento divino, el sujeto de la Gran Obra.

La leyenda explica que se encuentra en un lugar oculto y secreto, por eso se ha dicho que se trata de la tumba del propio Hermes, o la de Hiram u Osiris. También puede relacionarse este extraño lugar con la cueva de Makpela[211], donde, según las enseñanzas de los cabalistas, Abraham encontró a Adán doblado sobre sí mismo, y con tantos otros ejemplos de distintas tradiciones.

La relación entre el jeroglífico universal y la tumba donde reposan las cenizas, o en términos alquímicos, la sal, del fundador mítico o real de una tradición es ineludible en cualquier reflexión sobre el simbolismo, pues apunta al misterio de la luz del cielo encerrada en el interior de la tierra, a la que antes hemos llamado semilla del espíritu. Las cenizas del ancestro serían, en definitiva, la parte divina que permanece en el hombre después de la caída, un gran tesoro, herencia de la humanidad, pero también un tesoro oculto en «la sombra de la muerte». En ellas estaría escrito, como en la Tabla de Esmeralda, el secreto de la inmortalidad, es decir, lo que es propio de la divinidad. El comienzo de la alquimia parece resumirse en el despertar de la semilla jeroglífica, a la que la masonería denominó *la palabra perdida*. Pero para que ello ocurra es necesario un encuentro de lo que ha permanecido libre, que en lenguaje alquímico se denomina lo volátil, con la semilla jeroglífica encerrada en el interior de la tierra, lo fijo.

---

[210] Cf. D. Kahn, «Alchimie et architecture: de la pyramide à l'église alchimique», en: F. Greiner (ed.), *Aspects de la tradition alchimique au XVIIe siècle, cit.*, págs. 295-335.

[211] «Makpela» proviene de una palabra que significa «doblado», que, a su vez proviene de una raíz, *kapal*, que expresa «algo doble». La cueva de Makpela estaba situada en el encinar de Mamre, y Abraham la compró para enterrar a su mujer Sara (Gn 23, 19). En el *Zohar* se cuenta que cuando Abraham entró en la cueva, la tierra se abrió y aparecieron las tumbas de Adán y de su mujer Eva. Así mismo, Isaac y Rebeca y Jacob y Lea fueron enterrados allí. Por eso también se la conoce como la Tumba de los Patriarcas; cf. *Sefer ha-Zohar* I, 127a-128b.

9. El querer del cielo

Reservamos el último apartado para aproximarnos a uno de los temas fundamentales de la alquimia. También, uno de los más controvertidos. ¿Qué es ese don del cielo, del que se habla en todos los auténticos tratados alquímicos y sin el cual todas las enseñanzas y teorías se convierten en un sinsentido? La alquimia paracelsiana relacionó el don del cielo con la luz de la gracia divina que debía bañar a los hombres para que se cumpliera la promesa de la parusía y la venida del reino del Espíritu Santo. Esa venida significaría el despertar de la semilla jeroglífica escondida en «la sombra de la muerte» y su germinación hasta el fruto dorado.

En la Tabla de Esmeralda está escrito: «Separa la tierra del fuego, lo sutil de lo espeso, con prudencia y arte. Sube de la tierra al cielo y se apropia de las luces de lo alto, después desciende sobre la tierra». La afirmación de Hermes Trimegisto respecto a que primero algo debe subir al cielo y después descender sobre la tierra parece contradecirse con la idea más o menos preconcebida de que el don del Espíritu Santo se derrama sobre el mundo para regenerarlo. ¿Qué es, pues, lo que debería subir para que descienda tal don? La respuesta de un filósofo alquimista sería la siguiente: la luz de la naturaleza, después de desembarazarse de la mugre que la aprisiona.

Para desarrollar esta propuesta nos detendremos en la descripción de la Tabla de Esmeralda que sostiene Hermes Trimegisto. Ya hemos apuntado que se trata del *símbolo,* y ahora utilizamos la palabra con todo el contenido acumulado a lo largo de estas páginas. El texto de Senior Zadith comenta:

> La tabla, que tenía en su regazo, estaba dividida en dos mitades por una línea. En la parte inferior se veían dos aves, una inclinada sobre

la otra. Una de ellas tenía las alas cortadas y la otra no. Cada una tenía en su pico la cola de la otra, como si una se quisiera llevar a la otra en su vuelo y la primera quisiera retenerla. Las dos, reunidas e iguales, formaban una esfera, siendo la imagen de dos en uno. La cabeza de la que podía volar estaba cerca de la esfera y encima de las dos aves, en la parte superior de la tabla, donde estaban los dedos de la estatua, se veía la imagen de la luna resplandeciente. En el otro lado de la tabla, la esfera miraba hacia el ave inferior. Había pues cinco cosas, los dos pájaros, la imagen de la luna y otra esfera.

En la otra parte de la tabla, en lo alto, cerca de los dedos de la estatua, había la imagen de un sol emitiendo rayos como la imagen de dos en uno. En el otro lado, otra imagen del sol con un rayo descendiendo. Eso sumaba tres, es decir, las dos luminarias y el rayo de dos en uno, y el rayo de una descendiendo hasta casi el final de la tabla y rodeando una esfera negra dividida en su contorno en dos tercios y un tercio.

El tercio tenía la forma de la luna creciente, su parte interior sin negrura. La esfera negra la envuelve y su forma es como de dos en uno y un sol simple. Todo ello suma cinco, el conjunto suma diez, siguiendo el número de estas águilas y de la tierra negra[212].

No pretendemos interpretar la imagen descrita por Senior Zadith, solo quisiéramos destacar una coincidencia que podría abrir una vía en la búsqueda del sentido oculto en los jeroglíficos herméticos. Un fragmento alquímico, muy célebre en la época de los primeros rosacruces y que se conoce como «El enigma del Cosmopolita»[213], puede ayudar a comprender el misterio que se esconde en los rayos del sol y la luna.

El fragmento del Cosmopolita (Michael Sendivogius) está narrado en primera persona, como si se tratara de una aventura ocurrida al autor, y explica lo siguiente: «Sucedió una vez que, navegando [...] desde el Polo ártico hasta el antártico, la voluntad de Dios qui-

---

[212] «Senioris antiquissimi philosophi libellus», en: J. J. Manget, *Bibliotheca chemica curiosa*, *cit.*, tomo II, pág. 217.

[213] M. Sendivogius, «Parabola, seu aenigma philosophicum», en: J. J. Manget, *Bibliotheca chemica curiosa*, *cit.*, tomo II, págs. 474 y 475.

so que fuera arrojado a la orilla de un gran mar». Una vez allí descubrió un lugar excelso, maravilloso: «Los Campos Elíseos de Virgilio no podían comparársele». Cualquier cosa que se pudiera desear se hallaba en aquel lugar y el autor no duda en describir todas sus maravillas, como para subrayar la falta de algo. En efecto, en aquella isla paradisíaca era extremadamente difícil conseguir agua, puesto que la que se encontraba en los ríos, canales o fuentes era venenosa. Solamente era potable el agua que «se extrajera de los rayos del sol y/o de la luna, lo cual podía hacer poca gente». Después, utilizando distintos recursos narrativos, el protagonista descubre poco a poco las virtudes de un agua tal. De ella proceden el árbol solar, la salamandra y, en definitiva, toda la vida pura. El secreto está en que el agua «se extrae de los rayos del sol o de la luna, por medio de la fuerza de un imán».

Únicamente gracias al imán es posible captar el agua que permite la regeneración del cuerpo y del espíritu del hombre. El náufrago protagonista del relato del Cosmopolita se encuentra con Neptuno, quien le explica el misterio de esta agua:

> Todo lo que nace de esta agua, nace a la manera de los gusanos por putrefacción. Por eso los filósofos han creado el Fénix y la Salamandra. Ya que si eso se hiciera por la concepción de dos cuerpos, estaría sujeto a la muerte; pero, puesto que se revivifica a sí mismo, al ser destruido el primer cuerpo, viene otro incorruptible. Tanto más cuando la muerte de las cosas no es otra cosa que la separación de las partes de un compuesto. Así se hace en este Fénix, que se separa por sí mismo de su cuerpo corruptible[214].

Según explican los filósofos rosacruces, la germinación de la semilla del espíritu, cuyo fruto será la bendita Piedra, se produce gracias al agua que proviene de la conjunción de los rayos del sol y la luna. Al igual que sucede en los procesos naturales, esta agua primero penetra en la tierra que contiene la semilla, la pudre para que pueda germinar, y luego la alimenta. Por eso, el texto dice que su nacimiento es «a la manera de los gusanos por putrefacción». Nacer por putrefacción sería

[214] Ibídem.

nacer de lo que está muerto o, dicho con mayor precisión, nacer *en* lo muerto, como cuando se dice que la libertad nace *en* la esclavitud. Si se considera esta última relación no sorprende que la salida del pueblo esclavo de la tierra de Egipto se produzca en el momento del año en que con mayor intensidad se reúnen los rayos del sol y de la luna; esto es, durante el *Pesaj*, la Pascua hebrea[215], que debe coincidir con la primera luna llena de primavera. En este momento del año, la fuerza vivificante del sol se halla en su máximo poder; y, a su vez, la luna llena convoca la totalidad de las energías femeninas.

El Cosmopolita niega que concurran muchas cosas en la formación de la Piedra, pues, según él: «Hay una sola y única cosa, a la que no se le añade nada, excepto el agua filosófica». La «única cosa» sería, siguiendo esta línea interpretativa, la semilla del espíritu, pues potencialmente, y como si fuera un jeroglífico, en cada semilla está inscrito el conjunto del acto de la creación.

En el relato, la semilla del espíritu actúa como un imán que atrae lo que es de su misma naturaleza para crear el símbolo de la alquimia. Sin el imán no hay agua y sin agua no hay imán, tal parece ser el planteamiento del Cosmopolita en este pasaje. Dicho de otro modo, sin cierta corporeidad no hay espíritu y sin cierto espíritu no hay corporeidad. Y aun más, sin la espiritualización del cuerpo no hay corporificación del espíritu y, por consiguiente, solo restan la corrupción y la muerte, pues las partes del compuesto se separan. La alquimia se esfuerza en enseñar que puede existir una generación incorruptible, propiamente áurica, que nace cuando en el fluir de los mundos se encuentra la unidad del símbolo.

En la Tabla de Esmeralda está escrito, lo hemos mencionado más arriba: «Sube de la tierra al cielo y se apropia de las luces de lo alto, después desciende sobre la tierra», lo que sería lo mismo que decir: si no se sutiliza algo de la corporeidad, aquello que los seguidores de

---

[215] La Pascua hebrea se celebra en el mes de *Nisan*, que según Ex 13, 3-4, coincide con la primavera: «Acordaos de este día en el que salisteis de Egipto, de la casa de la servidumbre, pues el Señor os ha sacado con mano fuerte; no comáis pan fermentado. Salís hoy, en el mes de Aviv». Antiguamente en este primer mes, que después se ha denominado *Nisan*, se celebraba la *Hag Aviv*, la *fiesta de primavera* del ciclo agrícola.

Paracelso llamaron «la luz de la naturaleza», no puede existir el medio para que descienda el don de Dios o la luz de la gracia. En eso residiría precisamente la fuerza del imán, pues no solo espera la llegada de la parte complementaria, sino que va a buscarla.

Los antiguos maestros han escrito mucho y de muchas maneras acerca de este misterio. Eugenius Philalethes, por ejemplo, comentó el comercio entre el cielo y la tierra mediante la elevación y la volatilidad del agua de la manera siguiente:

> La tierra no puede elevarse si el agua no se rarifica primero, pues es en las entrañas del agua donde se eleva la tierra, y si la tierra no se eleva, después de haber dejado su cuerpo grosero y haber sido sutilizada y purgada por el agua, entonces el aire no se le incorpora, pues la humedad del agua introduce el aire en la tierra rarificada y disuelta. Y así, de nuevo, al igual que el agua reconcilia el aire con la tierra, igualmente el aire reconcilia el agua con el fuego, como si se devolvieran el favor. Pues el aire —con su untuosidad y su grasa— introduce el fuego en el agua, siendo que el fuego sigue al aire y se une a él, pues es su combustible y su alimento. Solo nos queda observar ahora que el vapor del agua es el lugar o la matriz donde los otros tres elementos se han encontrado, sin el que jamás se hubieran reunido. Pues este vapor es el vehículo que hace elevarse a la tierra pura virginal para que se una en matrimonio con el sol y la luna. Y después la hace descender en sus entrañas, impregnada de la leche de uno y de la sangre de otro, es decir de aire y de fuego, principios que predominan en las dos luminarias superiores[216].

En los cenáculos alquimistas de principios del siglo XVII se insistió una y otra vez en la importancia del vehículo natural que debía servir para recibir la luz de la gracia. En el famoso grabado que introduce la tercera parte del *Opus medico-chymicum* de Johann Daniel Mylius **(figura 31)**, y que también se utilizó en el *Musaeum hermeticum*, aparece escrito, a modo de referencia, el texto de la Tabla de Esmeralda en la parte inferior de la imagen. Se trata de un grabado apaisado, a doble

---

[216] T. Vaughan, «Euphrates or the waters of the East», en: A. E. Waite (ed.), *The Works of Thomas Vaughan (Eugenius Philalethes), cit.*, págs. 423 y 424.

página en las ediciones de la época, y en el que se conjugan los rayos de la luz de la gracia con los elementos de la luz de la naturaleza. La presencia de las tres personas de la Trinidad en la parte superior del dibujo alude a la primera. La parte inferior se ordena a partir de una simetría entre la derecha y la izquierda: a la derecha se representa lo masculino, el sol, el león, etc., todo ello iluminado por la luz diurna. La parte izquierda ocurre en la oscuridad o noche y en ella se representa lo femenino, la luna, el ciervo, etc. Ambas partes se unen en el centro, en una montaña que asciende, o sublima, la creación de la naturaleza hasta encontrar la luz de la gracia.

Las imágenes alquímicas muestran la ciencia del encuentro de la naturaleza con Dios mediante el símbolo del hombre. No son meras ilustraciones de los textos. El mejor ejemplo lo forma la serie de veintiún grabados del *Rosarium philosophorum*. Los originales se publicaron en Frankfurt en 1550. El texto es anónimo, aunque la leyenda lo atribuya a Arnau de Villanova, muerto en 1310, y reproduce, a modo de florilegio, citas de los grandes maestros del hermetismo[217].

El *Rosarium philosophorum* nos interesa particularmente, pues a lo largo del siglo XVII sus imágenes se reprodujeron en múltiples ocasiones **(figuras 33)**, llegándose a convertir en el referente iconográfico más propio del simbolismo alquímico[218]. En esta obra, las figuras forman un discurso paralelo al texto, con sus propias definiciones escritas en alemán, a diferencia del texto básico redactado en latín. Los veintiún grabados que se hallan incorporados al escrito original muestran las distintas etapas de la conjunción entre el rey y la reina que también son el sol y la luna. Al final de esta fase, los dos alcanzan a ser uno y sobreviene la putrefacción o la muerte **(figura 33f)**, una conjunción que el imaginero representa con el cuerpo de

---

[217] *Rosarium philosophorum: ein alchemisches Florilegium des Spätmittelalters* (reimpresión de la edición de Fráncfort de 1550: *Rosarium philosophorum secunda pars alchimiae de lapide philosophico vero modo praeparando...*, preparada por J. Telle, VCH, Weinheim 1992); de las distintas versiones del *Rosarium philosophorum*, la de 1550 fue especialmente significativa porque en ella se incorporaron los grabados que presentamos.

[218] Destacamos las versiones que V. Zadrobílek y M. Stejskal reproducen y comentan en el *Opus magnum*, Trigon, Praga 1997, págs. 70-76 y 79-88.

doble cara que se baña en el agua de un sepulcro. En el texto en alemán se dice: «Aquí reposan muertos el rey y la reina. Su alma se separa con gran dolor y pena»[219]. Solo cuando se han unido las partes del símbolo comienza el proceso alquímico de la purificación, puesto que antes no existía la materia que pudiera convertirse en la Piedra filosofal. La propia reunión del cielo y la tierra, que, a consecuencia de la caída de Adán y Eva, habían quedado separados, sería la Primera Materia.

La imagen siguiente muestra la figura del muerto junto a un pequeño personaje, que personifica el alma, que asciende hacia una nube. Se trata de la extracción del alma y el texto añade: «Aquí se reparten los cuatro elementos. El alma entonces se separa del cuerpo rápidamente» **(figura 33g)**[220]. Las dos imágenes siguientes son complementarias, muestran el retorno del alma al cuerpo resultante de la unión del rey y la reina. En la primera de ellas, el rocío que desciende desde la nube al sepulcro enseña la ablución o purificación, y el texto reza como sigue: «El cielo hace aquí llover su rocío: el cuerpo negro en la tumba es lavado de la mugre» **(figura 33h)**[221]. El grabado siguiente reproduce la escena, pero, en lugar de descender el rocío, lo que desciende es el alma; se trata del nuevo nacimiento de la conjunción del rey y la reina, tal como está escrito: «El alma se lanza aquí hacia lo bajo, al sepulcro. Viene a refrescar el cuerpo que se ha vuelto puro» **(figura 33i)**[222]. La última imagen de esta serie representa al ser de doble cara, erguido fuera de su tumba, sobre la luna y junto a un árbol lunar **(figura 33j)**[223]. El muerto ha renacido; el comentario que acompaña a la imagen es el siguiente:

La piedra al blanco y el árbol de las lunas. «Aquí ha nacido la noble y rica reina, los maestros la declaran la igual de su hija. Fecunda, da la vida a hijos sin número que son puros, sin mancha, libres de toda tara. La reina aborrece la muerte, así como la pobreza, sobrepasa al

---

[219] *Rosarium philosophorum*, cit., pág. 55.

[220] Ibídem, pág. 64.

[221] Ibídem, pág. 77.

[222] Ibídem, pág. 85.

[223] Ibídem, págs. 95 y 96.

oro, la plata, las piedras preciosas, a todos los remedios grandes y pequeños, y damos gracias a Dios en su reino».

El proceso enseña en qué consiste la ciencia divina según los alquimistas. Para que descienda el don divino, es necesario ir en su búsqueda. Los grabados del *Rosarium philosophorum* no pueden ser más explícitos. Pero no acaba aquí la serie de imágenes, pues, después de la representación del árbol lunar, se reproduce íntegramente el proceso que acabamos de narrar, el rey y la reina muertos, la ascensión del alma, el descenso del rocío y la incorporación del alma al cuerpo inerte, pero, entonces, este no resucita según el árbol lunar, sino según el árbol solar. Al ser de doble cara y vestido de gala, le acompaña el texto siguiente: «Aquí nace el rey digno de todo honor, nada en este mundo excede su grandeza, de lo que nace del arte o bien de la naturaleza entre todas las criaturas vivientes»[224]. Se trata de la Piedra al rojo o Piedra solar **(figura 33p)**. Representa la culminación de la Gran Obra. Solo entonces aparece representado el león verde **(figura 33q)**, la auténtica conjunción de espíritu y cuerpo, que hemos visto anteriormente.

Las imágenes del *Rosarium philosophorum* se cierran con dos grabados de tema religioso que complementan los procesos anteriores. El primero reproduce la coronación de la Virgen **(figura 33r)** y el segundo, la resurrección de Cristo **(figura 33s)**. Así, quizá podría resumirse el proceso diciendo que el alma salió del cuerpo, que este se pudrió en su sepulcro, hasta que el alma volvió para animar de nuevo al cuerpo purificado tras la putrefacción. En su retorno, el alma vino acompañada del espíritu original, el alma superior[225].

---

[224] Ibídem, pág. 116.

[225] Respecto a la adquisición del alma por medio de la separación del espíritu y el cuerpo, cf. el comentario del *Zohar* al versículo del Cantar de los Cantares «Que me bese con los besos de su boca» (1, 2): «Se nos ha enseñado que el besar es la unión de un espíritu con otro espíritu, por eso el beso es en la boca, pues la boca es el origen y la fuente del espíritu [...]. Y debido a esto, quien muere (hace salir su espíritu) en el beso une su espíritu al espíritu del Santo, bendito sea, y no se separa de él. Y esto es a lo que se llama beso, y por eso dice la Kneset Israel: "Que me bese con los besos de su boca", a fin de que se una un espíritu a otro espíritu y no se separen nunca» (*Sefer ha-Zohar* II, 124b).

Martinus Rulandus, en su *Lexicon alchemiae* (1612), escribe de la voz *mors*: «Muerte o corrupción. El cuerpo muere cuando el alma parte. El color se va, se extrae el espíritu del agua. Cuando vuelve a él, despierta, se vivifica, brilla; en lo sucesivo, es inmortal»[226].

Los textos alquímicos reiteran continuamente que su Obra no es otra cosa que disolver y coagular, el famoso *solve et coagula*, de donde procede el ser perfecto u oro. En el *Liber qui Clavis majoris Sapientiae dicitur* de Artephius, como en tantos otros, se confirma el mismo proceso:

> De esta manera se hace la mixtura y la conjunción del cuerpo y el espíritu, que los filósofos denominan el cambio de las naturalezas contrarias, porque, en esta disolución y sublimación, el espíritu es cambiado en cuerpo y el cuerpo es hecho espíritu. Del mismo modo también, estas dos cosas se mezclan y se reducen a una, se cambian la una en la otra, el cuerpo vuelve cuerpo al espíritu, y el espíritu cambia el cuerpo en un espíritu tintado y blanco[227].

Y después añade: «La disolución del cuerpo y la coagulación del espíritu se hacen por una única y misma operación»[228], puesto que, en la tierra pura de los alquimistas, el cuerpo y el espíritu son como dos hermanos gemelos, es decir, estrictamente de la misma naturaleza, por eso está escrito en *Le Message Retrouvé*: «Todo es espíritu, Todo es materia; según que el Único se dilate o se condense»[229]. Si ambos, espíritu y materia, se separan y se reúnen es para que, mediante esta operación, pueda aparecer el alma dorada del Dios encarnado. En otro lugar, el mismo autor lo confirma: «El espíritu está oculto en el cuerpo, y el alma se manifiesta por la separación y por la unión de ambos en la eternidad del Único»[230].

El Cosmopolita escribió: «El oro de los sabios no es de ningún modo el oro vulgar, sino una cierta agua clara y pura sobre la cual

---

[226] M. Rulandus, *Lexicon alchemiae*, cit., pág. 190.

[227] «Le Livre d'Artéphius», en: J. M. de Richebourg, *Bibliothèque des philosophes chimiques*, cit., tomo I, pág. 374.

[228] Ibídem.

[229] L. Cattiaux, *El Mensaje Reencontrado* (1, 58), cit., pág. 20.

[230] Ibídem (9, 61), pág. 174.

es llevado el espíritu del Señor, y es de ahí de donde toda la fuerza del ser toma y recibe la vida»[231] De los ejemplos mencionados puede deducirse que el proceso de la Gran Obra empieza obligatoriamente a partir de un cierto encuentro con la muerte, encuentro que, repetidamente y de forma muy distinta, se refleja en los símbolos que representan la destrucción o disolución de los seres compuestos. Gracias a esta muerte, a la que deberíamos llamar muerte iniciática, puede manifestarse la ciencia de Dios.

Los temas iconográficos son muy variados pero la intención de los imagineros es una: los dibujos y los grabados de la iconografía alquímica plantean reiterativamente la vía doble de la disolución y la coagulación. Cattiaux lo resumió del modo siguiente:

> Debemos pasar por la humildad de la muerte antes de alcanzar la gloria de la resurrección. Hay que disolver antes de coagular. Es la ley del cielo y de la tierra. [...] ¿La luz de la vida no ha brotado de la unión del cielo y la tierra? Y ¿las dos vías de Dios no se encuentran milagrosamente unidas en ella sola? Los profanos ignoran ambas, los medio instruidos las separan y las oponen; solamente los sabios las juntan y las unen en la unidad de Dios[232].

Los textos y los emblemas alquímicos muestran que los filósofos herméticos conocían el cómo y el porqué de la reunión entre el espíritu y la materia. Además, y esto sería lo más importante, en sus escritos proponen que la causa de que el hombre muera no es dicho compuesto, sino que la muerte es la consecuencia de una conjunción incompleta o defectuosa. Si el hombre conociera la manera adecuada de incluir el espíritu en la materia y de mantener en la proporción debida dicha unión, la muerte dejaría de ser el fin de la vida.

En este sentido, la alquimia plantea las cuestiones fundamentales de toda religión y de todo conocimiento espiritual: la creación es el acto divino *per se*. El querer de Dios, dicen los sabios, es lo que hace que el hombre no muera, sino que habite por siempre en la paz del jardín de Edén. Según ellos, el hombre es la criatura de Dios, hecha

---

[231] Citado por E. d'Hooghvorst, *El hilo de Penélope*, cit., tomo I, pág. 322.

[232] L. Cattiaux, *El Mensaje Reencontrado* (31, 38-39 y 31, 42-43), cit., págs. 604-606.

a su imagen y semejanza, pero, a causa del pecado original, la creación se mezcló con las inmundicias exteriores y el querer de Dios se retiró del hombre. La obra de la alquimia es la de recomenzar la creación sin accidentes, dando forma al querer de Dios. Entre ambas creaciones existe tanta diferencia como entre el oro vulgar y el oro filosófico.

Los alquimistas explican el misterio de la caída del hombre del mismo modo que los maestros de la cábala, como puede comprobarse en la reflexión de Nahmánides[233], el gran cabalista gerundense, cuando comenta el siguiente versículo del Génesis: «En el día que comas de él, de muerte morirás ciertamente» (Gn 2, 17). Nahmánides afirma que para los sabios del mundo: «El hombre estaba destinado a morir desde el principio de su formación, debido a que estaba compuesto»; en cambio, según los maestros de la cábala:

[El hombre] si no pecara no moriría nunca, pues el alma superior *[neshamah]* le daría la vida para siempre, y el deseo de Dios, el cual estaba en él en el momento de su formación, se uniría a él para siempre, y le mantendría de pie para siempre como ya he explicado (Gn 1, 10): «Y vio Elohim que era bueno». Y sabe que no es la mezcla la que lleva a la corrupción, si no es según la opinión de los poco creyentes que [dicen que] la creación era inevitable. Pero la opinión de los creyentes [hombres de fe] dice que el mundo se renueva por el simple deseo de Dios. También su permanencia será igual al tiempo del deseo. Y esta es una verdad evidente. Si es así, «El día que comas de él ciertamente morirás» [significa] que entonces serás reo de muerte, «no permanecerás más en mi deseo»[234].

Según Nahmánides, como también según los adeptos de la alquimia, el hombre no muere por ser un compuesto de espíritu y cuerpo.

---

[233] Moisés ben Nahmán, o Bonastruc de Porta, su nombre catalanizado, conocido también como Nahmánides o Rambán, nació a finales del siglo XII en Girona. Fue uno de los protagonistas de la «Disputa de Barcelona», que tuvo lugar en 1263, en la corte de Jaime I.

[234] Nahmánides, *The Commentary of Nahmanides on Genesis, chapters 1-6*, Brill, Leiden 1960, pág. 71.

Para los cabalistas el deseo de Dios es que el hombre no muera, y este deseo divino es la vida, de la que el hombre se separó.

La cuestión que se plantearía desde la cábala alquímica sería, lógicamente, la posibilidad de retornar a la unión primera con Dios. Al hombre exterior le falta reencontrar el alma superior, el *tzelem* del que hemos hablado anteriormente.

10. Reflexiones finales

Las últimas imágenes del *Rosarium philosophorum* **(figura 33s)** establecen el vínculo directo de la alquimia con la función primera, y seguramente fundamental, de la religión. Respecto a ella escribió Maier: «Quien conciba la manera en que Jesucristo nos ha salvado de la muerte eterna podrá comprender, también, el fin de este Arte misterioso y cómo pueden teñirse los metales toscos e impuros»[235] Pero ¿cómo conciliar la búsqueda de la filosofía perenne y el misterio crístico? En los textos alquímicos ambas ideas se encuentran enlazadas íntimamente, como si una demandara la otra y viceversa, lo cual puede justificarse con la obviedad de que es un propósito inherente a la cultura occidental, propiamente cristiana, que traslada los símbolos universales a su imaginario particular y que, por eso, convierte, más o menos explícitamente, a Hermes Trimegisto en Jesús. Sin embargo, esta reflexión contextual abre una brecha, estrecha, pero de muy largo alcance donde se sitúa la figura de Teofrasto Paracelso, que recoge la tradición de Joachim de Fiore, de Brigitta de Suecia, de Johann Tauler o de Guillaume Postel, entre otros, y que encuentra su colofón en los manifiestos rosacruces de principios del siglo XVII.

Gracias a un replanteamiento escéptico de los mitos rosacruces a partir de un riguroso estudio de los textos originales, Carlos Gilly llegó a la conclusión de que el pensamiento de Paracelso, y sobre todo el de sus seguidores, proponía *una nueva religión*, con lo cual su figura alcanza una dimensión mucho más profunda de lo que se sabía. Gilly ha escrito:

---

[235] M. Maier, *Chansons intellectuelles sur la résurrection du Phénix*, Bailly, París 1984, pág. 101.

En aquel entonces [s. XVII] Paracelso había sido promovido al estatus de profeta. No sorprende pues que la mayoría de trabajos de Paracelso, que fueron publicados separadamente entre 1605 y 1635, consistiera en profecías. Aún más, póstumamente se convirtió en fundador de una nueva religión: la religión de las dos luces (la luz de la gracia y la luz de la naturaleza), la cual, como escribió entusiásticamente el paracelsiano Oswald Croll en el famoso prefacio de la *Basilica chymica* [**figura 8**], unía «El súmmum de la verdad teológica y la filosófica y la fundación de una religiosidad perfecta a partir del libro de la gracia y el libro de la naturaleza. Y esta religión pronto obtuvo un nombre: *theophrastia sancta*»[236].

La religión de las dos luces, como todo impulso reformador, proponía un retorno a los orígenes espirituales en busca de la pureza. Innovar es retornar, repetir. Desde finales de la Edad Media, la cristiandad necesitaba reencontrar el sentido primero del mensaje de Jesucristo, para que con él se regenerara la verdad cristiana. Lo que se buscaba no era tanto probar un dogma confesional, sino mostrar que la verdad cristiana era, en sí misma y propiamente, la verdad universal. El viaje de Christian Rosenkreutz a Damcar, con el cual comienza la *Fama fraternitatis*, ya da cuenta de que la renovación rosacruz se reconoce como universal, pues al ser estrictamente verdadera lo era para todo ser humano. La alquimia demostraba dicha verdad, pues manifestaba a Cristo. Así, la universalidad del cristianismo no lo era por ser «la verdadera religión», sino porque recogía «la verdad de la religión», que incluía la renovación espiritual y la regeneración corporal del hombre y de la creación. Alexandre Koyré escribió a propósito del paracelsiano Valentin Weigel lo siguiente:

> Valentin Weigel es partidario de la doctrina de la inspiración y de la revelación universales [...]; [la verdadera Iglesia cristiana] no se compone de personas que pertenecen a una secta o a una comunidad religiosa determinada y distinta. No; por todas partes, en todas las Iglesias, en todas las creencias, entre todos los pueblos del mundo,

---

[236] C. Gilly, «*Theophrastia Sancta.* Der Paracelsismus als Religion im Streit mit den offiziellen Kirchen», en: J. Telle (ed.), *Analecta paracelsica, cit.*

entre los luteranos de igual modo que entre los calvinistas, los papistas, los judíos, los turcos, los paganos, los habitantes de las islas, por todas partes hay cristianos[237].

Una cuestión muy similar es la que se planteó san Pablo a partir de su viaje a Damasco, cuando acuñó el término «cristianismo», que la historia posterior vinculó indisolublemente a los seguidores de Jesús de Nazaret. El ecumenismo paulino, y el paracelsiano, lo fueron porque ambos reconocieron al Cristo universal y no tanto al histórico. Y si bien san Pablo fue el centro del pensamiento de la Iglesia y a Paracelso se le considera prácticamente herético, todavía en la actualidad, los dos enseñaron la filosofía perenne fundada sobre la Piedra santa.

La religión de la gracia y la naturaleza, como la denominó Oswald Croll, sería la del fin de los tiempos, puesto que se refiere al cumplimiento total y definitivo de *la religión*. Con el Cristo universal finalizaría la creación iniciada por Adán. Por consiguiente, el cristianismo reformado se asoció naturalmente a la religión perenne, que comenzó con el legendario Hermes Trimegisto y que concluyó con Paracelso[238]. A lo largo de nuestro estudio lo hemos visto ejemplificado en las cadenas alquímicas, o cadenas áureas, como la que se muestra en los sellos de Mylius **(figuras 26)**. Jesucristo no está representado en ella pues, según los sabios, sería la propia cadena.

A partir del Renacimiento, la alquimia sirvió para expresar en algunos círculos cerrados lo que ellos creían que era el misterio central de la religión, pues en ella se encontraban el conocimiento de la luz de la gracia y de la luz de la naturaleza, y este conocimiento, llamado Piedra filosofal, debía ser la completitud de la creación.

---

[237] A. Koyré, *Místicos, espirituales y alquimistas del siglo XVI alemán*, Akal, Madrid 1981, pág. 129.

[238] C. Gilly escribió lo que sigue sobre los textos de Paracelso: «Sus explosivos manuscritos teológicos y filosóficos, que habían sido depositados en un lugar seguro, demostraron ser unos durmientes peligrosamente cargados, pues en las siguientes generaciones amenazaron con hacer explotar el monopolio religioso de las iglesias confesionales y las reglas epistemológicas de los científicos conservadores» (C. Gilly, «*Theophrastia Sancta*. Der Paracelsismus als Religion im Streit mit den offiziellen Kirchen», en: J. Telle [ed.], *Analecta paracelsica, cit.*).

D'Hooghvorst escribió respecto a dicha completitud: «En la intención de los alquimistas de nuestro Occidente cristiano [...], la alquimia es la ciencia de los elegidos, que será revelada de forma universal en el día del juicio»[239].

Para ahondar en lo que parece ser el impulso espiritual que pretendían seguir los auténticos rosacruces creemos interesante leer y cotejar un texto de san Pablo con otro de Paracelso. El fragmento de san Pablo que hemos escogido es de sobra conocido, pero puede ser revelador releerlo en el presente contexto:

> Así es la resurrección de los muertos. Se siembra en corrupción; se resucita en incorrupción. Se siembra en deshonra; se resucita con gloria. Se siembra en debilidad; se resucita con poder. Se siembra cuerpo natural; se resucita cuerpo espiritual *[soma pneumatikos]*. Hay cuerpo natural; también hay cuerpo espiritual. Así también está escrito: el primer hombre Adán llegó a ser un alma viviente; y el postrer Adán, espíritu vivificante. Pero lo espiritual no es primero, sino lo natural; luego lo espiritual. El primer hombre es de la tierra, terrenal; el segundo hombre es celestial. Como es el terrenal, así son los terrenales; y como es el celestial, así son también los celestiales. Y así como hemos llevado la imagen del terrenal, llevaremos también la imagen del celestial. Y esto digo, hermanos: que la carne y la sangre no pueden heredar el reino de Dios, ni la corrupción heredar la incorrupción.
>
> He aquí, os digo, un misterio: No todos moriremos [dormiremos], pero todos seremos transformados en un instante, en un abrir y cerrar de ojos, a la trompeta final. Porque sonará la trompeta, y los muertos serán resucitados sin corrupción; y nosotros seremos transformados. Porque es necesario que esto corruptible sea vestido de incorrupción, y que esto mortal sea vestido de inmortalidad. Y cuando esto corruptible se vista de incorrupción y esto mortal se vista de inmortalidad, entonces se cumplirá la palabra que está escrita: ¡Sorbida es la muerte en victoria! ¿Dónde está, oh muerte, tu victoria? ¿Dónde está, oh muerte, tu aguijón?[240]

---

[239] E. d'Hooghvorst, *El hilo de Penélope*, cit., tomo II, pág. 129.

[240] I Cor 15, 42-55, traducción Reina Valera; cf. también L. Cattiaux: «El santo

Transcribimos ahora un texto de Teofrasto Paracelso en el que se insiste en la verdad de la religión, es decir, en el hombre nuevo, pues en él se realiza lo que Croll describe como: «el súmmum de la verdad teológica y de la filosófica y la fundación de una religiosidad perfecta». El texto de Paracelso proviene de su *Philosophia sagax*, y dice lo siguiente:

> Puesto que Dios ha perseguido al hombre con tanto amor, y que la carne mortal lo ha, no obstante, excluido del reino de los cielos; por este motivo, Dios le ha dado otra carne y otra sangre, a fin de que en un mismo cuerpo sea carne y sangre. Esta carne está constituida por el hijo, y es la criatura del hijo la que penetra en el cielo, no la del padre en la carne y la sangre. La carne mortal, como Adán y sus descendientes, viene del padre y regresa allí de donde ha sido sacada. Si Adán no hubiera pecado, su carne habría permanecido inmortal en el paraíso. Pero ahora, por su pecado, ha sido expuesta a la muerte. Por piedad ante esta condición, Cristo ha dado al hombre un cuerpo nuevo. La carne de Adán no le era de ninguna utilidad, puesto que era mortal. Es el espíritu el que vivifica, es decir que la carne viva procede del espíritu. En él no hay muerte, sino vida. Esta carne es pues la que el hombre necesita para ser un hombre nuevo; con esta carne y esta sangre, resucitará el último día y poseerá el reino de los cielos en unidad con Cristo.
>
> Si la carne mortal ha de ser abandonada y solo la carne vivificante es la que resucitará y entrará en el reino de los cielos, tenemos mucho que decir sobre esta nueva criatura o creación. Si debemos conocer completamente lo que somos, también debemos explicar la nueva generación, a fin de que sea completa y seriamente explorada la cuestión de saber quién es el hombre en todas las cosas, de qué proviene y qué es. Todo esto será claramente expuesto, a fin de que se comprenda bien quién es el hombre, qué es y qué puede llegar a ser. Lo hemos dicho [...]: hay un espíritu de donde proviene y nace la carne viva. Hemos de explicar pues claramente esta carne y el

liga el alma y el espíritu en Dios y supera la segunda muerte. El sabio liga el alma, el espíritu y el cuerpo en Dios y supera la primera y la segunda muerte» (*El Mensaje Reencontrado* [27, 7], *cit.*, pág. 462).

cómo de su nacimiento, pues tenemos una carne y una sangre espirituales que proceden del espíritu que vivifica[241].

Teofrasto Paracelso explica qué es el «cuerpo espiritual» *(soma pneumatikos)* de san Pablo a la luz de la naturaleza, pues la lectura de la primera epístola a los Corintios admite una interpretación errónea que conduciría a la desencarnación el misterio crístico, convirtiéndolo en el símbolo de una idea, incluso de un ideal, y no en *el símbolo* del Mesías. La teoría y la práctica de la alquimia, mientras no degeneraron en el extremo opuesto cultivado por los químicos vulgares o los ocultistas decimonónicos, fueron los medios utilizados por Paracelso y sus seguidores para reencontrar *el símbolo* cristiano y universal.

En el *Azoth des philosophes*, Basilio Valentin publicó una empresa **(figura 32b)** que pretendía ser el jeroglífico primordial y que, pese a la tosquedad del grabado, recoge las enseñanzas de san Pablo y de Paracelso. Con su análisis concluiremos nuestras reflexiones sobre los símbolos de la alquimia.

El grabado representa al «Anciano», como lo llama Valentin, y, en él, siete vértices dibujan un hombre-estrella. En los espacios entre los vértices está escrita una vez más la máxima alquímica VITRIOL, que es el acróstico de: «Visita los interiores de la tierra, rectificando encontrarás la piedra oculta».

Las explicaciones de Basilio Valentin son una réplica del hallazgo de la estatua de Hermes Trimegisto pero, además, el supuesto monje alemán identifica la figura que nos ocupa con Adán. La primera parte del relato describe una experiencia muy concreta, pareja a los ritos de iniciación, aunque lo encubra con la narración de un viaje a Roma

---

[241] La primera edición de esta obra fundamental de Paracelso apareció publicada por M. Lechler y J. Feyerabend, con el título general: *Astronomia magna; oder die gantze Philosophia sagax*, Frankfurt 1571. En la edición de sus obras completas de K. Sudhoff y W. Matthiessen: Theophrastus Paracelsus, *Theophrast von Hohenheim gen. Paracelsus. Sämtliche Werke*, Múnich-Berlín 1923-1933, el fragmento se halla en la sección dedicada a «Escritos teológicos y de Filosofía de la Religión», pág. 304. En la traducción latina de Bitiskius (Theophrastus Paracelsus, *Opera omnia*, De Tournes, Ginebra 1658), se halla en el tomo II, pág. 638; esta es la edición citada por E. d'Hooghvorst (*El hilo de Penélope, cit.*, tomo II, pág. 81) que reproducimos.

del protagonista, que es el propio adepto. Notemos que simbólicamente el viaje a la ciudad de san Pedro no es una casualidad, puesto que, finalmente, el *opus* alquímico siempre es apocalíptico y quien lo alcanza lo ofrece al sucesor de Pedro para regenerar la Iglesia en su pureza original.

> Después de que yo, Adolfo, siguiendo la codicia de mi espíritu, hubiera deliberado acerca de ir a Roma a fin de buscar con más diligencia los secretos de las artes, estaba una cierta noche sin albergue. Constreñido por mis pocas fuerzas, muy debilitado a causa de las lluvias y tempestades que habían caído a lo largo del día, entré en una cierta caverna subterránea, de las que existen en gran número en Roma, y habiendo hecho mi plegaria a Dios Todopoderoso, imploré su ayuda. Estaba en ayunas y con sueño, y me adormecí. Pero, a causa de la incomodidad del lugar, me desperté a medianoche; considerando la caverna que me servía de hospedaje, elevando mi espíritu a las obras admirables de Dios Todopoderoso, y examinando atentamente los misterios de la vida humana, finalmente vine a razonar sobre los secretos y sobre las obras de los filósofos. Entonces me pareció oír un ruido en mi caverna, que no obstante cesó en el mismo instante. Me asusté mucho al pensar que podrían ser brujos o ladrones. De nuevo imploré la ayuda de Dios y divisé a lo lejos, en lo más profundo de la caverna, una lucecita que, creciendo poco a poco, se iba aproximando hacia mí. Debilitado por el terror, dudaba acerca de lo que debía hacer[242].

La situación de Adolfo ejemplifica la que debería experimentarse en cualquier iniciación efectiva. El hombre implora la ayuda de Dios y siente el temor que, según enseñan las santas Escrituras, es el principio de la sabiduría. Entonces aparece un ser en cuerpo glorioso y este hombre de luz le muestra todos los misterios de la creación:

> Entonces vi a un hombre resplandeciente, como aéreo, que portaba una corona real, adornada con estrellas. Al mirarlo atentamente y al considerar con atención todas sus partes interiores, vi su cerebro

---

[242] *L'Azoth, ou le moyen de faire l'or caché des philosophes*, cit., págs. 180 y 181.

que, al igual que un agua cristalina, se movía por sí mismo como las nubes. Su corazón me pareció como un carbúnculo, rojo. Entre estas cosas vi los intestinos, el pulmón, el hígado, el ventrículo, la vejiga, que me parecieron puros, claros y transparentes como el cristal. El bazo, sin rastro de hiel, y los otros intestinos también aparecían y no tengo palabras para expresar su claridad y pureza. Cada vez más asustado por este sueño o esta visión grité: «¡Señor mío y Dios mío, líbrame de todo mal!». Pero acercándose aquel hombre me dijo: «Adolfo, sígueme y te mostraré las cosas preparadas para ti, a fin de que puedas pasar de las tinieblas a la luz». Cuando dije: «Ignoro quién sois; que el espíritu del Señor del cielo y de la tierra me conduzca», él me dijo: «Sígueme, pues al igual que tú me amas y amas a mis Señores, yo te amaré y alabarás el nombre del Señor eternamente». Una vez dichas todas estas cosas, entré en lo más profundo de la caverna y, considerando atentamente todas esas cosas, vi en su corona una estrella roja que relucía mucho y cuyos rayos penetraron todo mi cuerpo y mis entrañas. Su vestido era de lino blanco, sembrado de flores de diversos colores, entre los que el verde relucía con fuerza. Además de todas estas cosas, un cierto vapor, siempre en movimiento, se elevaba desde su corazón hacia su cerebro y volvía a descender desde su cerebro a su corazón. Por fin, con su propia mano derribó la muralla provocando un ruido ensordecedor y desapareció de mi vista[243].

Un vapor asciende y desciende de su corazón a su cerebro y a la inversa. La descripción de Valentin es sorprendente y debe leerse cotejándola con el grabado.

De nuevo me hallé en las tinieblas, en la soledad, y el temor se apoderó de mi alma. Cuando salió el sol, encendí una vela y me puse a buscar diligentemente en el interior de la caverna. Vi la muralla derruida y encontré un cofre de plomo. Cuando lo abrí encontré un libro cuyas hojas eran de corteza de haya, y en ellas estaba escrita como recuerdo la figura parabólica del viejo Adán. La leí día y no-

---

[243] Ibídem, págs. 181-184; cf. C. del Tilo, «L'eau de vie que ne mouille pas les mains. L'azoth des philosophes de Basile Valentin», en: R. Arola (ed.), *Images Cabalistiques et Alchimiques*, cit., págs. 112 y 113.

che, hasta que por una sola voz este secreto me fue revelado y por ella conocí enteramente un gran número de cosas admirables. Miré hacia el Mediodía, donde están los calientes Leones, y los lugares sujetos a los Polos y al Septentrión, donde están las Osas. Y canté alabanzas al Señor, exalté su santo Nombre y conocí el misterio de este Libro sellado de la Naturaleza, secreto que, al igual que antes, mostraré también en este lugar.

En su *Viridarium chymicum*, Daniel Stolcius reproduce la imagen de la que habla Adolfo y la titula: «La obra filosófica completa». El autor termina su comentario con estas palabras: «Si no ves nada aquí, no pidas más, no hay nada que hacer, pues manifiestamente serás un ciego, incluso a plena luz»[244]. Dicho de otro modo, «La obra filosófica completa» es el símbolo de la alquimia, donde se han reunido la imagen y la semblanza de Dios en su criatura.

---

[244] D. Stolcius, *Viridarium chymicum*, cit., pág. 244.

Ceux qui nous parlent de la chose et qui ne l'ont pas, devraient bien s'effacer humblement. Ceux qui taisent la chose et qui la possèdent, devraient bien se montrer prudemment. Hélas! c'est tout le contraire qui se produit, tellement notre prétention est aveugle et tellement nos cœurs sont envieux.

Louis Cattiaux

II
Lo oculto

1. La filosofía oculta

Para los apologistas del siglo XVI y parte del XVII, la alquimia se basaba en la intervención de la realidad sobrenatural en el devenir del universo, sin explicación posible a partir de las leyes naturales; por eso, su visión de la Gran Obra alquímica era la de considerarla un milagro. Dios, como lo propiamente sobrenatural, se convierte en un elemento directo e imprescindible en la realización de la Gran Obra.

A causa de la caída de Adán y Eva, el hombre convive irremediablemente con la muerte; la ciencia alquímica, en cambio, actúa para remediar esta caída y devolver la inmortalidad al género humano. Esto es estrictamente lo que se conoce como un milagro. En la obra alquímica, la divinidad concurre en el devenir de la realidad natural o, dicho en palabras de Louis Cattiaux, la luz de vida a veces actúa en las tinieblas: «En la luz celeste es donde permanece la vida del mundo, pero actúa algunas veces en la sombra terrestre»[1].

Después de la presentación, en el segundo párrafo de la *Tabula Smaragdina*, Hermes Trimegisto afirma que la Gran Obra son los «milagros de una sola cosa». La traducción comentada del desconocido Hortulanus, un anónimo alquimista de finales del XIV, glosa este fragmento como sigue:

> «Lo que está abajo es como lo que está arriba». Dice esto porque, por el magisterio, la piedra está dividida en dos partes principales: la parte superior, que sube hacia arriba, y la parte inferior, que permanece abajo, fija y clara; y no obstante, estas dos partes concuerdan en virtud. Por lo que dice: «y lo que está arriba es como lo que está abajo». Ciertamente, esta división es necesaria «para realizar los mila-

---

[1] L. Cattiaux, *El mensaje reencontrado* (12, 4), *cit.*, pág. 158.

gros de una sola cosa», es decir, la piedra; pues la parte inferior es la tierra, que es la nodriza y el fermento; y la parte superior es el alma, que vivifica toda la piedra y la resucita. Por eso, una vez realizadas la separación y la conjunción, se producen numerosos milagros en la Obra secreta de la naturaleza[2].

El tema queda aún más claro en la traducción del *Secreta secretorum*, puesto que no deja dudas respecto a que los milagros son obras sobrenaturales y, por consiguiente, divinas; dice así: «Las cosas inferiores con las superiores y las superiores con las inferiores se corresponden. Dios es el único obrador de los milagros, del que proviene toda operación maravillosa»[3]. En la alquimia se conjugan dos realidades, la naturaleza y la gracia.

En la Antigüedad, la autenticidad de los enviados de Dios a la tierra era confirmada por sus milagros. La piedra filosofal debía, pues, comenzar con un *milagro*, es decir, con una intervención divina, seguida de los distintos pasos que los autores han descrito en las obras alquímicas, que, sin tener en cuenta este principio no natural, son perfectamente incomprensibles.

El inicio sobrenatural sería la manifestación de un *algo*, o *primera materia*, que permitiría la concreción de la universalidad de «la luz celeste» en una particularidad de «la sombra terrestre», si seguimos la cita de Cattiaux. En la hipótesis de la alquimia, este *algo* ha sido siempre secreto, y si el origen es secreto, no debería extrañar que el resto resulte igual de secreto, pues nadie, excepto el que ha vivido el milagro, sabe de qué trata; por eso, quizá, la alquimia de los siglos XVI y XVII ha sido considerada como una locura o un engaño.

El milagro sobre el que los alquimistas sustentaban su proceder es imposible de demostrar y el testimonio proviene de un único testigo: el propio artista. La actuación de lo sobrenatural en la realidad natural era una obra oculta. Quizá por eso los alquimistas, en sus escritos, no dejan de repetir que su obra es milagrosa y en sus textos se dirigen solo a su hijo, un hijo filosófico que seguía la cadena tradicional a la que ellos mismos pertenecían. En el prólogo al *Tractatus aureus*,

---

[2] Citado por E. d'Hooghvorst, *El hilo de Penélope*, cit., tomo II, pág. 120.

[3] Citado por D. Kahn, *Hermès Trismégiste, La Table d'Émeraude…*, cit., pág. 26.

atribuido a Hermes Trimegisto[4], Emmanuel d'Hooghvorst escribe lo siguiente en relación a este misterioso principio oculto:

> Los discípulos de la cábala quymica (*sic*) dicen que este famoso comienzo es aquel del que habló el sabio Moisés al principio del Génesis; el de la Gran Obra de la creación, ocultado de edad en edad y revelado en parábolas, figuras y enigmas. Esta Gran Obra es un secreto, una herencia que no será manifestada a todos más que en el último día. Los herederos son los hijos de Abraham. Vendrán de todas partes, del norte y del sur, de oriente y de occidente para participar en el banquete. Habrán brillado en las tinieblas del mundo como los astros terrestres cuyo resplandor no fue visible más que a los ángeles de Dios. Forman el ejército del que el Mesías, el Verbo encarnado, es el Señor.

El origen oculto es el punto de reflexión de este apartado y por este motivo profundizaremos en lo que Henricus Cornelius Agrippa (1486-1535) denominó la *filosofía oculta*, que aparece como título en el libro que comenzó a escribir a los veinticuatro años y que fue puliendo hasta imprimirlo poco más de una década después con el siguiente título: *De occulta philosophia libri tres*. Durante los años que transcurrieron entre el primer borrador y el último original impreso, Agrippa escribió otra obra, aparentemente, opuesta a la primera, que se titula: *De incertitudine et vanitate de scientiarum et artium*, en la que critica todas las ciencias que no estén basadas en la verdad de Cristo.

Como hemos dicho, en 1533, cuando el autor tenía cuarenta y seis años, se imprimió en Colonia la versión última de *De occulta philosophia libri tres*. Agrippa fue un personaje y un erudito excepcional, pero, también, una figura controvertida. Su papel en la historia de la cultura ha sido vilipendiado quizá por ser uno de los exponentes más destacados de una manera de pensar «distinta» de la que Europa conoció a partir del siglo XVII, que marginó los presupuestos de lo sobrenatural actuando en lo natural. Para los historiadores, Agrippa se convirtió en un mago cruel y el incitador de cualquier superstición, cuando en realidad fue algo radicalmente distinto, solo debería

---

[4] Citado por E. d'Hooghvorst, *El hilo de Penélope, cit.*, tomo II, págs. 25 y ss.

recordarse el concepto que en el Renacimiento tenían de la magia entendida como la antigua sabiduría proveniente de Zoroastro[5].

En 1979, Frances Yates incorporó por fin la figura de Agrippa a la historia de la cultura occidental en su libro titulado *The Occult Philosophy in the Elizabethan Age*, donde explica que la mala fama de este personaje se debió básicamente a la caza de brujas que tuvo lugar en los siglos XVI y XVII. Para los inquisidores de la época, Agrippa era ni más ni menos que el «príncipe de los hechiceros y brujos practicantes de la magia negra, quienes en épocas ilustradas fueron considerados absurdos charlatanes de los tiempos de la superstición, indignos de ser objeto de la atención de las personas serias»[6]; de esta manera, y como comenta Yates, una personalidad con una importancia histórica innegable desapareció envuelta en la nube del ridículo, la misma bajo la que lo veneraron los ocultistas del siglo XIX y principios del XX.

Pero Agrippa fue mucho más que un vulgar hechicero preocupado por el poder y por el uso de fórmulas mágicas que habría obtenido de unos genios diabólicos. En su libro *De incertitudine et vanitate de scientiarum et artium,* publicado antes que *De occulta philosophia*, Agrippa se muestra como un teólogo que solo admite los libros del Nuevo Testamento como ejemplos del conocimiento verdadero. Sin embargo, su tratado sobre la filosofía oculta es un libro enciclopédico, donde se detallan operaciones mágicas de todo tipo, desde las más simples y elementales hasta las más elevadas, las cabalísticas, pero en ningún momento la magia es considerada una hechicería o una demonología, sino que Agrippa sigue la idea renacentista de Ficino y Pico della Mirandola respecto a la magia filosófica y su poder para casar los mundos.

Por desgracia, la magia filosófica se perdió entre las luces de la razón, hasta que, en el siglo XIX, cuando la filosofía oculta degeneró en peregrinos ocultismos, el compendio *De occulta philosophia* fue el referente más directo de las ideas del seminarista francés Alphonse Louis Constant (1810-1871), conocido como Eliphas Lévi, que asen-

---

[5] Cf. W. Hanegraaff, *Esotericism and the Academy: Rejected Knowledge in Western Culture*, Cambridge University Press, Cambridge 2012, pág. 169.

[6] F. Yates, *La filosofía oculta en la época isabelina*, FCE, México 1982, pág. 70.

taron las bases del ocultismo contemporáneo. Su libro escrito en 1854 y titulado *Dogme et rituel de la haute magie* se tiene, aún hoy en día, por el sumun del saber mágico. Pero quizá debería decirse que es el sumum de una mala magia. En cambio, Eliphas Lévi se consideraba a sí mismo como un gran iniciado, de tal modo que se atrevió a escribir lo siguiente sobre Agrippa: «No fue más que un profanador, afortunadamente muy superficial en sus estudios. Jamás ha poseído las llaves del *Sepher Yetzirah* y del *Zohar*. Agrippa fue un alma atrevida, inquieta y ligera, sin embargo, su libro fue el primero que difundió un poco la erudición de las altas ciencias»[7].

El universo mental que generó Eliphas Lévi es el mayor caos intelectual que ha conocido Occidente y, aun citando los mismos libros que los sabios renacentistas, poco tiene que ver su pensamiento con el de estos sabios, entre otras cosas porque en el siglo XVI nadie hablaba como si fuera un maestro de las altas ciencias y en cambio Lévi sí que se consideraba un iniciado.

Muy apartada de la grandilocuencia de Eliphas Lévi, *De occulta philosophia*, la obra de Henricus Cornelius Agrippa, pretendía ser una síntesis de conocimientos, la filosofía oculta de los antiguos, sobre todo de Hermes Trimegisto, revelada a los cristianos. Por eso, a esta síntesis, Agrippa le puso el nombre de *occulta philosophia* y la consideró parte de la *antigua sabiduría* o *philosophia perenne* referida a los tres mundos, la ciencia elemental, la celestial y la inteligible o intelectual.

La *filosofía oculta* de Agrippa no es un manual de magia, ni de cábala, ni una recopilación de signaturas o de descripciones de ritos secretos. La *filosofía oculta* es más bien un intento de reunir la magia antigua, la cábala judía, las armonías pitagóricas, la filosofía pagana, los mitos mistéricos, la teología islámica o la cristiana del medioevo —es decir: la sabiduría antigua a la que se tenía acceso en su época—, pero siempre a partir de la verdad cristiana.

Cuando Agrippa, al principio de *De occulta philosophia*, explica el plan de toda la obra, escribe:

---

[7] E. Levi, *Curso de filosofía oculta: sobre la cábala y la ciencia de los números*, Mascarón, Barcelona 1981, pág. 61.

Debido a que hay tres clases de mundos, a saber: el Elemental, el Celeste y el Intelectual, y cada inferior es gobernado por su superior y recibe sus influencias, de modo que el Arquetipo mismo y el Creador soberano nos comunica las virtudes de su omnipotencia a través de los Ángeles, los Cielos, las Estrellas, los Elementos, los Animales, las Plantas, los Metales y las Piedras, habiendo hecho y creado todas las cosas para nuestro uso, he aquí por qué no es sin razón que los Magos creen que podemos penetrar naturalmente por los mismos grados y por cada uno de estos mundos, hasta el mismo mundo arquetípico, fabricador de todas las cosas, que es la causa primera de la que dependen y proceden todas las cosas...[8]

Para Agrippa, al igual que para los grandes pensadores del Renacimiento, la filosofía oculta describe el esqueleto de la creación, el armazón que la sostiene, y muestra la reunión interna de la naturaleza; por eso se considera una magia, pues permite interrelacionar las partes superiores-medias-inferiores de la creación. Pero, y ahí residiría el posible equívoco, las relaciones ocultas de la naturaleza provienen del «Creador soberano» y, por consiguiente, son de origen sobrenatural. Sin embargo, este origen irá perdiendo su sentido a medida que desciende hacia la materia hasta quedar reducido a un recuerdo privado de realidad. El planteamiento cristiano se aleja de la filosofía platónica, en la que todo responde a un orden o a unas correspondencias naturales para convertirse en una religión, y entonces es cuando aparece como posibilidad lo oculto, el milagro, pues lo oculto, el verdadero milagro, no es otra cosa que la encarnación de Dios.

En el fondo, lo verdaderamente oculto no reside en las posibles cadenas de correspondencias secretas de la antigua filosofía que solo algunos podían conocer, su verdad tampoco se basa en los secretos naturales poseídos por los magos o los alquimistas vulgares, sino que para Agrippa, conocedor de todos estos secretos como demuestra en su *De occulta philosophia,* lo realmente oculto, el secreto verdadero está en la encarnación de Jesucristo. Por eso, en su segundo libro, *De incertitudine et vanitate...,* que insistió en publicar antes que el primero, afirma la vanidad de todas las ciencias ocultas si no concluyen en la

---

[8] Agrippa, *La filosofía oculta, cit.*, pág. 7.

encarnación crística, pues solo en Cristo reside la auténtica verdad. Estas son sus palabras:

> De ahí que todos los profetas y escritores se muestren mentirosos en algunas cosas, conforme a lo que la Escritura dice: «Todo hombre es mentiroso». Mas solo Cristo, que es Dios y hombre, nunca puede ni podrá ser encontrado mentiroso y sus palabras no serán cambiadas ni fallarán, pues solo él, al estar privado de la mentira y del error, pronunció oráculos que nunca quedarán sin efecto, como él mismo dijo: «El cielo y la tierra pasarán, pero mis palabras no pasarán». Y como toda verdad sucede por mediación del Espíritu Santo, solo Cristo posee firmemente este Espíritu Santo y nunca se apartará de él, sino que descansa en él[9].

Agrippa consideraba que toda ciencia humana, incluso la cábala teológica, era parcial y vana sin la encarnación de Cristo. Fue precisamente a partir de esta idea que los teólogos de Lovaina consideraron herética su obra. No se detuvieron a estudiar lo que pensaba y mostraba de la filosofía oculta y mágica, pues en el fondo era otro el tema que les preocupaba. Lo que realmente asustaba al protestantismo eran las posibles coincidencias de la filosofía oculta con las tesis de Martín Lutero, quien, en 1517, había propuesto la gran reforma del cristianismo que modificó el conjunto de la espiritualidad occidental.

Si se tiene en cuenta lo dicho, el capítulo que en su *De incertitudine et vanitate…* Agrippa dedica a la alquimia no resultará tan extraño; es el más ambiguo del libro, pues, al tiempo que afirma que la alquimia es el arte más engañoso que existe y que los alquimistas son «los hombres más perversos que hay»[10], escribe lo siguiente sobre la piedra muy sagrada de los filósofos: «Hablaré con perífrasis y con notable oscuridad, para que lo entiendan solamente los hijos de este arte y los iniciados en sus misterios»[11].

---

[9] Enrique Cornelio Agrippa, *Declamación sobre la incertidumbre y vanidad de las ciencias y las artes*, Universidad de Extremadura, Cáceres 2013, pág. 316.

[10] Ibídem, pág. 293.

[11] Ibídem.

La alquimia de los iniciados es en parte natural y en parte sobrenatural para crear el misterio de la realidad única, que ya no es la filosofía oculta, sino *lo-oculto*. Con esta idea, Agrippa se separa del neoplatonismo que determina el conjunto de la magia renacentista, e insinúa la perspectiva de la encarnación o «el milagro».

Terminamos este apartado con la frase de Hermes Trimegisto que, a modo de epígrafe, utilizó Pico della Mirandola para comenzar su famosa *Oratio de hominis dignitate*, escrita en 1496 y que reza como sigue: «Gran milagro, oh Asclepio, es el hombre», una frase que no nos parece ajena al misterio de la encarnación cristiana. La relación sobre lo oculto que se da en las dos obras de Agrippa nos permitirá introducirnos en un sentido poco estudiado del cristianismo y que es el fundamento natural de la encarnación.

2. El mesianismo y la piedra filosofal

Las relaciones entre la alquimia y el cristianismo son tan complejas y sutiles como difíciles de definir. La alquimia es una parte inseparable del devenir del cristianismo del siglo XVI, aunque es innegable que hubo tensión entre ambos planteamientos en relación a los dogmas, ya fueran católicos o protestantes. Sin embargo, al ser el objetivo de la alquimia la regeneración completa del ser humano se aceptó, sobre todo por parte del protestantismo, que comprendió y se identificó con el renacimiento o la regeneración de un cuerpo imperfecto mediante la gracia de Cristo.

Al contrario de lo que sucedió con las teorías neoplatónicas, que se recuperaron en el Renacimiento y que fueron consideradas heréticas por los protestantes, pues provenían de un pensamiento pagano, la alquimia formó parte de la religión cristiana y compartió con ella la universalidad que instituyó Pablo.

El profesor Wouter Hanegraaff, director del departamento de History of Hermetic Philosophy and Related Currents de la Universidad de Ámsterdam, es autor de un libro titulado *Esotericism and the Academy: Rejected Knowledge In Western Culture*, dedicado a la visión que la Academia ha proyectado sobre el esoterismo en general. En relación a la alquimia, nos parece particularmente acertada la reflexión sobre su lugar en la actualidad y la influencia que el pensamiento de Carl Gustav Jung ha tenido en la visión que se tiene de ella. Desde la Segunda Guerra Mundial, el relato de la alquimia ha sido dominado en gran medida por el legado de Jung y, si bien, como escribe Hanegraaff: «El simbolismo alquímico puede ser usado para ilustrar la psicología de Jung»[12], si queremos entender la relación entre alquimia

---

[12] W. Hanegraaff, *Esotericism and the Academy, cit.*, pág. 195.

y religión en la cultura occidental «debemos empezar por olvidar las nociones contemporáneas junguianas de *alquimia espiritual*»[13].

Opuesta a la tesis junguiana, aparece la que subyace en los estudios sobre los textos alquímicos desde que Marcellin Berthelot, a finales del siglo XIX, considerara la alquimia como una preciencia, concepción que los profesores americanos William R. Newman y Lawrence M. Principe comparten con matices, pues consideran la alquimia como una ciencia en sí misma y una filosofía natural[14]. Sin embargo, según Hanegraaff, esta visión tampoco sería la correcta, pues es imposible olvidar las referencias religiosas en los textos alquímicos.

Tenemos pues dos maneras de ver la alquimia totalmente distintas: según «los junguianos y los eliadianos, la alquimia puede parecer a veces una ciencia, pero realmente es una psicología de la religión»[15], mientras que Principe y Newman, por ejemplo, la consideran «una temprana ciencia moderna y una filosofía natural que se justifica por sí misma»[16].

Para Hanegraaff, esta última opinión es completamente válida, pero también le parece extremadamente complicado eliminar el sustrato religioso tan evidente en los textos alquímicos. Por eso, propone una posible vía del medio, esto es, que se contemple la alquimia «como un complejo fenómeno histórico y cultural sin un núcleo o esencia básica (ya sea científico, racional, religioso, espiritual, psicológico), pero que se caracteriza por procedimientos básicos de transmutación que pueden llevarse a cabo en el laboratorio y unas funciones como narrativas de unos discursos filosóficos o religiosos»[17].

Con su estudio Wouter Hanegraaff abre un camino que no podemos dejar de seguir y profundizar. Así pues, si los alquimistas de los siglos XVI y XVII explican repetidamente que su piedra filosófica es el fundamento de toda religión o espiritualidad, es porque lo hacen como cristianos. Por eso, confundir este anhelo con lo que más tarde

---

[13] Ibídem.
[14] Ibídem, pág. 196.
[15] Ibídem.
[16] Ibídem.
[17] Ibídem, pág. 197.

propondrían los ocultistas del siglo XIX, es decir, considerar una seudoteosofía como una religión única y verdadera, es un gran equívoco que ocurrió, a pesar de todo, y que ha generado grandes errores en la historia de la espiritualidad.

Para todos los cristianos de los siglos XVI y XVII, Jesucristo era la única verdad, quizá podían discutir sobre las formas de su Iglesia, y lo hacían, a veces de forma encarnizada, pero en ningún caso ponían en duda el misterio de la doble naturaleza de Jesucristo, la humana y la divina. Esta doble naturaleza es lo que provocó que la piedra filosofal se le asimilara, una asimilación que se hizo con mesura y sobre todo con discreción, cosa que comportó lo *oculto* por la propia naturaleza de la propuesta.

El sincronismo cultural que utilizaron los alquimistas fue sobre todo la filosofía clásica y la cábala hebrea, que sirvieron de complemento y ayuda para el cristianismo. Con las aportaciones de la antigua sabiduría, los símbolos ceremoniales del catolicismo se enriquecieron —también los comentarios de la Biblia fueron bien recibidos en los países protestantes—. Aunar los profetas del Antiguo Testamento con los filósofos clásicos, y las sibilas y los atributos de Apolo con el mensaje de Jesús fue una aventura intelectual atrevida, pero de enorme alcance.

Es cierto que el cristianismo primitivo ya había utilizado símbolos paganos para ensalzar la figura de su fundador, un ejemplo sería el culto al *Sol invictus* romano sobre el que se construyó el relato de la natividad de Jesús. Numerosos estudios han demostrado cuán cerca estuvo en sus orígenes el cristianismo de los misterios paganos; el teólogo Alfred Loisy, por ejemplo, explica que en la figura de Jesucristo se mantiene la identidad del papel «como víctima y presidente divino del banquete sacrificatorio»[18] y la relaciona con las deidades de los misterios antiguos, especialmente con Osiris y Dionisos, las dos divinidades que mueren y resucitan.

Sin embargo, y a partir del Renacimiento, se convirtió en una obsesión de los teólogos cristianos el separar el cristianismo del paganismo, lo natural de lo sobrenatural, intentando eliminar el sueño

---

[18] A. Loisy, *Los misterios paganos y el misterio cristiano*, Paidós, Barcelona 1990, pág. 207.

hermético renacentista que buscó, como después lo hizo la alquimia, la reunión de ambos. Según su parecer, el paganismo tenía acceso al conocimiento de la realidad natural, pero solo el mensaje de Jesús mostraba el poder sobrenatural. Una consideración tal sirvió para relegar la alquimia, la astrología y las otras ciencias ocultas a ser, en el mejor de los casos, un soporte de la verdad metafísica, pero nunca una expresión completa de ella.

La Iglesia negó la veracidad de las ciencias ocultas acusándolas de paganismo e idolatría, y con ello, quizá sin darse cuenta, eliminó el sentido natural del misterio crístico; de su doble naturaleza solo quedó una parte. En estas cuestiones, el límite con las herejías siempre es ambiguo y peligroso. Lo fue también para la propuesta teológica protestante, y aún más para la contrarreforma, pues en el fondo, para el protestantismo, la idea de la alquimia como una regeneración por medio de la gracia de Cristo les resultaba interesante. Hanegraaff insiste en esta idea y escribe lo siguiente:

> La salvación del alma no podía provenir de un pensamiento platónico en términos de escapar de la prisión del cuerpo, al contrario, en la tradición de Jacob Böhme creían en continuar su existencia después de la muerte como un *cuerpo* espiritual de luz regenerado[19].

Si volvemos a la idea nuclear de la alquimia sin considerarla como una parte de las ciencias ocultas, sino como una realidad propia, parece evidente que a lo largo del siglo XVI este arte o esta ciencia se fue distanciando del universo platónico para acercarse al pensamiento aristotélico. Ya en la *Turba philosophorum*, uno de los textos alquímicos más antiguos, aunque impreso a finales del siglo XVI, Aristóteles es llamado «el Filósofo» sin necesidad de mencionar su nombre, y ello como ejemplo de la unión de la realidad física y la espiritual y del alejamiento de un universo ideal que poco tenía que ver con la materia de un mundo caído que rechazaba. Aristóteles y, antes que él, Demócrito y los presocráticos consideraban la física y la metafísica a la par, al igual que hicieron los alquimistas con Paracelso como figura principal. Los maestros de la alquimia buscaban la verdad de su cristianismo

---

[19] W. Hanegraaff, *Esotericism and the Academy, cit.*, pág. 194.

en la piedra filosofal, que no podía sino responder a la encarnación del Hijo y a su resurrección. Sin embargo, nunca fueron ni groseros ni simplistas en sus argumentos.

En un comentario que Frank Greiner escribe en la presentación de una reedición actual de un extraño libro titulado *Alchymista christianus*, publicado por primera vez en 1632, escribe lo siguiente sobre la relación entre las operaciones alquímicas y el misterio cristiano:

> El *Alchymista christianus* sería uno de los mejores instrumentos de apología cristiana puesto que, por sus operaciones, permitiría demostrar la existencia de Dios. La alquimia no deja de aparecerse a este autor como una nueva religión puesto que en este mismo libro le inspira una verdadera profesión de fe: «Deseo morir como químico, no solo quiero que la alquimia me procure riquezas, sino que también aspiro con ardor a ver sus milagros a fin de poder distinguir y adorar en los límites de su ámbito el admirable poder de Dios»[20].

En esta obra, Pierre Jean Fabre, su autor, identifica la eucaristía con la piedra filosofal. Pocos alquimistas de la época se atreven a manifestar esta similitud tan abiertamente, pero, sin duda, está en el ánimo de todos ellos. Escribe Fabre:

> La eucaristía, que es mi verdadero cuerpo real y completo, será para los pecadores y los hombres impuros un verdadero elixir, que los transformará en hombres, santos y fieles. Esto no se opera por el método común y ordinario, sino que yo, que soy el Cristo, yo seré vuestro alimento y vuestra carne o una especie de piedra física que transmuta los metales impuros al penetrarlos efectivamente [...]. Pues no solamente es una *metempsicosis* [transmigración del alma después de la muerte], sino que es todo a la vez como una *metemsomatosis* [transmigración del cuerpo después de la muerte], y una transubstanciación del pan y el vino, que conservan sus especies y sus formas exteriores en el verdadero cuerpo de Cristo... Es por esta milagrosa y sorprendente transmutación, esta obra divina, esta divina Alquimia,

---

[20] Pierre Jean Fabre, *L'alchimiste chrétien (Alchymista christianus)*. Introducción y notas de Frank Greiner, Archè, Milán 2001, pág. X.

por la que Dios se hace hombre y por la que Dios hombre se da en alimento verdadero[21].

Es evidente que Fabre se refiere al sentido original de la eucaristía y no al rito, puesto que este es solo una imagen de la verdadera transmutación de las especies. El propio cristianismo encuentra su núcleo más interior —lo propiamente oculto— en la presencia divina en la misa. A causa de esa búsqueda de lo interior, en ocasiones se ha relacionado el cristianismo con el esoterismo, como lo hizo sistemáticamente René Guénon:

> Lejos de ser la religión o tradición exotérica que conocemos actualmente bajo este término, en sus orígenes el cristianismo tenía, tanto en sus ritos como en su doctrina, un carácter fundamentalmente esotérico y, por consiguiente, iniciático. Encontramos confirmación de ello en que la tradición islámica considera al cristianismo primitivo propiamente como una *tarikah*, es decir, una vía iniciática, y no como una *shariyah* o legislación social dirigida a todos[22].

Pero la relación entre el exoterismo y el esoterismo en el cristianismo ha sido mucho más compleja que la expuesta por Guénon. Es verdad que el esoterismo demanda un exoterismo, es decir, una forma religiosa exterior y completa, pero en el contexto en el que nos hallamos, parece evidentemente que la ceremonia eucarística une el exoterismo (misa de los catecúmenos) y el esoterismo (misa de los fieles). Por esta razón, las características del cristianismo no invitan a un esoterismo, pues en la práctica de los ritos está tanto lo oculto como lo manifestado. En el islam sunita —no tanto en el chiismo— el esoterismo parece imprescindible, pues la lectura del Corán necesita una interpretación oculta, pero no en el cristianismo, donde la misma presencia del Hijo en este mundo, gracias a las especies consagradas, representa la completitud de lo esotérico; no hay manera más clara de enseñar lo oculto que la encarnación divina del

---

[21] Ibídem, pág. 67.

[22] R. Guénon, *Apreciaciones sobre el esoterismo cristiano*, Obelisco, Barcelona 1993, pág. 9.

Hijo del hombre. Este advenimiento supera cualquier interpretación oculta, pues constituye «la verdad» en todos sus aspectos.

Según la creencia cristiana, la presencia de Dios reside en este mundo mediante la figura de Jesucristo y las ceremonias sacramentales no hacen sino recrear este misterio, por eso parece imposible dar una interpretación esotérica de la eucaristía porque ya lo es en sí misma. La obra alquímica, con su principio oculto y secreto, manifiesta la presencia divina encarnada o coagulada en la piedra filosofal. Louis Cattiaux lo expresó como sigue:

> Las Santas Escrituras están completas desde su comienzo, y cada nuevo Libro revelado no hace más que confirmarlas sin añadir ni suprimir nada al misterio del espíritu encarnado, que constituye su fundamento sagrado.
>
> Si todavía hay hombres inteligentes e inspirados de Dios en las iglesias, estos examinarán sus Escrituras hasta el fundamento secreto donde brilla la piedra inquebrantable e imperecedera establecida por Dios, establecida de Dios, establecida en Dios[23].

Con estas palabras, Cattiaux sigue una antigua tradición, la alquímica, pues en el *Tractatus aureus*, que antes hemos mencionado, se dice igualmente:

> Así como Cristo habita de forma invisible en quienes él ha regenerado, sin manifestarse en este mundo sino en el otro; así también el Verbo de regeneración es inherente a todas las cosas, pero de forma invisible: no puede manifestarse en los cuerpos mugrientos y elementales si no son reducidos a quinta esencia, es decir, a naturaleza celeste y astral. Este Verbo de regeneración es pues la semilla de la promesa o cielo de los filósofos, que brilla con todo el resplandor de los astros luminosos. Abraham fue llevado a verlo en contemplación.

En capítulos anteriores hemos tratado de la propuesta de Paracelso, expresada por ejemplo en su *Theophrastia Sancta*[24], orientada

---

[23] L. Cattiaux, *El mensaje reencontrado* (24, 4), *cit.*, pág. 485.
[24] C. Gilly, «*Theophrastia Sancta*. Der Paracelsismus als Religion…», *cit.*, pág. 127.

a la renovación completa del cristianismo y también su anhelo de ahondar en el misterio de Jesús como mesías. En este punto nos encontramos ante la paradoja definitiva del cristianismo, y también de la alquimia, que podría resumirse del modo siguiente: *la presencia del mesías es lo oculto.*

Intentaremos ahondar en esta propuesta comenzando por las palabras de Giorgio Agamben, en su libro *El tiempo que resta. Comentario a la Carta a los Romanos*, donde considera las cartas de Pablo como uno de los textos fundamentales de la espiritualidad occidental, al mismo nivel que los escritos mesiánicos, algo que nos parece fundamental, pues, en la medida en la que seamos capaces de comprender la realidad mesiánica del rito eucarístico, estaremos en disposición de saber qué significaba la piedra filosofal para los sabios del siglo XVI.

Agamben pone en evidencia la dificultad cognoscitiva del uso de palabras griegas y explica que a partir de la Vulgata no se traducen algunos términos, sino que se sustituyen por un calco seudolatino: *apóstolos* se traduce por «apóstol» y no por «enviado», *euaggélion* por «evangelio» y *Christos* por «Cristo», sin más, lo cual tiene como consecuencia que los sobreentendidos se conviertan en fundamentos dogmáticos. Agamben lo explica de la siguiente manera:

> Toda lectura y toda nueva traducción del texto paulino debe partir de la idea de que *christós* no es un nombre propio, sino que es —ya desde los Setenta— la traducción griega del término hebreo *masiah*, que significa el «ungido», es decir, el mesías. Pablo no sabe nada de Jesucristo, sino de Jesús mesías o el mesías Jesús, como escribe indiferentemente. Tampoco el Apóstol usa jamás el vocablo *christianós*, pero si lo hubiera conocido, el vocablo no podría significar otra cosa para él que «mesiánico», sobre todo en el sentido de seguidor del mesías. Esta observación es obvia, puesto que ninguno puede negarla seriamente; sin embargo, no es trivial ya que una costumbre milenaria, que deja sin traducir la palabra *christós*, haya acabado por hacer desaparecer el vocablo «mesías» del texto paulino[25].

---

[25] Giorgio Agamben, *El tiempo que resta. Comentario a la Carta a los Romanos*, Trotta, Madrid 2006, pág. 26.

Así, Agamben retorna a la base histórica del cristianismo y a las palabras de Pablo que se refieren a «la buena nueva de la venida del mesías» en la persona de Jesús. Los sabios del primer Renacimiento replantearon estas cuestiones y lo hicieron siguiendo el pensamiento cabalístico, lo que se conoce como cábala cristiana. La cábala del Renacimiento, transmitida al pensamiento cristiano por Pico della Mirandola, reconoce en el nombre de Jesús el adjetivo «mesías». Escribe Pico:

> Por el Nombre inefable *iod, he, vav, he* que forma el nombre inefable de los cabalistas se sabe cuál iba a ser el Nombre del Mesías, y que iba a ser evidentemente hijo de Dios hecho hombre por el Espíritu Santo, que después de él descendería como Paráclito sobre los hombres para perfección del género humano[26].

La actualización de la presencia del mesías en la eucaristía sería, para los alquimistas del XVI y XVII, la realidad oculta. Poco más se puede explicar de la alquimia. La piedra filosofal es algo presente y, por consiguiente, físico, pero también es lo oculto. Sin embargo, la distancia de las iglesias cristianas respecto de este fundamento mesiánico o alquímico ha sido, en general, absoluta, por lo que su relación con lo oculto ha perdido todo sentido y es casi imposible comprender las palabras de Pablo, a no ser que se haga sin prejuicios, como propone Agamben. O Emmanuel d'Hooghvorst, quien en su estudio sobre los vaticinios se preguntaba: «¿Qué anuncia la Sibila perpetuamente?», para responder seguidamente:

> La edad de oro. Al igual que los profetas de Israel se han sucedido para anunciar al Mesías, las numerosas Sibilas de la Antigüedad han anunciado siempre la edad de oro. Según esta teoría, la edad de oro debe venir al término de un ciclo de mil años, aunque dicha cifra parece igualmente simbólica, pues también en el Apocalipsis se habla de un reinado de Cristo que debe durar mil años[27].

---

[26] *Conclusiones mágicas y cabalísticas, cit.*, pág. 87.

[27] «Astrología en la Antigüedad», en *La Puerta. Astrología y tradición*, Arola, Tarragona 1999, pág. 16.

La edad de oro está en lo oculto y lo oculto se manifiesta en la edad de oro o el tiempo del mesías, pero solo para algunos.

3. Bajo la sombra de tus alas

La *Fama fraternitatis*, el primer manifiesto rosacruz que aparece en 1614, termina con la siguiente frase del Salmo 91: «[...] bajo la sombra de tus alas, oh Señor». El significado de la cita parece evidente: la hermandad de los Rosacruces mora en un lugar bajo la protección de las alas divinas, se trata de un lugar invisible, oculto por la sombra que proporcionan las alas del Señor. Esta cita se representó en distintos grabados de la época con dos grandes alas unidas por un círculo, como si fueran las de la diosa Isis del antiguo Egipto, para enseñar que la verdad permanece siempre en el seno de la gran madre y que para conocerla es necesario volver a ella y renacer.

La fraternidad de los Rosacruces de principios del siglo XVII recogió literariamente el sentido de cualquier sociedad secreta o mistérica. También lo hizo la masonería especulativa que se dio a conocer a partir de *Las Constituciones de Anderson* en 1723. Los Rosacruces y las distintas formas de sociedades modernas que conocemos como masónicas *simularon* la edad mesiánica.

Cuando un iniciado penetra en el templo, contempla allí al gran maestro que simboliza el hombre regenerado, o el oro viviente, en este momento entra en contacto con la obra alquímica y empieza a vivir en una realidad mesiánica, en la edad de oro. Por eso, la frase «la sombra de tus alas» no designaría solo un lugar, sino que también aludiría a un tiempo, el de la realización de la Gran Obra alquímica, o dicho en términos teológicos: la edad mesiánica, que no aparece jamás en la exterioridad.

Quizá, a partir de esta propuesta sería posible entender la sombra que cubrió a María durante la Anunciación: «¿Cómo será esto, puesto que no conozco varón?». El ángel le respondió: «El Espíritu Santo vendrá sobre ti y el poder del Altísimo te cubrirá con su sombra; por eso el que ha de nacer será santo y será llamado Hijo de Dios» (Lucas 1, 34-35).

El alquimista Eirenaeus Philalethes en su *Introitus apertus ad occlusum regis palatium* (un título muy elocuente: «Entrada abierta al palacio cerrado del rey») explica que el sentido del final de la creación es la obtención de *su* oro, pues «convertido en esencia, este oro ya no es el del vulgo, lo llamamos nuestro oro; es el grado supremo de perfección de la naturaleza y del arte»[28]. Continúa afirmando que el alquimista es el único testigo de la Gran Obra, no hay otro: «No tengo necesidad de testigos, pues yo mismo soy un adepto», y aquí se debe situar uno de los fundamentos teóricos de la tradición alquímica: cuando el maestro transmite secretamente a un discípulo, entonces el oro —«nuestro oro»— está vivo, pero cuando esta cadena se rompe y no hay nadie para revivificar el oro o el misterio mesiánico, lo que perdura son rituales y símbolos muertos, que consuelan a los hombres, pero que son solo la imagen de una verdad inexistente. Y así perviven las tradiciones muertas a lo largo del tiempo hasta que alguien recuerde el misterio que se oculta tras los ritos y con la ayuda del cielo los vuelva a revivificar.

El fundamento de lo oculto parece incompatible con el devenir dogmático del cristianismo, puesto que, según la interpretación de la Iglesia, los discípulos de Jesús nunca pueden ser como el maestro, al contrario de lo que se dice en el propio Evangelio[29]; el tiempo mesiánico pertenece al pasado y con ello se destruye toda posibilidad de una vida nueva.

El judaísmo ha sido más sutil, pues, al no señalar al último adepto, que en el lenguaje rabínico es «el justo», deja abierta la transmisión secreta y, por consiguiente, lo oculto sigue siendo una posibilidad. En el Talmud se explica que las tres letras que forman el nombre Adán son propiamente mesiánicas: el *alef* de Adán, la *dalet* de David, y la *mem* del Mesías. Es decir, que el alma de Adán, por metempsicosis, habría pasado de Adán a David, y de David al Mesías. A lo que Emmanuel d'Hooghvorst comentaba: «Ello significa que cada

---

[28] E. Philalethes, *La entrada abierta al palacio cerrado del rey*, Obelisco, Barcelona 1986, pág. 25.

[29] Cf. Mateo 10, 24-33.

vez que aparece un Mesías (porque han aparecido varios, los judíos lo saben igual que nosotros), se trata de la misma alma que habla a través suyo»[30]. Y Louis Cattiaux escribía lo siguiente en *El mensaje reencontrado*: «El nuevo Adán, verdadero hijo de Dios que vino, viene y vendrá, separa de nuevo la luz de las tinieblas por humildad, amor y obediencia a la ley del Único»[31]. Evidentemente, a ningún alquimista se le ocurrió jamás verse a sí mismo como mesías, más bien se sentían como los asnos que lo transportaban y que permitían que pudiera manifestarse.

Tanto el adepto como el profeta son la «entrada abierta» al palacio del rey, pero no son el rey. En otro fragmento de este libro, Philalethes describe este estado sin ningún margen de duda:

> Anuncio todo esto al mundo como un pregonero, a fin de no morir habiéndole sido inútil. *Que este libro mío sea el precursor de Elías, a fin de que prepare la Vía Real del Señor*. ¡Ojalá las gentes de espíritu de todo el mundo conozcan este arte! Entonces, la extrema abundancia del oro, de la plata y de las piedras preciosas los volverá poco estimables, apreciándose únicamente la ciencia que los producirá. Entonces, por fin, será honrada la verdad desnuda, ya que es estimable en sí misma[32].

A Eirenaeus Philalethes se le considera un adepto relacionado con los círculos secretos de los Rosacruces[33], por eso, el palacio del rey que aparece en el título de su tratado aludiría también a la morada secreta de los hermanos de la rosacruz que, desde los primeros manifiestos, se denominó el templo del Espíritu Santo.

En aquel momento y dentro de la búsqueda de un nuevo impulso espiritual, se recuperó la figura del abad de Calabria, Gioacchino da Fiore (1135-1202), quien había concebido la historia de la humanidad como un proceso de desarrollo espiritual que comenzó con la

---

[30] E. d'Hooghvorst, *El hilo de Penélope, cit.,* tomo I, pág. 277.

[31] L. Cattiaux, *El mensaje reencontrado* (12, 34), *cit.*, pág. 215.

[32] E. Philalethes, *La entrada abierta al palacio cerrado del rey, cit.*, pág. 78.

[33] R. Arola, *La cábala y la alquimia en la tradición espiritual de Occidente, cit.,* págs. 227-237.

Edad del Padre, que sería la historia de Israel: la letra; después, con la venida de Jesucristo comienza Edad del Hijo, la que él vivió y que representa la palabra; y finalmente tendría que llegar la Edad del Espíritu Santo, en la que dominaría la fraternidad en Cristo, sin guerras ni conflictos y en la que los monjes serían los maestros que guiarían a la humanidad.

El teólogo cristiano Henri de Lubac en el primer volumen de su obra *La posteridad espiritual de Joaquín de Fiore* dedica varios capítulos a la Edad del Espíritu relacionándola con la alquimia y el movimiento rosacruz. De Lubac cita a Paul Arnold para ilustrar el vínculo entre Gioacchino da Fiore y los Rosacruces[34], y si bien lo hace con cierto escepticismo, pues en el fondo lo considera tendencioso o interesado, le sirve para resumir el ambiente de principios del siglo XVII.

Arnold escribe: «La vida y doctrina de Gioacchino da Fiore» proporciona «un paralelo preciso, indiscutible con el mito de Cristián Rosencreuz y la enseñanza, profecías, manifiestos y rasgos principales de la orden». Así que el viaje de Cristián Rosencreuz al Santo Sepulcro durante el cual lo acogieron unos sabios musulmanes, de los que recibió una enseñanza secreta y universal, bien podría ser una reminiscencia del famoso viaje realizado por el joven Gioacchino da Fiore a Oriente. Muchas de las fórmulas prestadas por Andreae a su fraternidad podrían plagiar ciertos rasgos, no tanto del propio Gioacchino da Fiore, sino de los escritos que circulaban bajo su nombre, incluso el personaje de Rosencreuz debe alguna cosa al Gioacchino da Fiore de la leyenda, por eso Lubac escribe lo siguiente:

> Quizá es más importante señalar que la idea de una fraternidad de célibes, dedicados a los trabajos del espíritu en una Iglesia renovada, bajo la inspiración del Espíritu Santo, no era una creación de Andreae: cabe pensar que era «la continuación de las célebres especulaciones de un autor leído y glosado en todo tiempo», Gioacchino da Fiore: *studere contemplationi et paci*. Y la concepción de la Reforma luterana como principio de una renovación que solo el Espíritu Santo

---

[34] Henri de Lubac, *La posteridad espiritual de Joaquín de Fiore,* Encuentro, Madrid 2011, vol. I, pág. 238.

pueda realizar, al precio de una transformación radical, está conforme también con el esquema joaquinita[35].

Henri de Lubac, que finalmente considera al movimiento rosacruz como «cierto esoterismo cristiano» con el que no simpatiza demasiado, no puede separar la reforma protestante de la alquimia de los Rosacruces y su colegio invisible.

Uno de los personajes más enigmáticos y sorprendentes de los ambientes rosacruces de la misma época fue Heinrich Khunrath, el autor de *Amphitheatrum sapientiae aeternae*, cuyos grabados hemos analizado en la primera parte del libro. Este autor, grandilocuente en sus textos, utiliza la expresión «silencio harpocrático» para referirse al misterio de la piedra filosofal.

Harpócrates es un dios egipcio que se representa con el dedo índice sobre la boca para simbolizar la necesidad del silencio, mientras que con la otra mano esconde lo que «el pudor no permite nombrar», según palabras de Dom Pernety en su *Dictionnaire mytho-hermétique...*, quien después añade:

> Esta estatua se encontraba en los templos egipcios, que lo llamaban el dios del Silencio. Se colocaba también en todos los templos para recordar a los sacerdotes que debían guardar silencio respecto a los secretos contenidos en sus jeroglíficos. Estos secretos, según lo explica Michael Maier en su *Arcana Arcanissima*, no eran otra cosa que los de la verdadera química que todo el mundo alaba bajo el nombre de la Gran Obra, o piedra filosofal[36].

En cuanto a la ocultación que conviene a estos temas, Khunrath comenta el versículo de Proverbios 11, 13: «El que anda en chismes descubre el secreto: mas el de espíritu fiel encubre la cosa» del modo siguiente:

> Por la fe, la oración y la taciturnidad se adquieren muchos misterios celestes y arcanos naturales. Por eso Isaías canta, capítulo 24, versículo

---

[35] Ibídem.
[36] D. Pernety, *Diccionario mito-hermético*, cit., voz: «Harpócrates».

16: «Mi secreto es para mí, mi secreto es para mí». Y David, Salmos 51, versículo 8: «Las cosas inciertas y ocultas de la Sabiduría se han manifestado para mí». Por eso, el apóstol Pablo dice también: «En el Cristo Jesús todos los tesoros de la sabiduría y de la ciencia están ocultos»[37].

El tiempo mesiánico o el de la realización de la piedra filosofal no es cronológico, por eso los adeptos —los filósofos del fuego— hablan del instante de eternidad o de la eternidad de las eternidades, cuando lo sobrenatural se conjuga armónicamente con lo natural. El ser humano es una parte de Dios, pero una parte separada de Él, y, en su sentido más profundo, la alquimia propone el encuentro de estas dos naturalezas separadas en la piedra filosofal. Tanto desde la teología como desde la alquimia, la relación de lo infinito, Dios, con lo finito, el ser humano o la piedra, es la «paradoja absoluta», como escribió Karl Barth. En relación a la paradoja y la ocultación, Mark C. Taylor comenta el pensamiento del teólogo alemán, insistiendo en el secreto:

> En la revelación de Jesús hay una paradoja, por más objetiva y universal que sea. Que las promesas de la fidelidad de Dios hayan sido cumplidas en Jesucristo no es, y nunca será, una verdad evidente por sí misma, puesto que en Él aparece en su ocultación final y en su más profundo secreto[38].

También a propósito de la unión entre lo finito y lo infinito, entre la humanidad y la divinidad, Taylor afirma que, si «los opuestos no son implícitamente idénticos, una *coincidentia oppositorum* no puede ser implícitamente racional» y cuanto mayor es la oposición, más profunda es la paradoja, por eso, resume el pensamiento de Barth del modo siguiente:

> Para Barth no hay ninguna oposición mayor que la existente entre Dios (lo infinito) y el hombre (lo finito). En palabras tomadas de

[37] H. Khunrath, *Amphithéâtre de l'éternelle sapience*, Archè, Milán 1990, pág. 113.
[38] M. Taylor, *Después de Dios. La religión y las redes de la ciencia, el arte, las finanzas y la política*, Ediciones Siruela, Madrid 2011, págs. 222-226.

Kierkegaard, concluye que, al reunir estos opuestos, la Encarnación deviene la absoluta paradoja.

En la primera parte de este libro hemos estudiado algunos de los grabados que acompañan la primera edición de la obra de Barent Coenders van Helpen, *Escalier des sages ou Thrésor de la philosophie des anciens*; ahora retornamos a él para cerrar esta reflexión sobre lo oculto y su relación con la alquimia y con la religión:

> [...] advierto que, tras haber ascendido hasta la cima de esta escalera, tan solo empieza a asomar el rostro de la tierra de promisión de los tres reinos, que era la intención de nuestro peregrinaje, y que tan solo empezaremos a despejar y agudizar nuestros espíritus y nuestros otros sentidos si nos ocupamos en el estudio y examen de los compuestos, ya que los tres reinos de la naturaleza no comprenden tan solo el centro y la superficie, sino también la totalidad del cuerpo de la tierra. Pero antes de emprender un viaje tan largo, no puedo evitar advertiros de lo conveniente que resultaría una comparación de la Santísima Trinidad con los tres principios de los que hemos hablado, ya que el azufre podría ser comparado con la persona de Dios Padre, la sal con la persona de Dios Hijo y el mercurio con la del Espíritu Santo, pues Dios Padre, Dios Hijo y Dios Espíritu Santo son consustancialmente un mismo Dios en tres personas, así como el azufre, la sal y el mercurio son consustancialmente un solo compuesto en tres principios, que comprenden un alma, un espíritu y un cuerpo[39].

Plantearse la alquimia sin tener en cuenta todas estas observaciones parece un sinsentido, quizá por eso Cattiaux hizo suya la paradoja al proponer las dos caras de Dios: «El verdadero sabio es el que ve las dos caras de Dios y contempla lo que está oculto adentro. Porque en la unión de los contrarios es donde aparece la verdad del Único» (14, 31).

Lo oculto no deja de ser, paradójicamente también, la gran epifanía cuando lo sobrenatural aparece en el tiempo natural. Según los alquimistas esta manifestación es posible en tanto que lo sobrenatural

---

[39] B. Coenders van Helpen, *Escalier des sages ou la philosophie des anciens*, Pieman, Groninga 1687, pág. 426.

ya está en lo natural y, por consiguiente, no es tanto una transcendencia como una inmanencia, o, en todo caso, una reunión de ambos principios.

El primer texto de lo que Scholem llamó la cábala histórica es el *Sefer ha-Bahir* o el libro de Rabí Nahounia ben Hakana, puesto que el libro comienza con él preguntándose: «¿Cómo debemos entender los versículos de los Salmos 18, 12 en los que se dice: "Puso tinieblas por escondite"; y los Salmos 97, 2: "Nubes y oscuridad alrededor de Él"?, pues parece una contradicción hablar de Dios como una realidad escondida u oculta cuando en numerosos versículos de la Biblia se habla que Dios es luz y esplendor», a lo que el rabí responde otra sentencia de los Salmos, la 139, 12, en la que se afirma: «La noche resplandece como el día. Lo mismo te son las tinieblas que la luz»[40].

---

[40] *Sefer ha-Bahir*, Verdier, Lagrasse 1982, pág. 7.

Bibliografía

A. Recopilaciones alquímicas correspondientes a las abreviaturas utilizadas

BCC = *Bibliotheca chemica curiosa, seu rerum ad alchemiam pertinentium thesaurus instructissimus...*, de Jean-Jacques Manget, Génova 1702; reimpresión: A. Forni, Bolonia 1977.

BPC = *Bibliothèque des philosophes chimiques...*, de J. M. de Richebourg y W. Salmon, A. Cailleau, París 1740-1754; reedición: Beya, Grez-Doiceau 2003.

TC = *Theatrum chemicum, praecipuos selectorum auctorum tractatus de chemiae et lapidis philosophici antiquitate...*, de Zetzner, Estrasburgo 1659-1661; reedición electrónica:

http://www.wbc.poznan.pl/Content/11637/index.html?applet=yes.

TCB = *Theatrum chemicum Britannicum...*, de E. Ashmole, Grismond, Londres 1652; reimpresión: Kessinger, Montana 1967.

B. Fuentes utilizadas en el estudio de los símbolos herméticos del siglo XVII, ya sean originales, reediciones, reimpresiones o traducciones

Agrippa von Nettesheim, H. C., *Opera*, Olms, Hildesheim-Nueva York 1970.

—, *La filosofía oculta*, Kier, Buenos Aires 1982.

—, *Declamación sobre la incertidumbre y vanidad de las ciencias y las artes*, Universidad de Extremadura, Cáceres 2013.

Alciato, A., *Emblemas*, Akal, Madrid 1985.

Andreae, J. V., véase: *Fama fraternitatis − Confessio*.

—, *Chymische Hochzeit: Christiani Rosencreutz anno 1459*, Zetzner, Estrasburgo 1616.

—, *Cristianópolis*, Akal, Madrid 1986.

Arnauld, P., *Trois traictez de la philosophie*, Guillemot-Thiboust, París 1612.

Artis auriferae, Waldkirch, Basilea 1593.

Ashmole, E., *Theatrum Chemicum Britannicum*, Kessinger, Montana 1967.

Aurora consurgens, en M.-L. Franz (ed.), *Aurora consurgens: A Document Attributed to Thomas Aquinas on the Problem of Opposites in Alchemy: A Companion Work to C. G. Jung's Mysterium Conjunctionis*, Inner City Books, Toronto 2000.

Balînûs (Pseudo-Apollonios de Tyane), *Le livre du secret de la création*, en *La Table d'Émeraude et sa tradition alchimique*, Les Belles Lettres, París 1994.

Barchusen, J. C., *Elementa chemiae*, en *Alchimie* (Cahiers de l'Hermétisme), Dervy, París 1996.

Biblia pauperum. Facsimile edition, Avril Henry, Londres 1987.

Bocchi, A., *Symbolicarum quaestionum*, Bolonia 1555.

Böhme, J., *De signatura rerum*, Muñoz Moya y Montraveta, Barcelona 1984.

—, *Aurora*, Alfaguara, Madrid 1979.

Bonus, P., *Pretiosa margarita novella de thesauro, ac pretiosissimo philosophorum lapide*, Lacinus/Manutius, Venecia 1546.

Bruno, G., *La cena de las cenizas*, Alianza, Madrid 1984.

—, *Del infinito: el universo y los mundos*, Alianza, Madrid 1984.

Camillo, G., *La idea del teatro*, Siruela, Madrid 2006.

Coenders van Helpen, B., *Escalier des sages ou la philosophie des anciens*, Pieman, Groninga 1687.

Colonna, F., *El sueño de Polifilo*, El Acantilado, Barcelona 1999.

Cosmopolita, El, *Novum lumen chymicum. Parabola, seu aenigma philosophicum*; en BCC, tomo II.

—, *Carta filosófica*, en J. Peradejordi, *Cuatro tratados de alquimia*, Visión libros, Barcelona 1979.

Covarrubias, S. de, *Tesoro de la lengua castellana o española*, Alta Fulla, Barcelona 1987.

Cramer, D., *Emblemas rosacruces. 40 emblemas alquímicos*, Obelisco, Barcelona 2001.

Croll, O., *Basilica chymica [...]. Tractatus novus de signaturis rerum internis*, Tampach, Fráncfort 1622.

Dee, J., *La mónada jeroglífica*, Obelisco, Barcelona 1992.

Dorn, G., *Congeries paracelsicae chemiae de transmutationibus metallorum*, en BCC, tomo II.

—, *L'aurore des philosophes*, en B. Gorceix, *Alchimie. Traités allemands du XVIᵉ siècle*, Fayard, París 1980.

Espagnet, J. d', *Arcanum hermeticae philosophiae opus*, en BCC, tomo II.

—, *Enchiridion physicae restitutae*, en BCC, tomo II.

Fabre, P. J., *L'abrege des secretes chymiques*, Pierre Billaine, París 1636.

Fama Fraternitatis – das Urmanifest der Rosenkreuzer Bruderschaft zum ersten Mal nach den zeitgenössischen Manuskripten, Rozekruis Pers, Haarlem 1998.

Ficino, M. (pseudo), *Liber de arte chemica*, en BCC, tomo II.

Fiore, G. da, *Vaticinia, sive prophetiae Abbatis Joachimi*, Porrus, Venecia 1589.

Flamel, N., *El libro de las figuras jeroglíficas*, Obelisco, Barcelona 1999.

Fludd, R., *Utriusque cosmi maioris scilicet et minoris, metaphysica, physica, atque technica historia*, J. Theodor de Bry, Oppenheim 1617-1619.

Foix, F. de, *Le Pimandre de Mercure Trismegiste*, Millanges, Burdeos 1579.

Geber, *La somme de la perfection*, en BPC, tomo I.

Geheime Figuren der Rosenkreutzer, Eckhardt, Altona 1785-1788.

Gichtel, J. G., *Theosophia practica*, Obelisco, Barcelona 2003.

Grasshoff, J., *Physica naturalis rotunda visionis chemicae cabalisticae*, en BCC, tomo II.

Hartung vom Hoff, G., *Petit livre sur l'art*, en B. Gorceix, *Alchimie. Traités allemands du XVIᵉ siècle*.

Hermes Trismegisto, *Corpus hermeticum. Obras completas de Hermes Trismegisto*, Muñoz Moya y Montraveta, Barcelona 1987. También hemos utilizado la traducción de X. Renau, *Textos herméticos*, Gredos, Madrid 1999. Véase también la edición de B. P. Copenhaver: *Corpus hermeticum y Asclepio*, Siruela, Madrid 2000. En cada cita se indica la edición utilizada.

—, *La Table d'Émeraude et sa tradition alchimique*, las distintas versiones árabes y latinas en original y traducción, Les Belles Lettres, París 1994.

Herrera, J. de, *Discurso del señor Juan de Herrera [...] sobre la figura cúbica*, Editora Nacional, Madrid 1976.

Hortulanus, *La Table d'Émeraude d'Hèrmes, avec le Commentaire de l'Hortulain*, en BPC, tomo I.

Hydrolithus sophicus, seu Aquarium sapientum, en BCC, tomo II; traducción francesa de C. Froidebise, *Aquarium des sages*, La Table d'Émeraude, París 1989.

Khunrath, H., *Amphithéâtre de l'éternelle sapience*, Archè, Milán 1990.

Kieser, F., *Cabala chymica. Concordantia chymica. Azot philosoph, solificatum*, Spiessen, Mühlhausen 1606.

L'Agneau, D., *Harmonie mystique ou Accord des philosophes*, Bailly, París 1986.

Lambsprinck, *Tratado de la piedra filosofal*, Nuevomar, México 1983.

Las bodas químicas de Christian Rosenkreutz, véase: J. V. Andreae.

Le don de Dieu, Bailly, París 1988.

Le Livre d'Artéphius, en BPC, tomo I.

Les Sept Chapitres attribués à Hermès, en BPC, tomo I.

Liber de compositione alchemiae quem edidit Morienus Romanus, Calid Regi Aegyptiorum, en BCC, tomo I.

Llull, R., *Libre del gentil e los tres savis; libre de la primera i segona intencio; libre de mil proverbis (Obras de Ramon Llull)*, Colomar, Palma de Mallorca 1901.

—, *Obres de Ramon Llull*, Lul·liana, Palma de Mallorca 1905-1950.

Llull, R. (pseudo), *Elucidatio Testamenti, liber dictus Lux Mercuriorum in quo explicatur quod in aliis libris occultatum est, Codicillus, seu Vademecum et Cantilena in quo fontes Alchemicae Artis ac Philosophiæ reconditioris uberrime traduntur*, en BCC, tomo I.

—, *Il «Testamentum» alchemico attribuito a Raimondo Lullo (Edizione del testo latino e catalano dal manoscrito Oxford, Corpus Christi College, 244)*, Sismel, Florencia 1999; traducción francesa: *Le Testament*, Beya, Grez-Doiceau 2006.

Maier, M., *Atalanta fugiens, hoc est, emblemata nova de secretis naturae chymica*, Johann Theodor de Bry, Oppenheim 1618; *La fuga de Atalanta*, Atalanta, Vilaür 2016.

—, *Arcana arcanissima hoc est hieroglyphica aegyptio-graeca*, s.d.n.l., Oppenheim 1614; traducción francesa: *Les arcanes très secrets*, Beya, Grez-Doiceau 2005.

—, *Lusus serius*, Lucas Jennis, Oppenheim 1616.

—, *Symbola aureae mensae duodecim nationum*, Lucas Jennis, Fráncfort 1617.

—, *Tripus aureus*, Lucas Jennis, Fráncfort 1618.

—, *Chansons intellectuelles sur la résurrection du Phénix*, Bailly, París 1984.

Mennens, G., *La Toison d'or*, en *Le Fil d'Ariane* 65-66 (2000), Walhain-St-Paul.

Michelspacher, S., *Cabala, Spiegel der Kunst und Natur, in Alchymia*, Frank, Augsburgo 1615.

Musaeum Hermeticum, Lucas Jennis, Fráncfort 1625.

Mutus Liber, La Rochelle 1677.

Mylius, J. D., *Anatomia auri*, Lucas Jennis, Fráncfort 1628.

—, *Opus medico-chymicum*, Lucas Jennis, Fráncfort 1618.

—, *Philosophia reformata*, Lucas Jennis, Fráncfort 1622.

Nazari, G. B., *Della tramutatione metallica sogni tre*, Marchetti, Brescia 1572.

Niger Hapelius, N., *Aforismos basilienses o cánones herméticos del espíritu y del alma como también del cuerpo medianero del gran y pequeño mundo*, en E. d'Hooghvorst, *El hilo de Penélope*.

Nuysement, C. H. de, *Les visions hermétiques et autres poèmes alchimiques suivis des Traictez du vray sel secret des philosophes et de l'esprit général du monde*, Retz, París 1974.

Pantheo, G. A., Giovanni Agostino, *Voarchadumia contra alchimiam. Ars distincta ab archimia et sophia, cum additionibus, proportionibus, numeris et figuris opportunis*, Tacuino, Venecia 1530.

Paracelso (Theophrast von Hohenheim), *Theophrast von Hohenheim gen. Paracelsus. Sämtliche Werke*, Sudhoff-Matthiessen, Múnich-Berlín 1923-1933.

—, *Opera omnia*, Tournes, Ginebra 1658.

—, *Évangile d'un médecin errant*, CIAL, Estrasburgo 1996.

—, *Textos esenciales*, Siruela, Madrid 2001.

—, *Vom Licht der Natur und des Geistes*, Reclam, Stuttgart 1984.

—, *Les Dix Arxidoxes*, Beya, Grez-Doiceau, 2018.

—, *Dorn, Trithème*, Thuysbaert C., ed., Beya, Grez-Doiceau, 2012.

Percolla, V., *Auriloquio, nel quale si tratta dello ascoso secreto dell'alchimia*, SÉHA-Archè, París-Milán 1996.

Petraeus, C., *Sylva philosophorum*, en R. Arola (ed.), *Images cabalistiques et alchimiques*.

Philalethes, Eirenaeus, *Introitus apertus ad occlusum regis palatium*, en BCC, tomo II; traducción: *La entrada abierta al palacio cerrado del rey*, Obelisco, Barcelona 1986.

—, *Tractatus de metallorum metamorphosi*, en BCC, tomo II.

Philalethes, Eugenius, véase: Vaughan, T.

Pontanus, J., *Epistola de Igne Philosophorum*, en TC, tomo III.

Postel, G., *Clef des choses cachées*, Janssonius, Ámsterdam 1646.

Retz, F. von, *Defensorium inviolatae virginitatis beatae Mariae*, Basilea 1490.

Rhumelius, J. P., *Medicina Spagyrica*, Chacornac, París 1932.

Ripa, C., *Iconología*, Akal, Madrid 1987.

Ripley, G., *The Compound of Alchymy [...] Containing twelve Gates*, en TCB.

Rosarium philosophorum, en BCC, tomo II; y *Rosarium philosophorum: ein alchemisches Florilegium des Spätmittelalters* (reimpresión de la edición de Fráncfort 1550: *Rosarium philosophorum secunda pars alchimiae de lapide philosophico vero modo praeparando [...]*, preparada por J. Telle, VCH, Weinheim 1992).

Rulandus, M., *Diccionario de alquimia o Lexicon alchemiae*, MRA, Barcelona 2001.

Sendivogius, M., *Parabola, seu aenigma philosophicum*, en BCC, tomo II.

Senioris Zadith Tractatulus, en BCC, tomo II.

Stolcius, D., *Viridarium chymicum*, Lucas Jennis, Fráncfort 1624; traducción: *Viridarium chymicum*, Muñoz Moya y Montraveta, Barcelona 1986.

—, *Hortulus hermeticus*, Lucas Jennis, Fráncfort 1627.

Tesson, J. le, *La obra del león verde*, Índigo, Barcelona 1999.

Trismosin, S., *La Toyson d'or ou Fleur des trésors*, Retz, París 1975.
Tumba Semiramidis Hermetice sigillata, en BCC, tomo II.
La turba de los filósofos. Enigma de la visión de Arisleus, Índigo, Barcelona 1997.
Valentin, B., *L'Azoth, ou le moyen de faire l'or caché des philosophes*, Archè, Milán 1994.
—, *Les douze clefs de philosophie*, en BPC, tomo II; traducción: *Las doce llaves de la filosofía*, Muñoz Moya y Montraveta, Barcelona 1986.
Valeriano, P., *Hieroglyphica, sive de sacris aegyptiorum aliarumque gentium literis commentarii*, Isengrinus, Basilea 1556.
Valle, R. de, *De la vérite et de l'ancienneté de l'art chimique*, en *Le Fil d'Ariane* 46-47 (1992), Walhain-St-Paul.
—, *Gloria Mundi, seu Tabula Paradisi*, en TC, tomo VI.
Valois, N., *Les Cinq Livres ou la clef du secret des secrets*, Retz, París 1975; traducción: *Los Cinco Libros de Nicolas Valois*, DIALTT, Barcelona 1996.
Vaughan, T. (Philalethes, Eugenius), *Anthroposophia theomagica; Anima magica abscondita; Magia adamica; Lumen de lumine or a new magical light; Euphrates or the waters of the east; Coelum Terrae or the magician's heavenly chaos; Aula lucis or the house of light; The fame and confession of the fraternity of R. C.*, en A. E. Waite (ed.), *The works of Thomas Vaughan (Eugenius Philalethes)*, Kessinger, Montana 1968; traducción francesa: T. Vaughan, *Œuvres complètes*, La Table d'Émeraude, París 1999.
Vicot, P., *El memorial de alquimia*, en E. d'Hooghvorst, *El hilo de Penélope*.
Vigenère, B. de, *Traicté du feu et du sel*, Angelier, París 1622.
Waite, A. E. (ed.), *The works of Thomas Vaughan (Eugenius Philalethes)*, Kessinger, Montana 1968.
Welling, G. von, *Opus mago-cabbalisticum*, Fleischer, Fráncfort-Leipzig 1784.
Zósimo de Panópolis, «Mémoires authentiques», en *Les alchimistes grecs* (tomo IV).

C. Bibliografía complementaria

Agamben, G., *El tiempo que resta. Comentario a la Carta a los Romanos*, Trotta, Madrid 2006.

—, *Signatura rerum. Sobre el método*, Anagrama, Barcelona 2010.

Agustín, San, *Obras*, BAC, Madrid 1964.

Alchimie (Cahiers de l'Hermétisme), Dervy, París 1996.

Alleau, R., *Aspects de l'alchimie traditionnelle*, Minuit, París 1953.

—, «Étude iconographique du manuscrit de Berlin», en S. Trismosin, *La Toyson d'or ou Fleur des trésors*.

Anzuini, C. A., «Introduzione», en V. Percolla, *Auriloquio, nel quale si tratta dello ascoso secreto dell'alchimia*.

Arnold, P., *Histoire des Rose-Croix et des origines de la Franc-Maçonnerie*, Mercure de France, París 1990.

Arola, R. (ed.), *Images cabalistiques et alchimiques*, Beya, Grez-Doiceau 2003.

—, *La cábala y la alquimia en la tradición espiritual de Occidente. Ss. XV-XVII*, Olañeta, Palma de Mallorca 2002.

— (ed.), *Croire l'incroyable ou l'ancien et le nouveau dans l'histoire des religions*, Beya, Grez-Doiceau 2006.

—, *Las estatuas vivas. Ensayo sobre arte y simbolismo*, Obelisco, Barcelona 1995.

—, *Los amores de los dioses. Mitología y alquimia*, Alta Fulla, Barcelona 1999.

—, *Textos y glosas sobre el arte sagrado*, Obelisco, Barcelona 1990.

—, «V.I.T.R.I.O.L. Un símbolo alquímico en la masonería», en *Libro de trabajos, Logia de Estudios e Investigaciones Duque de Wharton*, 2001.

—, «Hermes y Atenea, la sabiduría y la ciencia de Dios», en *Mitología oculta. Interpretación hermética de los dioses clásicos*, Arola, Tarragona 2000.

—, *Cuestiones simbólicas*, Herder, Barcelona 2015.

—, *El símbolo renovado. A propósito de la obra de Louis Cattiaux*, Herder, Barcelona 2013.

— **y L. Vert**, «El nacimiento de los dioses», en *Mitología oculta* (La Puerta), Arola, Tarragona 2001.

—, *La actualidad del hermetismo. El mensaje de Louis Cattiaux*, Herder, Barcelona 2020.

Auswahl, E., «Einführung», en Paracelsus, *Vom Licht der Natur und des Geistes*.

Batfroi, S., *La voie de l'Alchimie chrétienne*, Le Mercure Dauphinois, Grenoble 2005.

Berthelot, M., *Collection des alchimistes grecs*, Steinheil, París 1888.

—, *La chimie au Moyen Âge*, Steinheil, París 1893.

—, *Los orígenes de la alquimia*, MRA, Barcelona 2001.

Böhme, G. y H., *Fuego, Agua, Tierra, Aire, una historia cultural de los elementos*, Herder, Barcelona 1998.

Bonardel, F., *Philosophie de l'alchimie. Grand Œuvre et modernité*, Presses Universitaires, París 1993.

Burckhardt, T., *Alquimia, significado e imagen del mundo*, Paidós, Barcelona 1994.

—, *Principios y métodos del arte sagrado*, Olañeta, Palma de Mallorca 1996.

Burke, P., *A Social History of Knowledge: From Gutemberg to Diderot*, Polity, Cambridge 2000.

Canseliet, E., *L'alchimie expliquée sur ses textes classiques*, Pauvert, París 1972.

—, *L'alchimie et son Livre Muet*, La Rochelle, París 1967.

Cattiaux, L., *Art et hermétisme. Œuvres complètes*, Beya, Grez-Doiceau 2005.

—, *El mensaje reencontrado*, Arola, Tarragona 2000.

—, *Física y metafísica de la pintura*, Arola, Tarragona 1998.

Certeau, M. de, *La fábula mística (siglos XVI-XVII)*, Siruela, Madrid 2006.

Charbonneau-Lassay, L., *Estudios sobre simbología cristiana. Iconografía y simbolismo del corazón de Jesús*, Olañeta, Palma de Mallorca 1982.

Cirlot, J. E., *Diccionario de símbolos*, Siruela, Madrid 1997.

Cirlot, V., *Hildegard von Bingen y la tradición visionaria de Occidente*, Herder, Barcelona 2005.

—, *Figuras del destino. Mitos y símbolos de la Europa medieval*, Siruela, Madrid 2005.

—, *Visión en rojo*, Siruela, Madrid 2019.

Comenio, J. A., *Lo único necesario*, Fundación Rosacruz, Valencia 2006.

Coomaraswamy, A., *Teoría medieval de la belleza*, Olañeta, Palma de Mallorca 1987.

Corbin, H., *Cuerpo espiritual y Tierra celeste*, Siruela, Madrid 1996.

—, *Alchimie comme art hiératique*, L'Herne, París 1986.

—, *Avicena y el relato visionario: Estudio sobre el ciclo de los relatos avicenianos*, Paidós, Barcelona 1995.

—, *La imaginación creadora en el sufismo de Ibn 'Arabí*, Destino, Barcelona 1993.

—, *Le livre des sept statues*, L'Herne, París 1981.

Craven, J. B., *Count Michael Maier-Doctor of Philosophy and of Medicine, Alchemist, Rosicrucian, Mystic: Life and Writings*, Dawson, Londres 1968.

Deghaye, P., «La lumière de la nature chez Paracelse», en *Paracelse* (Cahiers de l'Hermétisme).

—, «La sagesse dans l'œuvre de Jacob Boehme», en *Sophia et l'Âme du Monde* (Cahiers de l'Hermétisme).

Dubois, G., *Fulcanelli dévoilé*, Dervy, París 1992.

Eamon, W., *Science and the Secrets of Nature: Books of Secrets in Medieval and Early Modern Culture*, Princeton University Press, Princeton 1994.

Eckhart, Maestro, *El fruto de la nada*, Siruela, Madrid 1998.

Edighoffer, R., *Les Rose-Croix et la crise de la conscience européenne au XVIIe siècle*, Dervy, París 1998.

El secreto de la flor de oro, Paidós, Barcelona 1991.

Eliade, M., *Herreros y alquimistas*, Alianza, Madrid 2001.

—, *Alquimia asiática*, Paidós, Barcelona 1992.

Ésotérisme, gnoses et imaginaire symbolique: Mélanges offerts à Antoine Faivre, Peeters, Lovaina 2001.

Evola, J., *La tradición hermética*, Martínez Roca, Barcelona 1975.

Fabre, P. J., *L'alchimiste chrérien (Alchymista christianus)*. Archè, Milán 2001.

Fabre du Bosquet, *Concordance Mytho-Physico-Cabalo-Hermétique*, Le Mercure Dauphinois, Grenoble 2005.

Faivre, A. y J. Needleman (eds.), *Espiritualidad de los movimientos esotéricos modernos*, Paidós, Barcelona 2000.

—, *The Golden Fleece and Alchemy*, Albany, Nueva York 1993.

—, «D'Hermès-Mercure à Hermès Trismégiste: au confluent du

mythe et du mythique», en *Présence d'Hermès Trismégiste* (Cahiers de l'Hermétisme).

Ferguson, J., *Bibliotheca Chemica. A Bibliography of books on alchemy, chemistry, and pharmaceutics*, Kessinger, Montana 1974.

Festugière, A.-J., *La révélation d'Hermès Trismégiste*, Les Belles Lettres, París 1950-1954.

Feye, S., «Introduction», en M. Maier, *Les arcanes très secrets*, Grez-Doiceau 2005.

Figala, K. y U. Neumann, «A propos de Michel Maier: quelques découvertes bio-bibliographiques», en D. Kahn y S. Matton (eds.), *Alchimie. Art, histoire et mythes*.

Figuier, L., *L'alchimie et les alchimistes. Essai historique et critique sur la philosophie hermétique*, Hachette, París 1856.

Filóstrato, *Vida de Apolonio de Tiana*, Gredos, Madrid 1992.

Franz, Marie-Louise von (ed), *Aurora consurgens: A Document Attributed to Thomas Aquinas on the Problem of Opposites in Alchemy: A Companion Work to C. G. Jung's Mysterium Conjunctionis*, Nueva York 1966.

Fritz Brüning, V., *Bibliographie der alchemistischen Literatur*, Saur, Múnich 2004.

Fulcanelli, *El misterio de las catedrales*, Plaza y Janés, Barcelona 1990.

—, *Las moradas filosofales*, Índigo, Barcelona 2000.

Gabriele, M., *Alchimia e iconologia*, Forum, Údine 1997.

— (ed.), *Alchimia. La tradizione in Occidente*, La Biennale, Venecia 1986.

—, «Introduction», en *Le don de Dieu*.

Gentile, S. y C. Gilly (eds.), *Marsilio Ficino e il ritorno di Ermete Trismegisto / Marsilio Ficino and the return of Hermes Trismegistus*, Centro Di, Florencia 1999.

Gilly, C., *Johann Valentin Andreae. Die Manifeste der Rosenkreuzerbruderschaft 1586-1986*, Bibliotheca Philosophica Hermetica, Ámsterdam 1986.

—, «*Theophrastia Sancta*. Der Paracelsismus als Religion im Streit mit den offiziellen Kirchen», en J. Telle (ed.), *Analecta paracelsica*.

—, «Adam Haslmayr: Der erste Verkünder der Manifeste de Rosenkreuzer», en *Texts and Studies published by the Bibliotheca Philosophica Hermetica* 5 (1994).

— y M. **Afanasyeva**, *500 years of Gnosis in Europe*, Bibliotheca Philosophica Hermetica, Ámsterdam 1993.

— y C. **van Heertum** (eds.), *Magia, alchimia, scienza dal '400 al '700: l'influsso di Ermete Trismegisto / Magic, Alchemy and Science 15th-18th Centuries: the Influence of Hermes Trismegistus*, Centro Di, Florencia 2002.

— y P. **van der Kooij**, *Fama fraternitatis. Das Urmanifest der Rosenkreuzerbruderschaft…*, Rosenkruis Pers, Haarlem 1998.

Givry, G. de, *Le musée des sorciers, mages et alchimistes*, Veyrier, París 1988.

Gobineau de Montluisant, E., *Énigmes et hiéroglyphiques physiques, qui sont au grand portail de l'église [...] de Notre-Dame de Paris [...]*, en BPC, tomo II.

Godwin, J., «The Deepest of the Rosicrucians: Michael Maier», en R. White (ed.), *The Rosicrucian Enlightenment Revisited*.

—, *Macrocosmos, microcosmos y medicina: Robert Fludd*, Atalanta, Vilaür 2018.

Gorceix, B., *Alchimie. Traités allemands du XVIe siècle*, Fayard, París 1980.

Greiner, F. (ed.), *Aspects de la tradition alchimique au XVIIe siècle*, SÉHA-Archè, París-Milán 1998.

Grignion de Montfort, L. M., *Obras*, BAC, Madrid 1984.

Guénon, R., *Les symboles fondamentaux de la science sacrée*, Gallimard, París 1962.

—, *Apreciaciones sobre el esoterismo cristiano*, Obelisco, Barcelona 1993.

—, *Aperçus sur l'ésotérisme chrétien*, Éd. Traditionnelles, París 1971.

—, *Aperçus sur l'initiation*, Éd. Traditionnelles, París 1946.

—, *El teosofismo. Historia de una pseudo-religión*, Obelisco, Barcelona 1989.

Haas, A. M., *Visión en azul. Estudios de mística europea*, Siruela, Madrid 1999.

Hadot, P., *Le voile d'Isis. Essai sur l'histoire de l'idée de nature*, Gallimard, París 2004.

Hakl, H. T., *Eranos: An Alternative Intellectual History of the Twentieth Century*, Routledge, Londres-Nueva York 2014.

Halleux, R., *Les textes alchimiques*, Brepols, Turnhout 1979.

Hanegraaff, W. J., *Esotericism and the Academy: Rejected Knowled-*

ge in Western Culture, Cambridge University Press, Cambridge 2012.

—, *New Age Religion and Western Culture: Esotericism in the Mirror of Secular Thought*, Brill, Leiden 1998.

—, *Western Esotericism: A Guide for the Perplexed*, Bloomsbury Press, Londres 2013.

—, **y A. Faivre**, *Dictionary of gnosis and Western esotericism*, Brill, Leiden 2005.

Hankins, J., *Humanism and Platonism in the Italian Renaissance*, Storia e Letteratura, Roma 2003.

Hartlaub, G. F., *Der Stein der Weisen: Wesen und Bildwelt der Alchemie*, Prestel, Múnich 1959.

—, *Kunst und Religion: ein Versuch über die Möglichkeit neuer religiöser Kunst*, Kurt Wolff, Leipzig 1919.

Heráclito, *Alegorías de Homero*, Gredos, Madrid 1989.

Hesíodo, *Teogonía*, UNAM, México 1986.

Himnos homéricos, Gredos, Madrid 1978.

Himnos órficos, Gredos, Madrid 1987.

Hiro, H., *Le concept de semence dans les théories de la matière à la Renaissance (De Marsile Ficin à Pierre Gassendi)*, Brepols, Turnhout 2005.

Hoeffer, F., *Histoire de la chimie depuis les temps les plus reculés jusqu'à notre époque*, Alençon, París 1980.

Hooghvorst, E. d', *El hilo de Penélope I*, Arola, Tarragona 2000.

—, *El hilo de Penélope II. Antología alquímica*, Arola, Tarragona 2006.

—, «Ordo ab chao, tal es el arte», en L. Cattiaux, *Física y metafísica de la pintura. Obra poética*.

—, «Astrología en la Antigüedad», en *La Puerta. Astrología y tradición*, Arola, Tarragona 1999.

Horapolo, *Hieroglyphica*, Akal, Madrid 1991.

Husson, B., «Introduction», en S. Trismosin, *La Toyson d'or ou Fleur des trésors*.

Hutin, S., *Robert Fludd (1574-1637). Alchimiste et philosophe rosicrucien*, Omnium Littéraire, París 1971.

Ibn'Arabî, *L'alchimie du bonheur parfait*, Berg, París 1981.

Idel, M., *Cultural intermediaries: Jewish intellectuals in Early Modern Italy*, University of Pennsylvania Press, Filadelfia 2004.

Isidoro de Sevilla, *Etimologías*, BAC, Madrid 1982.

Jâbir ibn Hayyân, *Dix traités d'alchimie*, Sindbad, Arlés 1996.

Jámblico, *Les mystères d'Égypte*, Les Belles Lettres, París 1966.

—, *Vida pitagórica*, Etnos, Madrid 1991.

Javary, G., «L'âme du monde chez les kabbalistes chrétiens de la Renaissance. De la Chekhina à l'Église», en *Sophia et l'âme du monde* (Cahiers de l'Hermétisme).

Jerónimo, San, *Commentariorum in Esaiam Libri I-XI*, Brepols, Turnhout 1963.

Jong, H. M. E., *Michael Maier's Atalanta fugiens. Sources of an alchemical book of emblems*, Brill, Leiden 1969.

—, *Les symboles spirituels de l'alchimie*, Bibliotheca Philosophica Hermetica, Ámsterdam 1988.

Jung, C. G., *Psicología y alquimia*, S. Rueda, Buenos Aires 1967.

—, *La psicología de la transferencia*, Paidós, Barcelona 2001.

—, *Paracélsica*, Kairós, Barcelona 1995.

Kahn, D., «Table d'Émeraude et les textes alchimiques attribués à Hermès Trismégiste», en Hermès Trismégiste, *La Table d'Émeraude et sa tradition alchimique*.

— y **S. Matton** (eds.), *Alchimie. Art, histoire et mythes*, SÉHA-Arché, París-Milán 1995.

—, «Les manuscrits originaux des alchimistes de Flers», en D. Kahn y S. Matton (eds.), *Alchimie. Art, histoire et mythes*.

—, «Nicolas Flamel alchimiste?», en Nicolas Flamel, *Écrits alchimiques*, Les Belles Lettres, París 1993.

—, «Introduction», en T. Vaughan, *L'art hermétique à découvert ou Nouvelle Lumière Magique, où sont contenus diverses Mystères des Égyptiens, des Hébreux & des Chaldéens*, Bailly, París 1989.

—, «Alchimie et architecture: de la pyramide à l'église alchimique», en F. Greiner (ed.), *Aspects de la tradition alchimique au XVIIe siècle*.

—, *Alchimie et paracelsisme en France (1567.1625)*, Droz, Génova 2007.

—, «The Rosicrucian Hoax in France (1623-24)», en W. Newman y A. Grafton (eds.), *Secrets of Nature. Astrology and Alchemy in Early Modern Europe*.

Klossowski de Rola, S., *El juego áureo. Grabados alquímicos del siglo XVII*, Siruela, Madrid 2004.

—, *Alchemy, the secret Art*, Thames and Hudson, Londres 1973.

Koyré, A., *Místicos, espirituales y alquimistas del siglo XVI alemán*, Akal, Madrid 1981.

Lacaze, G., «La rencontre de Corbin et de Jung», en *Documents de travail du département de philosophie de l'Université de Poitiers*, 2002, http://www.sha.univ-poitiers.fr/philosophie.

Laurant, J.-P., «Características generales del esoterismo del siglo XIX», en A. Faivre y J. Needleman (eds.), *Espiritualidad de los movimientos esotéricos modernos*.

Lenglet du Fresnoy, N., *Histoire de la philosophie hermétique*, G. Olms, Hildesheim-Nueva York 1975.

Lennep, J. van, *Alchimie. Contribution à l'histoire de l'art alchimique*, Dervy, París 1993.

—, *Arte y alquimia. Estudio de la iconografía hermética y de sus influencias*, Editora Nacional, Madrid 1978.

Levi, E., *Curso de filosofía oculta: Sobre la cábala y la ciencia de los números*, Mascarón, Barcelona 1981.

Les alchimistes grecs (tomo IV), Les Belles Lettres, París 1995.

Lohest, J., «L'Hylê et la montagne magique», en R. Arola (ed.), *Images cabalistiques et alchimiques*.

López Pérez, M., «Algunos rasgos sobre la relación entre el lulismo y el pseudolulismo en el Edad Moderna», *Dynamis* 22 (2002), págs. 327-357.

— y **M. Rey Bueno** (eds.), *Solve et Coagula*, Secretariado de Publicaciones de la Universidad de Sevilla (en preparación).

Lory, P., *Alchimie et mystique en terre d'islam*, Gallimard, París 1989.

Luanco, J. R., *La alquimia en España. Escritos inéditos, noticias y apuntamientos que pueden servir para la historia de los adeptos españoles*, Obelisco, Barcelona 1995.

Lubac, H. de, *La posteridad espiritual de Joaquín de Fiore*, Encuentro, Madrid 2011.

Lucentini, P., I. Parri y V. Perronen (eds.), *Hermetism from Late Antiquity to humanism*, Brepols, Turnhout 2004.

Luciano de Samosata, *Diálogos,* Planeta, Barcelona 1988.

Mandel, G., *Les Tarots des Visconti*, Vilo, París 1975.

Mandosio, J. M., «L'alchimie dans les classifications des sciences et des arts», en F. Greiner (ed.), *Aspects de la tradition alchimique au XVIIe siècle*.

Matton, S. (ed.), *Documents oubliés sur l'alchimie, la kabbale et Gui-*

llaume Postel, offerts à l'occasion de son 90ᵉ anniversaire à Françoise Secret par ses élèves et amis, Droz, Ginebra 2001.

McIntosh, C., *The Rosicrucians, the History and Mythology of an Occult Order*, Crucible, Wellingborough 1987.

McLean, A. (ed.), *A Compendium on the Rosicrucian Vault*, Hermetic Research, Edimburgo 1985.

Mertens, M., «Introduction historique», en *Les alchimistes grecs* (tomo IV).

Moeller, C., *Literatura del siglo XX y cristianismo*, Gredos, Madrid 1960.

Moran, B. T., «Paracelsianism», en W. J. Hanegraaff, *Dictionary of Gnosis and Western Esotericism*.

Nahmanides, *The Commentary of Nahmanides on Genesis, chapters 1-6*, Brill, Leiden 1960.

Nauert, C. G., *Agrippa and the Crisis of Renaissance Thought*, University of Illinois Press, Urbana 1965.

Newman W. R., *Promethean Ambitions: Alchemy and the Quest to Perfect Nature*, The University of Chicago Press, Chicago 2004.

— **y A. Grafton** (eds.), *Secrets of nature. Astrology and alchemy in Early Modern Europe*, MIT Press, Londres 2001.

Obrist, B., *Les débuts de l'imagerie alchimique (XIV-XV siècles)*, Le Sycomore, París 1982.

—, «Visualization in Medieval Alchemy», en *Hyle-International Journal for Philosophy of Chemistry*, vol. 9 (2003), http://www.hyle.org.

Olimpiodoro, *Sur l'art sacré*, en M. Berthelot, *Collection des alchimistes grecs*.

Otto, R., *Lo santo. Lo racional y lo irracional en la idea de Dios*, Alianza, Madrid 2001.

Ovidio, *Metamorfosis*, Cátedra, Madrid 1995.

Pagel, W., *Paracelsus: An introduction to philosophical medicine in the era of Renaissance*, Karger 1982.

Panofsky, E., *El significado de las artes visuales*, Infinito, Buenos Aires 1970.

Peradejordi, J., «Esoterismo cristiano y cristianismo esotérico», en *Sobre esoterismo cristiano (La Puerta)*.

Pereira, M., *The Alchemical Corpus Attributed to Raymond Lull*, Warburg Institute, Londres 1989.

Pérez Pariente, J., *La alquimia*, CSIC, Madrid 2016.

Pernety, A.-J., *Les fables égyptiennes et grecques dévoilées et réduites au même principe*, La Table d'Émeraude, París 1982.

—, *Dictionnaire mytho-hermétique*, Archè, Milán 1980.

Perrot, E., «Préface du traducteur», en M. Maier, *Atalante fugitive*, París 1997.

Perry, W., *Tesoro de la sabiduría tradicional*, Olañeta, Palma de Mallorca 2000.

Porfirio, *El antro de las ninfas de la Odisea*, Gredos, Madrid 1989.

Praz, M., *Imágenes del Barroco (Estudios de emblemática)*, Siruela, Madrid 2005.

Présence d'Hermès Trismégiste (Cahiers de l'Hermétisme), Albin Michel, París 1988.

Principe, L. M., *The secrets of alchemy*, The University of Chicago Press, Chicago-Londres 2012.

Prinke, R. T., «Michael Sendivogius and Christian Rosenkreutz», en *The Hermetic Journal* 72 (1990).

Read, J., *Alchemist in Life, Literature, and Art*, Kessinger, Montana 1997.

Rebotier, J. y J. M. Agasse, *Alchimie. Contes et légendes*, L'Originel, París 1982.

Rey Bueno, M., *Los libros malditos: textos mágicos, prohibidos, secretos, condenados y perseguidos*, Edad, Madrid 2005.

Rijckenborgh, J. van, *El testimonio de la Fraternidad Rosacruz. Análisis esotérico de la Confessio fraternitatis R. C.*, Fundación Rosacruz, Zaragoza 1999.

Rodríguez Guerrero, J., «Examen de una amalgama problemática: Psicología analítica y alquimia», en *Azogue* 4 (2001), http://www.revistaazogue.com.

Roob, A., *Alquimia y mística. El museo hermético*, Taschen, Londres 1997.

Rosereau, C., «Préface», en T. Vaughan, *Œuvres complètes*.

Ruska, J. F., *Tabula Smaragdina*, Winter, Heidelberg 1926.

Sánchez, P., «Ramon Llull i l'alquímia», en *L'Avenç* 238 (1999).

Scholem, G., *Las grandes tendencias de la mística judía*, Siruela, Madrid 1996.

—, *La cábala y su simbolismo*, Siglo XXI, Madrid 1979.

Schuon, F., *De la unidad trascendente de las religiones*, Heliodoro, Madrid 1980.

Schwarz, A., *Kabbalah and Alchemy. An Essay on Common Archetypes*, Aaronson, Hardcover 1997.

Sebastián, S., *Alquimia y emblemática. La fuga de Atalanta de Michael Maier*, Tuero, Madrid 1989.

—, *Emblemática e historia del arte*, Cátedra, Madrid 1995.

Secret, F., *La kabbala cristiana del Renacimiento*, Taurus, Madrid 1979.

—, «Piero Valeriano et l'alchimie», en D. Kahn y S. Matton (eds.), *Alchimie. Art, histoire et mythes*.

Séd, N., «Le symbolisme de l'or selon le Livre Bahir», en *Chrysopoeia*, tomo I, 1987.

Sédir, *Les miroirs magiques*, Chacornac, París 1907.

Sefer ha-Zohar, Yehuda Ashlag (ed.), Jerusalén 1945-1958; traducción: *El Zohar*, Sigal, Buenos Aires 1976.

Selat, D., «Alquimia de hoy y ayer», en *Azogue* 2 (1999), http://www.revistaazogue.com/faq.htm.

Sherwood Taylor, F., *Los alquimistas. Fundadores de la química moderna*, FCE, México 1977.

Sladek, M., *L'étoile d'Hermès. Fragments de philosophie hermétique*, Dervy, París 1993.

—, «Mercurios triples, Mercurios termaximus et les "trois Hermès"», en *Présence d'Hermès Trismégiste*.

Smit, F., *La llamada de la Rosacruz. Cuatro siglos de tradición viva*, Rosenkruis Pers, Haarlem 2001.

Sobre esoterismo cristiano (La Puerta), Obelisco, Barcelona 1990.

Sophia et l'âme du monde (Cahiers de l'Hermétisme), Albin Michel, París 1983.

Stuckrad, K. von., *Western Esotericism: A Brief History of Secret Knowledge*, Equinos, Londres-Oakville, 2005.

Telle, J. (ed.), *Analecta Paracelsica. Studien zum Nachleben Theophrast von Hohenheims im deutschen Kulturgebiet der frühen Neuzeit*, Stuttgart 1994.

Tilo, C. del, *El Libro de Adán. Textos y comentarios sobre las tradiciones hebrea, cristiana e islámica*, Arola, Tarragona 2002.

—, «L'eau de vie que ne mouille pas les mains. L'azoth des philosophes de Basile Valentin», en R. Arola (ed.), *Images cabalistiques et alchimiques*.

Travaux de la Loge Nationale de Recherche «Villard de Honnecourt», publicados por la GLNF, Neuilly.

Trebolle Barrera, J., *La Biblia judía y la Biblia cristiana. Introducción a la historia de la Biblia*, Trotta, Madrid 1998.

Trojani, F., «Commentaires sur dix-sept figures attribuées a Jean Conrad Barchusen», en *Alchimie* (Cahiers de l'Hermétisme).

Vanloo, R., *L'utopie Rose-Croix du XVIIe siècle à nos jours*, Dervy, París 2001.

Varrón, *De lingua latina*, Anthropos, Madrid 1990.

Vega, A., *Ramon Llull y el secreto de la vida*, Siruela, Madrid 2002.

—, *El bambú y el olivo*, Herder, Barcelona 2003.

—, *Tratado de los cuatro modos del espíritu*, Alpha-Decay, Barcelona 2005.

Vert, L., «Cábala, espejo del arte y la naturaleza, en la alquimia de Steffan Michelspacher», en *Imágenes cabalísticas y alquímicas I* (La Puerta), Arola, Tarragona 1999.

—, «El arte de la memoria», en *Cristianismo y filosofía oculta* (La Puerta), Arola, Tarragona 1998.

—, «La création et la pierre philosophale», en R. Arola (ed.), *Images cabalistiques et alchimiques*.

Waite, A. E., *Real history of the Rosicrucians*, Redway, Londres 1887.

Waldstein, A., *Luces de la alquimia*, Espasa-Calpe, Madrid 1977.

Wasserstrom, S. M., *Religion after religion: Gershom Scholem, Micea Eliade and Henry Corbin at Eranos*, Princeton University Press, Princeton 1999.

Ways of Hermes, Bibliotheca Philosophica Hermetica, Ámsterdam 2002.

Wehr, G., «C. G. Jung en el contexto del esoterismo cristiano y la historia de la cultura», en A. Faivre y J. Needleman (ed.), *Espiritualidad de los movimientos esotéricos modernos*.

White, R. (ed.), *The Rosicrucian Enlightenment Revisited*, Lindisfarne, Hudson 1999.

Wilkins, N., *Nicolas Flamel. De oro y libros*, Olañeta, Palma de Mallorca 2001.

Yates, F. A., *El iluminismo rosacruz*, Siruela, Madrid 2008 (y FCE, México 1981).

—, *Assaigs sobre Ramon Llull*, Empúries, Barcelona 1985.

—, *La filosofía oculta en la época isabelina*, FCE, México 1982.

—, *Giordano Bruno y la tradición hermética*, Ariel, Madrid 1992.

Ygé, C. d', *Nouvelle assemblée des philosophes chymiques*, Dervy, París 1954.

Zadrobílek, V. y M. Stejskal, *Opus magnum*, Trigon, Praga 1997.

Zambelli, P., «Umanesimo magico-astrologico e raggrupamenti secreti nei platonici della preriforma», en *Centro Internazionale di Studi Umanistici*, Padua 1960.

Zolla, E., *Una introducción a la alquimia. Las maravillas de la naturaleza*, Paidós, Barcelona 2003.

Zósimo de Panópolis, «Mémoires authentiques», en *Les alchimistes grecs* (tomo IV).